Mon chemin vers l'athéisme

Annie Bésant

Writat

Cette édition parue en 2024

ISBN : 9789361465055

Publié par
Writat
email : info@writat.com

Contenu

PRÉFACE À LA PREMIÈRE ÉDITION.

Les essais qui forment le présent livre ont été écrits à intervalles réguliers au cours des cinq dernières années et sont maintenant publiés en un seul volume sans aucune modification d'aucune sorte. J'ai pensé qu'il était plus utile – pour marquer la croissance progressive de la pensée – de les réimprimer tels qu'ils avaient été publiés à l'origine, afin d'éviter que le développement ultérieur ne façonne les formes antérieures. L'essai sur « l'Inspiration » est, en partie, le plus ancien de tous ; il a été partiellement composé il y a environ sept ans, puis réécrit plus tard tel qu'il existe aujourd'hui.

Le premier essai sur la « Divinité de Jésus de Nazareth » a été écrit juste avant que je quitte l'Église d'Angleterre et marque le moment où j'ai définitivement rompu avec le christianisme. Je pensais alors, et je pense encore, que s'accrocher au nom de chrétien après avoir cessé d'être la chose n'est ni audacieux ni simple, et que ce nom devrait sûrement, en toute honnêteté, appartenir aux corps historiques qui l'ont fait. leur propre pendant plusieurs centaines d'années. Un christianisme sans Christ divin me semble ressembler à une armée républicaine marchant sous une bannière royale : il induit en erreur amis et ennemis. Croyant qu'en renonçant à la divinité du Christ j'ai renoncé au christianisme, je place cet essai comme le point de départ de mon voyage hors du cadre chrétien. Les essais qui le suivent traitent de certains des principaux dogmes chrétiens et sont imprimés dans l'ordre dans lequel ils ont été rédigés. Mais dans le développement progressif de la pensée, ils précèdent en réalité l'essai sur la « Divinité du Christ ». La plupart des chercheurs qui commencent à étudier par eux-mêmes, avant d'avoir lu des ouvrages hérétiques ou entendu des controverses hérétiques, auront été éveillés à la réflexion par les divergences et les incohérences de la Bible elle-même. Une connaissance approfondie de la Bible est la base de l'hérésie. Beaucoup de ceux qui pensent lire leur Bible ne la lisent jamais du tout. Ils parcourent un chapitre chaque jour par devoir et oublient ce qui est dit dans Matthieu avant de lire ce qui est dit dans Jean ; ils ne remarquent donc jamais les contradictions et ne voient jamais les divergences. Mais ceux qui *étudient* la Bible risquent fort de devenir hérétiques. Ce fut la compilation minutieuse d'une harmonie des derniers chapitres des quatre Évangiles — une harmonie destinée à un usage dévotionnel — qui porta le premier coup à ma propre foi ; Bien que j'aie écarté tout doute et refusé même de réexaminer la question, l'effet est resté : la petite graine, qui allait lentement germer et grandir, plus tard, pour devenir la fleur épanouie de l'athéisme.

Le procès de M. Charles Voysey pour hérésie m'a rappelé mon propre casse-tête et je suis devenu peu à peu très inquiet, tout en essayant de ne pas réfléchir, jusqu'à ce que la maladie presque mortelle de ma petite fille amène un questionnement plus aigu sur la raison de la souffrance et le réalité de l'amour de Dieu. A partir de cette époque, j'ai commencé à étudier les doctrines du christianisme d'un point de vue critique ; jusqu'ici, j'avais limité mes lectures théologiques aux traités de dévotion et d'histoire, et les seules controverses que je connaissais étaient celles qui avaient divisé les chrétiens ; les écrits des Pères de l'Église et de l'école moderne qui est fondée sur eux avaient été soigneusement étudiés, et j'avais pesé les points de différence entre les communions grecque, romaine, anglicane et luthérienne, ainsi que les vues des orthodoxes. écoles de pensée dissidentes ; ce n'est qu'à partir de « Daniel » de Pusey et des « Bampton Lectures » de Liddon que j'ai rassemblé des controverses plus larges et des questions d'un intérêt plus vital. Mais maintenant, tout avait changé, et ce fut vers les dirigeants de l'école de la Broad Church que je me tournai pour la première fois dans la nouvelle voie. Le choc de la douleur avait été tel ! grossier quand de vrais doutes m'assaillirent et me secouaient, que j'étais fermement décidé à examiner, un par un, chaque dogme chrétien, et à ne plus jamais dire « je crois » avant d'avoir testé l'objet de la foi ; les dogmes qui me révoltaient le plus étaient ceux de l'Expiation et du Châtiment éternel, tandis que la doctrine de l'Inspiration de l'Écriture était à la base de tout et était le fondement même du christianisme ; ce furent donc les premiers que je jetai dans le creuset de l'investigation. Maurice, Robertson, Stopford Brooke, McLeod, Campbell et d'autres ont été étudiés ; et tandis que je reconnaissais le charme de leurs écrits, je ne parvenais pas à trouver de terrain solide sur lequel ils pourraient se reposer : c'était une belle brume multicolore – un paysage de nuages, très beau, mais très peu substantiel. Pourtant, ils servaient de tremplin pour m'éloigner des vieux dogmes durs, et de mois en mois je devenais de plus en plus sceptique quant à la possibilité de trouver une certitude dans la religion. Les conférences de Mansel à Bampton sur « Les limites de la pensée religieuse » ont beaucoup contribué à accroître ce sentiment ; les travaux de F. Newman, Arnold et Greg poursuivaient le même travail ; Certains efforts pour comprendre les croyances d'autres nations, pour enquêter sur le mahométisme , le bouddhisme et l'hindouisme, ont tous conduit dans la même direction, jusqu'à ce que je conclue que l'inspiration appartenait à tous de la même manière et qu'il ne pouvait y avoir aucune nécessité d'expiation, ni d'enfer éternel. préparé pour l'incroyant au christianisme. Ainsi, pas à pas, j'ai renoncé aux dogmes du christianisme jusqu'à ce qu'il ne reste plus que, comme typiquement chrétienne, la Divinité de Jésus qui n'avait pas encore été analysée . La tendance générale du courant de pensée de la Broad Church était d'augmenter la virilité aux dépens de la divinité du Christ ; et avec l'enfer et l'expiation disparus, et l'inspiration partout, il ne semblait plus aucune *raison d'être* pour l'Incarnation. En outre, il y avait tellement d'incarnations et l'absorption bouddhiste semblait une idée plus grandiose. C'est maintenant que j'ai découvert pour la première fois les œuvres de Charles Voysey , ainsi que celles de Theodore Parker et Channing, et la croyance en la divinité de Jésus a suivi les autres croyances mortes. Renan, je l'avais lu bien plus tôt, mais je ne l'aimais pas ; Je n'ai rencontré Strauss que plus tard ; La « Vie anglaise de Jésus » de Scott, que j'ai lue à cette époque, est un livre aussi utile sur ce sujet qu'il pourrait être mis entre les mains d'un chercheur. Du christianisme au simple théisme, j'avais trouvé ma voie ; peu à peu, le théisme s'est fondu dans l'athéisme ; la prière fut progressivement interrompue, comme en totale contradiction avec toute idée digne de Dieu et comme en contradiction avec tous les résultats de l'investigation scientifique. J'avais manifesté un vif intérêt pour les découvertes scientifiques ultérieures et Darwin avait fait beaucoup pour me libérer de mes anciens liens. J'avais beaucoup lu sur John Stuart Mill, et je le repris maintenant ; J'ai étudié Spinoza et relu Mansel , ainsi que de nombreux autres auteurs sur la Divinité, jusqu'à ce que le résultat se trouve dans l'essai intitulé "La nature et l'existence de Dieu". C'est juste avant que ceci soit écrit que j'ai lu "Plea for Atheism" de Charles Bradlaugh et son "Is There a God ?". L'essai sur le « Rationalisme constructif » montre comment nous remplaçons l'ancienne foi et construisons à nouveau notre maison avec des matériaux plus solides.

Le chemin du christianisme à l'athéisme est long et ses premiers pas sont très difficiles et très douloureux ; les pieds foulent les ruines de la foi brisée, et les arêtes vives entament la chair sanglante ; mais plus loin, le chemin devient plus lisse, et bientôt à ses côtés commence à poindre l'humble marguerite de l'espoir qui annonce la marée printanière, et plus loin, le bord de la route est parfumé de toutes les fleurs de l'été, douces, brillantes et magnifiques, et dans au loin, nous voyons la promesse de l'automne, la moisson qui sera récoltée pour nourrir l'homme.

Annie Besant. 1878.

SUR LA DIVINITÉ DE JÉSUS DE NAZARETH

"QUE pensez-vous du Christ, de qui est-il le fils ?" Enfant humain de parents humains, ou Fils divin du Dieu Tout-Puissant ? Lorsque nous considérons sa pureté, sa foi dans le Père, sa patience indulgente, son travail dévoué parmi les rebuts de la société, son amour fraternel envers les pécheurs et les exclus - lorsque notre esprit s'attarde uniquement sur cela - nous ressentons tous la merveilleuse fascination qui a a attiré des millions de personnes aux pieds de ce « fils de l'homme », et l'aiguille de notre foi commence à trembler vers le pôle chrétien. Si nous voulons garder intacte la pureté de notre foi en Dieu seul, nous sommes obligés de tourner parfois nos regards , même à contrecœur, vers l'autre côté du tableau et de constater les faiblesses humaines qui nous rappellent qu'il n'est qu'un de nos nôtres. course. Sa dureté envers sa mère, son amertume envers certains de ses adversaires, l'échec marqué d'une ou deux de ses rares prophéties, la limitation palpable de ses connaissances - assez peu, en fait, en fin de compte - sont plus que suffisantes pour montrer nous que, aussi grand soit-il, l'homme n'est pas Dieu le Juste, l'Omniscient, l'Omniscient.

Personne, cependant, que l'exagération chrétienne n'a pas poussé à une dénigrement injuste, ou qui n'est pas aveuglé par l'hostilité théologique, ne peut manquer de vénérer des parties du caractère esquissé dans les trois évangiles synoptiques. Je ne m'attarderai pas ici sur le Christ du quatrième évangéliste ; nous pouvons à peine retrouver dans cette figure les traits du Jésus de Nazareth que nous avons appris à aimer.

Je propose, dans cet essai, d'examiner les affirmations de Jésus selon lesquelles il est plus que l'homme qu'il semblait être au cours de sa vie : affirmations – notons-le – qui sont avancées en son nom par d'autres plutôt que par lui-même. Ses propres affirmations de sa divinité ne se trouvent que dans le quatrième évangile peu fiable, et elles y sont détruites par la phrase qu'il a prononcée dans sa bouche avec une étrange incohérence : « Si je rends témoignage de moi-même, mon témoignage n'est pas vrai ».

Il est évident que ses contemporains ne considéraient pas Jésus comme Dieu incarné. Le peuple en général semble l'avoir considéré comme un grand prophète et s'être souvent demandé s'il était ou non le Messie qu'il attendait. Le groupe d'hommes qui l'ont accepté comme leur professeur était aussi loin de l'adorer comme Dieu que leurs compatriotes : leur prompte désertion lorsqu'ils l'ont attaqué par ses ennemis, leur désespoir complet lorsqu'ils l'ont vu vaincu et mis à mort, sont des preuves suffisantes que bien qu'ils le considéraient - pour citer leurs propres mots - comme un « prophète puissant en paroles et en actes », ils n'avaient jamais deviné que le maître qu'ils suivaient et l'ami avec lequel ils vivaient dans l'intimité de la vie sociale était

Dieu Tout-Puissant lui-même. . Comme on l'a bien souligné, s'ils croyaient que leur Maître était Dieu, lorsqu'ils auraient été attaqués, ils auraient sûrement fui vers lui pour se protéger, au lieu d' essayer de se sauver en l'abandonnant : nous pouvons ajouter que cela aurait été leur comportement naturel. instinct, car ils n'auraient jamais pu imaginer à l'avance que le Créateur lui-même pourrait réellement être capturé par ses créatures et subir la mort de leurs mains. La troisième classe de ses contemporains, les pharisiens et les scribes érudits, étaient aussi loin de le considérer comme divin que l'étaient le peuple ou ses disciples. Ils semblent avoir considéré le nouvel enseignant avec quelque mépris au début, comme quelqu'un qui persistait imprudemment à exposer les doctrines les plus élevées au plus grand nombre, au lieu – un deuxième Hillel – d'enrichir les réserves de leur propre cercle savant. À mesure que son influence s'étendait et paraissait miner la leur, — plus encore, lorsqu'il se plaça en opposition directe, mettant en garde le peuple contre eux — ils furent poussés à une attitude d'hostilité active et, enfin, déterminés à se sauver en détruisant lui. Mais à travers leur mépris passif et leur antagonisme direct, il n'y a jamais trace de leur perception d'autre chose qu'un passionné religieux devenu finalement dangereux : on ne les voit pas un seul instant assumer la position manifestement absurde d'hommes mesurant sciemment leur force. contre Dieu, et s'efforçant de faire taire et de détruire leur Créateur. Voilà pour l'opinion de ceux qui ont eu les meilleures occasions d'observer sa vie ordinaire. Un « homme bon », un « trompeur », un « puissant prophète », telles sont les opinions enregistrées de ses contemporains : personne ne s'avance et ne le proclame être Jéhovah, le Dieu d'Israël.

L'un des bastions les plus fiables des chrétiens, dans la défense de la divinité de leur Seigneur, est la preuve de la prophétie. Ils rassemblent dans les livres sacrés de la nation juive les prédictions du Messie tant attendu et les revendiquent comme des prophéties accomplies en Jésus de Nazareth. Mais il y a un fait tenace qui détruit la force de cet argument : les Juifs, à qui appartiennent ces écrits et qui, de par leur tradition et leurs particularités nationales, peuvent raisonnablement être considérés comme les meilleurs représentants de leurs propres prophètes, nient catégoriquement que ces prophéties soient vraies. complètement accompli en Jésus. En effet, l'une des principales raisons de leur rejet de Jésus est précisément qu'il ne ressemble en aucune façon au Messie prédit. Il ne fait aucun doute que la nation juive recherchait avidement son Libérateur à la naissance de Jésus : ces aspirations mêmes produisirent plusieurs pseudo-Messies, qui gagnèrent tour à tour un nombre considérable d'adeptes, parce que chacun ressemblait quelque peu au Prince attendu. Une grande partie de la colère populaire qui a entraîné Jésus jusqu'à sa mort était une réaction de déception face aux espoirs suscités par la position d'autorité qu'il avait assumée. L'explosion soudaine de colère contre un homme aussi bienveillant et inoffensif ne peut s'expliquer que par les espoirs intenses suscités par son entrée royale à Jérusalem, et par la destruction totale de ces espoirs par son échec à monter sur le trône de David. Proclamé fils de David, il est venu monté sur un âne comme roi de Sion et s'est laissé accueillir comme roi d'Israël : c'est là que s'est terminée sa courte réalisation des prophéties, et le peuple, furieux de son échec, s'est levé et a crié pour sa mort. Parce qu'il n'accomplit *pas* les anciens oracles juifs, il mourut : il était trop noble pour le *rôle* qui y était assigné au Messie, son idéal était bien autre que celui d'un conquérant, aux « vêtements roulés dans le sang ». Mais même si, contre toute évidence, Jésus ne faisait qu'un avec le Messie des prophètes, cela détruirait, au lieu d'impliquer, ses prétentions divines. Car les Juifs étaient de purs monothéistes ; leur Messie était un prince de la lignée de David, le serviteur privilégié , l'oint de Jéhovah, le roi qui devait régner en son nom : un Juif reculerait avec horreur devant le blasphème d'asseoir le Messie sur le trône de Jéhovah en se souvenant comment leurs prophètes leur avaient enseigné que leur Dieu « ne donnerait pas son honneur à un autre ». De sorte que, quant à la prophétie, le cas est le suivant : si Jésus est le Messie prophétisé dans les vieux livres juifs, alors il n'est pas Dieu ; s'il n'est pas le Messie, la prophétie juive est totalement silencieuse à son sujet, et un appel prophétiser est absolument inutile.

Après l'évidence de la prophétie, les chrétiens s'appuient généralement sur celle fournie par les miracles. Il est remarquable que Jésus lui-même ait peu insisté sur ses miracles ; en fait, il refusait de les utiliser comme références de son autorité, et ne pouvait ou ne voulait pas les utiliser face à une incrédulité déterminée. Il faut remarquer aussi que le peuple, tout en « glorifiant Dieu qui avait donné tant de pouvoir aux *hommes* », n'était pas enclin à admettre ses miracles comme des preuves de son droit à revendiquer une obéissance absolue : ses miracles ne l'investissaient même pas d'un caractère sacré tel que pour le protéger de l'arrestation et de la mort. Hérode, lors de son procès, avait simplement hâte de le voir accomplir un miracle, par curiosité. Cette indifférence ferme à l'égard des merveilles en tant qu'attestations d'autorité est assez naturelle, si l'on se souvient que l'histoire juive était remplie de miracles, opérés pour et contre le peuple favorisé , et aussi qu'il avait été spécialement averti de ne pas se laisser tromper par des signes et des prodiges. Sans entrer dans la question de savoir si les miracles sont possibles, prenons-les pour acquis, et voyons ce qu'ils valent comme preuves de la Divinité. Si Jésus nourrissait une multitude avec quelques pains, Élisée aussi ; s'il ressuscitait les morts, Élie et Élisée aussi ; s'il a guéri les lépreux, Moïse et Élisée l'ont également fait ; s'il ouvrait les yeux des aveugles, Élisée frappait de cécité toute une armée et leur rendait ensuite la vue : s'il chassait les démons, ses contemporains, par son propre témoignage, faisaient de même. Si les miracles prouvent la Divinité, quel miracle de Jésus peut résister à la comparaison avec la mer Rouge divisée de Moïse, l'arrêt du mouvement de la terre par Josué, l'arrêt des eaux tumultueuses du Jourdain par le manteau d'Élie ? Si l'on nous dit que ces hommes ont travaillé grâce à un pouvoir *conféré* et Jésus grâce à *un pouvoir inhérent*, nous ne pouvons que répondre qu'il s'agit d'une hypothèse gratuite qui soulève toute la question. La Bible rapporte les miracles en termes équivalents : aucune différence n'est établie entre la manière d'opérer d'Élisée ou celle de Jésus ; de chacun, on dit parfois qu'ils priaient ; de chacun, on dit parfois qu'ils parlaient. En effet, les miracles ne doivent pas être considérés comme des preuves de la divinité, à moins que ceux qui y croient ne soient prêts à rendre des honneurs divins non seulement à Jésus, mais aussi à une foule d'autres personnes, et à construire un panthéon chrétien pour les dieux nouvellement découverts.

Jusqu'ici nous n'avons vu que l'insuffisance des arguments chrétiens habituels pour établir une doctrine aussi prodigieuse et aussi improbable *à première vue* que l'incarnation de l'Être divin : ce genre de témoignage négatif, cette preuve insuffisante, n'est cependant pas la raison principale qui contraint Les théistes pour protester contre le dogme central du christianisme. Les preuves les plus solides de la simple virilité de Jésus demeurent, et nous passons maintenant à la preuve positive qu'il n'est pas Dieu. Je propose d'attirer l'attention sur les traces d'infirmité humaine dans son noble caractère, sur ses erreurs absolues de prophétie et sur ses connaissances évidemment limitées. En acceptant comme essentiellement vrai le récit de Jésus donné par les évangélistes, nous prenons son caractère tel qu'il apparaissait à ses disciples dévoués. Il ne s'agit pas de légères imperfections, insérées par des détracteurs envieux de sa grandeur ; l'histoire de Jésus a été écrite lorsque ses disciples l'adoraient comme Dieu et que sa virilité, à leurs yeux, atteignait la perfection idéale. Nous ne sommes pas obligés de croire que, dans les Évangiles, la vie de Jésus est donnée à son plus haut niveau, et qu'il n'était, au moins, pas plus impeccable qu'il n'y paraît dans les récits de ses amis. Mais là encore, pour ne pas commettre une grossière injustice, il faut mettre de côté le quatrième évangile ; étudier son personnage « selon S. John » nécessiterait un essai séparé, tant il est différent de celui dessiné par les trois ; et selon toutes les règles de l'histoire, nous devrions le juger d'après les documents antérieurs, d'autant plus qu'ils se corroborent dans l'ensemble.

La première chose qui choque le lecteur attentif des Évangiles est le manque d'affection et de respect manifesté par Jésus à sa mère. Alors qu'il n'a que douze ans, il laisse ses parents quitter Jérusalem pour rentrer chez eux, tandis qu'il se rend seul au temple. La fascination de la ville antique et des magnifiques services du temple était sans doute presque accablante pour un garçon juif réfléchi, plus particulièrement lors de sa première visite : mais l'oubli insouciant de l'inquiétude de ses parents doit être considéré comme une faute grave d'enfant, d'autant plus que son caractère est assombri par l'indifférence manifestée par sa réponse aux reproches douloureux de sa mère. Qu'aucun sens du devoir élevé, quoique erroné, ne l'ait retenu à

Jérusalem ressort clairement de son retour chez lui avec ses parents ; car s'il avait senti que « les affaires de son Père » l'avaient retenu à Jérusalem, il est évident que ce sens du devoir n'aurait pas été satisfait par un retard de trois jours. Mais l'avocat chrétien interdirait la critique par un appel à la Divinité de Jésus : il nous demande donc de croire que Jésus, étant Dieu, voyait avec indifférence l'angoisse de ses parents en découvrant son absence ; ils savaient tout de ces trois jours de recherche angoissante (car eux, ignorant sa divinité, éprouvaient la terrible anxiété quant à sa sécurité, naturelle aux gens de la campagne qui perdent un enfant dans une ville bondée) ; il n'a pris aucune mesure, malgré les énormes pouvoirs dont il disposait, pour les rassurer ; et enfin, il les rencontra de nouveau sans mots de sympathie, seulement avec une allusion mystérieuse , incompréhensible pour eux, à quelque prétention plus élevée que la leur, qu'il mit cependant promptement de côté pour leur obéir. Si Dieu s'est incarné dans un garçon, nous pouvons considérer cet exemple comme un modèle d'enfance : pourtant, les chrétiens sont-ils prêts à présenter cette piété précoce et ce désir d'instruction religieuse à leurs jeunes enfants comme un exemple à suivre ? Les garçons et les filles de douze ans doivent-ils être libres de s'absenter pendant des jours de la tutelle de leurs parents sous prétexte qu'une affaire supérieure réclame leur attention ? Cet épisode de l'enfance de Jésus doit être relégué au rang de ces « évangiles de l'enfance » pleins d'actes les plus peu enfantins , que la sage discrétion de la chrétienté a marqué de désapprobation. Le même manque de respect filial apparaît plus tard dans sa vie : un jour, il enseignait et sa mère l'envoya désireuse de lui parler : la seule réponse enregistrée au message est la remarque dure : « Qui est ma mère ? La preuve la plus pratique que la morale chrétienne a, sur ce point, devancé l'exemple de Jésus, est la prompte désapprobation qu'une conduite similaire rencontrerait de nos jours. Par l'étrange déformation de la moralité souvent provoquée par des exigences controversées, ce manque de respect filial a été triomphalement signalé par les religieux chrétiens ; l'indifférence manifestée par Jésus à l'égard des liens familiaux est acceptée comme une preuve qu'il était plus qu'un homme ! Ainsi, la conduite qu'ils reconnaissent implicitement comme inconvenante de la part d'un fils envers sa mère, ils la prétendent naturelle et juste chez le Fils de Dieu, envers le sien ! De nos jours, si une personne est poussée par sa conscience dans une voie pénible pour ceux qui ont droit à son respect, son devoir reconnu , ainsi que son instinct naturel, est d'essayer de compenser par une affection accrue et une déférence plus courtoise pour la douleur qu'il est obligé d'infliger : par-dessus tout, il n'ajouterait pas à cette douleur sans raison par un manque de respect public et injustifié.

L'attitude de Jésus envers ses adversaires en haut lieu était empreinte d'une amertume injustifiable. Ici aussi, l'esprit noble et doux de toute sa vie a façonné l'opinion chrétienne en faveur d'une ligne de conduite différente de la sienne sur ce point, de sorte que l'abus d'un adversaire est maintenant communément appelé *non* chrétien. Lassé de trois années de calomnie et de mépris, irrité du peu de succès apparent qui récompensait son travail , plein du triste pressentiment que ses ennemis allaient bientôt l'écraser, Jésus fut poussé à des dénonciations passionnées : « Malheur à vous, scribes et pharisiens hypocrites. ... vous, imbéciles et aveugles... vous faites d'un prosélyte deux fois plus un enfant de l'enfer que vous-mêmes... vous, serpents, génération de vipères, comment pouvez-vous échapper à la damnation de l'enfer !" Ce n'est sûrement pas l'esprit qui a soufflé : « Si vous aimez ceux qui vous aiment, qu'en êtes-vous reconnaissants ?... Aimez vos ennemis, bénissez ceux qui vous maudissent, priez pour ceux qui vous persécutent. N'avait-il pas même spécialement interdit l'expression même : « Toi, imbécile ! N'était-ce pas rendre mal pour mal, injure pour injure ?

Il est douloureux de souligner ces défauts : le respect des grands dirigeants de l'humanité est un devoir cher à tous les cœurs humains ; mais quand l'hommage se transforme en idolâtrie, alors les hommes doivent se lever pour signaler des fautes qu'ils passeraient autrement dans un silence respectueux, ne se souvenant que de l'œuvre si noblement accomplie.

Je me tourne alors, avec un sentiment de soulagement heureux, vers la preuve de la connaissance limitée de Jésus, car ici aucun blâme ne lui est attaché, bien qu'une *erreur* prouvée soit fatale à la croyance en sa Divinité. D'abord en ce qui concerne la prophétie : « Le Fils de l'homme viendra dans la gloire de son Père avec ses anges ; et alors il récompensera chacun selon ses œuvres. En vérité, je vous le dis, il y en a ici qui ne goûteront pas à la mort jusqu'à ce qu'ils voient le Fils de l'homme venir dans son royaume. Plus tard, il amplifie la même idée : il parle d'une tribulation à venir, suivie de son propre retour, puis ajoute la déclaration emphatique : « En vérité, je vous le dis, cette génération ne passera pas avant que toutes ces choses ne soient faites. » La non-réalisation de ces prophéties est simplement une question de fait : laissons les hommes expliquer ces paroles maintenant comme ils le peuvent, pourtant, si le récit est vrai, Jésus croyait en son propre retour rapide et a imprimé la même croyance à ses disciples. . Il est clair, en effet, qu'il a réussi à le leur faire comprendre, d'après les références à son retour dispersées dans les épîtres. Les derniers écrits montrent le souci de lever les doutes qui troublaient les convertis suite à la non-apparition de Jésus, et le quatrième évangile omet toute référence à sa venue. Il convient de remarquer, dans ce dernier cas, le sens spirituel auquel font allusion, volontairement ou involontairement, les mots : « L'heure... est *maintenant* où les morts entendront la voix du Fils de Dieu, et ceux qui entendre vivra. " Ces paroles reflètent peut-être le sentiment populaire concernant l'avènement de la résurrection, imposé aux chrétiens par l'échec des prophéties de leur Seigneur, au sens littéral du terme. Il ne pouvait pas se tromper, il fallait *donc* spiritualiser ses paroles. La connaissance limitée de Jésus est encore plus évidente dans la confusion qu'il a faite entre Zacharie, fils de Jehoiada, et Zacharie, fils de Barachias : le premier, un prêtre, a été tué dans la cour du temple, comme le déclare Jésus ; mais le fils de Barachias était Zacharie, ou Zacharie, le prophète*. Il reconnaissait lui-même une limitation de sa connaissance, lorsqu'il avouait son ignorance du jour de son propre retour, et disait que celui-ci n'était connu que du « Père seul ». De la même classe de paroles se trouve sa réponse à la mère de Jacques et de Jean, selon laquelle les hauts sièges du royaume à venir « ne m'appartiennent pas ». Que Jésus ait cru à la terrible doctrine du châtiment éternel est évident, malgré les tentatives ingénieuses pour prouver que cette doctrine n'est pas scripturaire : qu'il, comme ses compatriotes, a attribué de nombreuses maladies au pouvoir immédiat de Satan, ce que nous devrions maintenant, il est probable que l'on fasse référence à des causes naturelles, comme l'épilepsie, la manie, etc., cela va également de soi. Mais il est inutile de s'attarder sur de tels points, car le chrétien les croit sous l'autorité de Jésus, et les sujets, de par leur nature, ne peuvent être amenés à l'épreuve de faits constatés. Certaines de ses paroles sont du même caractère : ses paroles décourageantes : "Efforcez-vous d'entrer par la porte étroite, *pour* beaucoup", etc. ; son utilisation pour défendre la partialité de la terrible prophétie d'Isaïe, "afin qu'ils voient et ne perçoivent pas", etc.; il utilise l'Écriture à un moment donné comme contraignant, tandis qu'à un autre moment il la déprécie ; son penchant à faire taire un adversaire par une réplique ingénieuse : toutes ces choses sont blâmables pour ceux qui le considèrent comme un homme, tandis qu'elles sont à l'abri des critiques par sa divinité envers ceux qui l'adorent comme Dieu. Là, la morale est une question d'opinion, et c'est une perte de temps de s'y attarder lorsqu'on discute avec des chrétiens, dont le sens moral est pour le moment tenu en échec par leur prostration mentale à ses pieds. Mais la vérité des prophéties citées et le fait historique de la filiation de Zacharie peuvent être testés, et sur ces points, Jésus a commis des erreurs palpables. Le corollaire évident est qu'étant trompé – comme il l'était – sa connaissance était limitée et était donc humaine et non divine.

** Voir Annexe, page 12.*

En nous tournant vers l'enseignement de Jésus (je me limite toujours aux trois évangiles), nous ne trouvons aucun support à la théorie chrétienne. Si nous prenons son enseignement didactique, nous ne pouvons découvrir aucune trace de son offre comme objet de foi ou de culte. L'œuvre de sa vie, en tant qu'enseignant, était de parler du Père. Dans le sermon sur la montagne, il frappe toujours la note clé : « votre Père céleste » ; en apprenant à ses disciples à prier, c'est au « Notre Père », et l'idée chrétienne de terminer une prière « par Jésus-Christ » est bien étrangère au simple esprit filial de leur maître. En effet, quand nous pensons à la position que Jésus occupe dans la théologie chrétienne, il semble étrange de remarquer l'absence totale de toute suggestion de devoir envers lui-même dans tout ce code de morale dite chrétienne. Son traitement envers les chercheurs est en stricte conformité avec son enseignement plus formel : lorsqu'un jeune homme s'agenouille et, s'adressant à lui comme « Bon Maître », lui demande ce qu'il doit faire pour hériter de la vie éternelle, le cœur loyal de Jésus rejette d'abord l'hommage. , avant de répondre à la question primordiale : « Pourquoi m'appelles - tu bon : il n'y a de bon qu'un seul, c'est-à-dire Dieu. » Il dirige ensuite le jeune sur le chemin de la vie éternelle, et *il renvoie ce jeune homme chez lui sans un mot de la doctrine sur laquelle, selon les chrétiens, reposait son salut* . Si « l'Evangile » parvenait à cet homme plus tard, il le rejetterait sous l'autorité de Jésus, qui lui avait indiqué une « voie de salut » différente ; et si le christianisme est vrai, la perdition de l'âme de ce jeune homme est due à l'enseignement défectueux de Jésus lui-même. Une autre fois, il dit à un scribe que le premier commandement est que Dieu est un, et que tout l'amour de l'homme lui est dû ; puis, ajoutant le devoir de l'amour du prochain , il dit : « Il n'y a *pas d'autre* commandement plus grand que ceux-ci : » de sorte que « la foi en Jésus », si elle s'impose, doit venir après l'amour de Dieu et de l'homme, et n'est pas nécessaire, par exemple. son propre témoignage, à « entrer dans la vie ». C'est donc à Jésus lui-même qu'incombe la responsabilité première d'affirmer que la croyance en lui est une question tout au plus secondaire, sans parler du fait qu'il n'a jamais inculqué la croyance en sa Divinité comme article de foi. Dans le même esprit de franche loyauté envers Dieu, ses paroles sur le péché impardonnable : en réponse à un affront personnel grossier, il dit à ses insulteurs qu'ils seront pardonnés d'avoir parlé contre lui, simple fils de l'homme, mais les met en garde contre le danger de confondre l'œuvre de Dieu. Esprit avec celui de Satan, "parce qu'ils ont dit" ça marche ; fait par Dieu, utilisant Jésus comme son instrument, ont été faits par Belzébuth.

Il reste encore un argument d'une force considérable, qui ne peut être apprécié que par une méditation personnelle. Nous trouvons Jésus priant Dieu, s'appuyant sur Dieu, dans son plus grand besoin, criant à l'agonie vers Dieu pour la délivrance, dans sa dernière lutte, abandonné par ses amis, demandant pourquoi Dieu, son Dieu, l'avait également abandonné. Nous sentons combien tout ce récit est naturel et fidèle à la vie : dans le respect de notre cœur pour cette vie noble, cette « fidélité jusqu'à la mort », nous pouvons à peine supporter de penser à l'insulte que lui font les lèvres chrétiennes : ils prennent tout beauté en nous disant qu'à travers toute cette lutte, Jésus était l'Éternel, le Tout-Puissant, Dieu : tout est apparent, pas réel : dans sa tentation, il ne pouvait pas tomber : dans ses prières, il n'avait besoin d'aucun soutien : dans son cri que la coupe pouvait passer, il prévoyait que c'était inévitable : dans son agonie d'abandon et de solitude, il était présent partout avec Dieu. Dans toute cette vie, il n'y a donc aucun espoir pour l'homme, aucun gage de victoire de l'homme, aucune promesse pour l'humanité. Ce n'est la vie *d'aucun homme* , c'est seulement un drame merveilleux qui se déroule sur terre. Ce que Dieu pouvait faire n'est pas une mesure des pouvoirs de l'homme : qu'avons-nous de commun avec cet « Dieu-homme » ? Ce Jésus, que nous pensions notre frère, est après tout éloigné de nous par la distance incommensurable qui sépare la faiblesse de l'homme de la toute-puissance de Dieu. Rien ne peut nous compenser pour une telle perte. Nous nous étions réjouis de cette noblesse aux multiples facettes, et ses défauts mêmes nous étaient chers, car ils nous assuraient sa fraternité avec nous-mêmes : on nous donne une image idéale où nous avions étudié une histoire, une autre Divinité où nous avions espéré imiter une vie. . Au lieu des encouragements que nous avions trouvés, que nous offre le christianisme ? Une vie parfaite ? Mais on savait avant que Dieu était parfait : un exemple ? cela part d'un autre niveau : un Sauveur ? nous ne pouvons pas être plus en sécurité qu'avec Dieu : un Avocat ? nous n'avons besoin de personne auprès de notre Père : un substitut pour endurer la colère de Dieu à notre place ? nous préférons faire confiance à la justice de Dieu pour nous punir comme nous le méritons et à sa sagesse pour faire ce qui est le mieux pour nous. Comme Dieu, Jésus ne peut rien nous donner que nous n'ayons déjà chez son Père et dans le nôtre : comme homme, il nous donne tout l'encouragement et le soutien que nous recevons de toute âme noble que Dieu envoie dans ce monde, "une flamme brûlante et brillante". lumière":

"Grâce à de telles âmes seulement

Dieu, penché, montre suffisamment de

Sa lumière Pour que nous puissions nous lever dans l'obscurité.

En tant que Dieu, il brouille nos perceptions de l'unité de Dieu, embrouille notre raison avec des contradictions sans fin et détourne du Suprême toutes ces émotions d'amour et d'adoration qui ne peuvent affluer que vers un seul objet et qui sont dues à notre Créateur seul. : en tant qu'homme, il nous donne un exemple à suivre, un phare à suivre ; il est un leader de plus pour l'humanité, une étoile de plus dans nos ténèbres. En tant que Dieu, toutes ses paroles seraient vraies, et très peu entreraient au ciel, tandis que l'enfer regorgerait de victimes : en tant qu'homme, nous pouvons refuser de croire une telle calomnie contre notre Père, et prendre tout le réconfort que cela nous promet. nom. Remercions donc Dieu de ce que Jésus n'est qu'un homme, « enfant humain de parents humains » ; que nous n'avons pas besoin d'éclipser nos conceptions de Dieu pour les adapter aux facultés humaines, ni d'envelopper l'esprit illimité dans le corps faible d'un bébé. Mais bien qu'il ne soit qu'un homme, il a atteint un niveau de grandeur humaine qu'aucun autre homme, à notre connaissance, n'a atteint : la hauteur même de son caractère est presque un gage de la véracité des récits dans l'ensemble : sa vie a eu à vivre avant que sa conception ne devienne possible, à cette époque et parmi un tel peuple. Ils pouvaient reconnaître sa grandeur lorsqu'elle était sous leurs yeux : ils ne l'auraient guère imaginé par eux-mêmes, d'autant plus que, comme nous l'avons vu, il était si différent de l'idéal juif. Son code de moralité est sans égal, et il fut le premier à enseigner la paternité universelle de Dieu publiquement et au peuple. Beaucoup de ses préceptes les plus élevés peuvent être trouvés dans les livres des rabbins, mais c'est la glorieuse prérogative de Jésus de répandre parmi la multitude les sages et saintes maximes qui avaient été jusqu'ici les trésors sacrés de quelques-uns. Chez lui, aucun n'était trop dégradé pour être appelé enfant du Père ; aucun n'était trop simple pour être digne du plus haut enseignement. Par l'exemple aussi bien que par le précepte, il enseignait que tous les hommes étaient frères et que tout le bien qu'il possédait, il le répandait à leurs pieds. « Pur de cœur », il voyait Dieu, et ce qu'il voyait, il appelait tous à le voir : il aspirait à ce que tous puissent partager sa joyeuse confiance dans le Père, et semblait toujours à la recherche de nouvelles images pour décrire la liberté et la plénitude de l'amour universel de Dieu. Dans son amour inébranlable de la vérité, mais aussi dans sa patience envers les sceptiques, dans sa pureté personnelle, mais dans sa tendresse envers les déchus, dans sa haine du mal, mais dans sa gentillesse envers le pécheur, nous voyons des vertus splendides rarement réunies en combinaison. Sa fraternité, son désir d'élever les dégradés, sa haute piété, sa moralité inébranlable, son parfait sacrifice de soi, sont ses titres indéfectibles d'amour et de respect humains. Parmi les bienfaiteurs du monde, il est le principal, non seulement par sa propre vie, mais par l'enthousiasme qu'il a su inspirer aux autres : « Notre plomb n'a pas sondé sa profondeur » : les mots ne parviennent pas à dire ce que l'humanité doit au prophète de Nazareth. . Sur son exemple, les grands héros chrétiens ont fondé leur vie : à partir des fondements posés par son enseignement, le monde s'élève lentement vers une foi plus pure en Dieu. Nous avons maintenant besoin d'un leader tel qu'il l'était, quelqu'un qui oserait suivre la volonté du Père comme il l'a fait, mettant de côté une révélation longtemps prisée lorsqu'elle entre en conflit avec la voix supérieure de la conscience. C'est l'enseignement de Jésus que le théisme fait volontiers sien, le purifiant des incohérences qui entachent sa perfection. C'est l' exemple de Jésus que suivent les théistes, bien qu'ils corrigent cet exemple sur certains points par ses paroles les plus élevées. C'est l'œuvre de Jésus que les théistes accomplissent, en adorant, comme lui, le Père, et le Père seul, et en s'efforçant de tourner l'amour de tous les hommes, toutes les espérances et l'adoration de tous les hommes, vers ce « Dieu et Père de tous, qui est au-dessus de tous et à travers tous, et « non seulement en Jésus, mais « *en nous tous* ».

ANNEXE : « Josèphe mentionne un Zacharie, fils de Baruch (« Guerres de

les Juifs,' Livre iv., sec. 4), qui a été tué dans les circonstances décrites par Jésus. Son nom conviendrait mieux à la fin de la longue liste des crimes juifs, puisqu'il s'est produit juste avant la destruction de Jérusalem. Mais comme cela s'est produit environ trente-quatre ans après la mort de Jésus, il est clair qu'il ne pouvait pas y faire référence ; donc, si l'on admet qu'il ne s'est pas trompé, on porte un coup sérieux à la crédibilité de son historien, qui lui met alors dans la bouche une remarque jamais prononcée.

UNE COMPARAISON ENTRE LE QUATRIÈME ÉVANGILE ET LES TROIS SYNOPTIQUES

CHACUN, du moins dans les classes instruites, sait que l'authenticité du quatrième évangile a été longtemps et largement contestée. Le lecteur le plus imprudent est frappé par la différence de ton entre les simples histoires attribuées à Matthieu, Marc et Luc, et le traité théologique et philosophique qui porte le nom de Jean. Après avoir suivi les trois récits, si simples dans leur structure, si naturels dans leur style, si dénués de rhétorique, si libres de termes philosophiques, après les avoir lus, c'est avec un sentiment de surprise que nous nous retrouvons plongés dans l'ahurissant dédales de la philosophie alexandrine, et ouvrons notre quatrième évangile pour entendre que : « Au commencement était la parole, et la parole était avec Dieu, et la parole était Dieu ». Nous nous demandons instinctivement : « Comment Jean, le pêcheur de Galilée, a-t-il appris ces phrases des écoles grecques, et pourquoi mêle-t-il la simple histoire de son maître avec la philosophie de ce « monde qui, par sagesse, n'a pas connu Dieu ? »

La tradition chrétienne générale est la suivante : La propagation ! Les opinions « hérétiques » sur la personne de Jésus ont alarmé les chrétiens « orthodoxes », et ils ont fait appel à Jean, la dernière relique âgée de la bande apostolique, pour qu'il écrive une histoire de Jésus qui devrait réfuter leurs adversaires et établir la divinité essentielle de le fondateur de leur religion. À leurs sollicitations répétées, Jean écrivit l'Évangile qui porte son nom, et le ton doctrinal de celui-ci est dû à son intention originale, un traité écrit contre Cérinthe et destiné à écraser, avec l'autorité d'un apôtre, les doutes naissants comme à la préexistence et à la divinité absolue de Jésus de Nazareth. Jusqu'à présent, les non-chrétiens et les chrétiens – y compris l'auteur de l'Évangile – sont d'accord. Ce quatrième évangile n'est pas – disent les théistes – une simple biographie de Jésus écrite par un disciple aimant en mémoire d'un ami décédé et chéri, mais une histoire écrite dans un but spécial et pour prouver une certaine doctrine. "L'Évangile de Saint-Jean est un traité polémique", fait écho le Dr Liddon . "Ces choses ont été écrites afin que vous croyiez que Jésus est le Christ, le Fils de Dieu", confesse l'écrivain lui-même. Or, lorsqu'on examine la crédibilité de toute histoire, l'un des premiers points à déterminer est de savoir si l'historien est parfaitement impartial dans son jugement et s'il est donc susceptible de donner les faits exactement tels qu'ils se sont produits, sans être influencé par ses propres opinions. Ainsi, nous ne nous tournons pas vers les pages d'un historien catholique pour avoir une idée juste de Luther ou de Guillaume le Taciturne, ni nous attendons à trouver dans les volumes de Clarendon un portrait tout à fait fidèle des vices des rois Stuart ; Au contraire, en lisant l'histoire d'un partisan, tenons-nous instinctivement compte des préjugés reconnus de son esprit et de son cœur.

Que le quatrième évangile nous parvienne préfacé par l'annonce qu'il a été écrit, non pas pour nous donner une histoire, mais pour prouver une certaine opinion prédéterminée, est donc un grand doute jeté au départ sur son exactitude probable ; et, par la constitution de notre esprit, nous nous préservons immédiatement d'un acquiescement trop facile à ses affirmations, et devenons impatients de tester ses déclarations en les comparant avec quelque autorité indépendante et plus impartiale. L'histoire est peut-être la plus exacte, mais nous avons besoin de preuves que l'écrivain n'est jamais amené à colorer légèrement – peut-être inconsciemment – un incident de manière à favoriser l'objet qu'il a à cœur. Par exemple, Matthieu, un écrivain assez honnête, se laisse souvent trahir par des citations de prophéties des plus peu naturelles en raison de son souci de relier Jésus au Messie attendu par ses compatriotes. Ce souhait latent le conduit à insérer diverses citations des Écritures juives qui, coupées de leur contexte, présentent une similitude verbale avec les événements qu'il raconte. Ainsi, il se réfère à la mention d'Osée sur l'Exode : « Quand Israël était enfant, je l'aimais et j'ai appelé mon fils hors d'Egypte », et en citant seulement les six derniers mots, il présente cela comme une « prophétie » d'un prétendu voyage de Jésus en Egypte. Un exemple comme celui-ci nous montre comment un homme peut se laisser aveugler par une détermination préconçue de prouver un certain fait, et nous avertit d'examiner soigneusement toute histoire qui nous parvient avec l'annonce qu'elle est écrite pour prouver un tel fait. et une telle vérité.

Malheureusement, nous n'avons pas d'histoire contemporaine indépendante - à l'exception d'une phrase de Josèphe - permettant de tester l'exactitude des annales chrétiennes ; nous sommes donc contraints à la tâche quelque peu insatisfaisante de les comparer les uns aux autres, et en cas de témoignages divergents, nous devons établir la balance des probabilités entre eux.

En examinant donc ces quatre biographies de Jésus, nous trouvons une similitude remarquable entre trois d'entre elles, au milieu de nombreuses divergences de détail ; certains les considèrent donc comme la condensation écrite de l'enseignement oral des apôtres, conservé dans les diverses Églises qu'ils ont fondées séparément, et donc, naturellement, identiques radicalement, bien que divers dans les détails. « Les Évangiles synoptiques contiennent la substance du témoignage des Apôtres, recueilli principalement à partir de leur enseignement oral courant dans l'Église, en partie aussi à partir de documents écrits contenant des parties de cet enseignement. »* D'autres pensent que les évangiles que nous possédons et qui nous sont attribués respectivement à Matthieu, Marc et Luc, tous trois dérivent d'un évangile original maintenant perdu, qui a probablement été écrit en hébreu ou en araméen, et diversement traduit en grec. Quoi qu'il en soit, le fait qu'une telle déclaration ait été avancée prouve la similitude frappante, l'identité fondamentale des trois « évangiles synoptiques », comme on les appelle. Nous en retirons une idée de Jésus qui est sensiblement la même : une figure calme, noble, simple, généreuse ; pur dans la vie, désireux d'attirer les hommes vers cet amour du Père et cette dévotion au Père qui étaient ses propres caractéristiques distinctives ; enfin, un professeur d'une morale simple et haute, parfaitement affranchie de tout dogmatisme. L'effet produit par le croquis du quatrième évangéliste est totalement différent. L'ami des pécheurs a disparu (sauf dans le récit de la femme adultère, qui est généralement admis comme une interpolation), car tout son temps est occupé à discuter de sa propre position ; « les gens ordinaires » qui l'ont suivi et « l'ont entendu avec plaisir » et ses ennemis, les scribes et les pharisiens, sont tous regroupés sous le nom de « Juifs », avec lesquels il est en constante collision ; son style simple d'enseignement, parabolique certes, comme c'était l'usage en Orient, mais constitué de paraboles intelligibles pour un enfant, est remplacé par des discours mystiques, provoquant de perpétuels malentendus, dont le véritable sens est encore débattu par les théologiens chrétiens ; son témoignage sincère envers « votre Père céleste » est remplacé par une affirmation de soi constante ; tandis que son commandement « faites ceci et vous vivrez » est échangé contre « croyez en moi ou périssez ».

Alford.

Quel contraste est grand entre ce discours et le Sermon sur la Montagne... Dans le dernier discours, c'est sa Personne plutôt que son enseignement qui est particulièrement important. Son sujet dans ce discours est Lui-même.

Certes, il se prêche dans sa relation avec ses rachetés ; mais il prêche pourtant avant tout et en tous lui-même. Tout rayonne de Lui-même, tout converge vers Lui.... dans ces paroles incomparables, tout est centré de manière si cohérente en Jésus, qu'il pourrait sembler que "Jésus Seul est devant nous". esprit animateur plus subtil, je me propose d'examiner en détail ; mais avant d'aborder ces questions, il semble nécessaire de jeter un coup d'œil sur la question controversée de la paternité de notre histoire, et de déterminer si, si elle s'avère apostolique, elle *doit* donc nous lier.

Je laisse à des plumes plus savantes que la mienne le soin de critiquer et de tirer des conclusions du dogme grec ou précis de l'évangéliste, et de peser les témoignages contradictoires de noms puissants. Du récit contenu dans la Bible anglaise de l'Apôtre Jean, je retiens les points suivants de son caractère : Il était chaleureux envers ses amis, amer envers ses ennemis, rempli d'un zèle ardent et débridé contre ses opposants théologiques ; il était ambitieux, égoïste, pharisien. J'avoue que je retrouve ces caractéristiques à travers tous les écrits qui lui sont attribués, et qu'elles semblent seulement adoucies par l'âge dans le quatrième évangile. Que Jean était un ami chaleureux est prouvé par sa première épître ; qu'il était amer contre ses ennemis apparaît dans sa mention de Diotrèphe : « Je me souviendrai de ses actes qu'il fait, bavardant contre nous avec des paroles malveillantes ; » son zèle débridé fut réprimandé par son maître ; le même esprit cruel est intensifié dans sa « Révélation » ; son ambition est apparente dans son anxiété pour un siège principal dans le royaume du Messie ; son égoïsme apparaît dans la terrible malédiction qu'il imprègne de ceux qui altèrent *sa* révélation ; son pharisaïsme est marqué par un sentiment tel que « nous savons que *nous* sommes de Dieu, et que le monde entier repose dans la méchanceté ». Beaucoup de ces qualités me paraissent marquer l'évangile qui porte son nom ; la même tendresse restreinte, la même amertume contre les adversaires, le même zèle ardent pour « la vérité », c'est-à-dire pour un dogme théologique particulier, se manifestent partout.

** Liddon .*

Le même égoïsme est plus visible, car dans les autres évangiles, Jean partage l'estime principale de son maître avec deux autres, alors qu'ici il est « *le* disciple que Jésus aimait », et il apparaît particulièrement important dans les scènes finales de la vie de Jésus comme le *seul* fidèle disciple. Il faut aussi remarquer la remarquable similitude d'expression et de ton entre le quatrième évangile et la première épître de Jean, similitude d'autant plus frappante que le langage est particulier aux écrits attribués à Jean. C'est cependant avec la plus grande méfiance que je propose ces suggestions, sachant bien que les plus grandes autorités sont divisées sur ce point de paternité, et que la balance penche plutôt contre l'origine apostolique de l'Évangile que pour elle. Je tiens cependant à montrer que, *même en le considérant comme apostolique* , il n'est pas digne de confiance et absolument indigne de crédit. Si Jean est l'écrivain, nous devons supposer que sa longue résidence à Éphèse a progressivement effacé ses souvenirs juifs, de sorte qu'il parle des « Juifs » comme le ferait un étranger. Le sévère monothéisme juif se serait affaibli au contact de l'influence subtile du ton de la pensée alexandrine ; et il aurait saisi les expressions de cette école en vivant dans une ville qui était sa deuxième maison. Utiliser la philosophie grecque comme véhicule d'un enseignement chrétien lui semblerait être le moyen le plus simple d'approcher des esprits imprégnés de ces idées mystiques. Concernant le maître de sa jeunesse à travers le médium glorifiant des années, il commença peu à peu à l'imaginer comme une de ces émanations du Suprême dont il entendait tant parler. Habitué à la déification des empereurs romains, hommes aux vies infâmes, il a dû être presque poussé à revendiquer les honneurs divins pour *son* chef. Si ses auditeurs *les considéraient* comme divins, que pourrait-il dire pour *l'* exalter , sinon qu'il était toujours avec Dieu, et même qu'il était lui-même Dieu ? Si Jean est l'auteur de cet évangile, un tel changement a dû se produire sur lui, et dans sa vieillesse, l'accumulation progressive d'années a dû se cristalliser en une théologie chrétienne formelle. Mais si nous constatons, au cours de notre examen, que l'histoire et l'enseignement de cet évangile sont totalement inconciliables avec les évangiles synoptiques sans doute antérieurs, nous devons alors conclure que, apostoliques ou non, il doit leur céder la place, et être lui-même rejeté comme un récit digne de confiance de la vie et de l'enseignement de Jésus de Nazareth.

La première particularité frappante de cet évangile est que tous les gens qui y parlent parlent exactement dans le même style et utilisent la même phraséologie très particulière : (a) « Le Père aime le Fils et a remis toutes choses entre ses mains. » (b) "Car le Père aime le Fils et lui montre tout ce qu'il fait lui-même." (c) "Jésus, sachant que le Père avait remis toutes choses entre ses mains." Ces phrases sont évidemment le résultat du même esprit, et personne, étranger à notre évangile , ne devinerait que (a) a été prononcé par Jean-Baptiste, (b) par Jésus, (c) par l'auteur de l'évangile. Quand les Juifs parlent, les paroles tournent toujours dans le même sens : « Si quelqu'un adore Dieu et fait sa volonté, il l' écoute », n'est pas dit, comme on pourrait le supposer, par Jésus, mais par l'homme. qui est né aveugle. En effet, les commentateurs sont parfois perplexes, comme dans Jean iii. 10-21, pour savoir où, le cas échéant, s'arrêtent les paroles de Jésus et sont suivies par le commentaire du narrateur. Dans une histoire précise, différents personnages se distinguent par une individualité frappante, de sorte que nous en arrivons à les reconnaître comme des personnalités distinctes, et pouvons même deviner à l'avance comment ils parleront et agiront probablement dans certaines conditions. Mais ici, nous avons un personnage sous divers déguisements, une voix provenant de différents orateurs, un esprit dans des personnages opposés. Nous n'avons pas ici d'êtres de chair et de sang, mais des fantômes aériens, derrière lesquels nous apercevons clairement le prédicateur solitaire. Car Jésus et Jean-Baptiste sont deux personnages aussi distincts qu'on peut l'imaginer, mais leurs discours sont absolument indiscernables et leurs pensées suivent le même rythme. Jésus dit à Nicodème : « Nous disons que nous savons et témoignons que nous avons vu, et vous ne recevez pas notre témoignage ; et personne n'est monté au ciel, si ce n'est celui qui est descendu du ciel. » Jean dit à ses disciples : « Celui qui vient du ciel est au-dessus de tout, et ce qu'il a vu et entendu, il en témoigne , et personne ne reçoit son témoignage. » Mais c'est perdre du temps que de prouver un fait aussi évident : voyons plutôt comment un avocat chrétien répond à un argument dont il ne peut nier la force. "Le caractère et la diction des discours de notre Seigneur ont entièrement pénétré et assimilé les habitudes de pensée de son bien-aimé Apôtre ; de sorte que dans sa première épître, il écrit dans le ton et l'esprit mêmes de ces discours ; et en rapportant les paroles de son ancien professeur, le Baptiste, il leur donne, en cohérence avec la vérité intérieure la plus profonde (!) du récit, les formes et les cadences qui lui sont si familières et habituelles. »* Il doit être laissé à chaque individu de juger si un historien attentif et précis altère ainsi les mots qu'il prétend raconter, et les fait ainsi s'accorder avec quelque mystérieuse vérité intérieure ; chacun doit également décider dans quelle mesure il est sage de s'appuyer sur un historien guidé par une règle de vérité aussi remarquable. Mais en outre, que « le caractère et la diction » de cet évangile soient moulés sur ceux de Jésus, cela semble une affirmation des plus injustifiables. Dans toutes les paroles enregistrées de Jésus dans les trois évangiles, il n'y a aucune trace de ce style très particulier, sauf dans un cas (Matthieu xi, 27), un passage qui arrive brusquement et sans lien, et qui est absolument seul dans son style. les trois synoptiques , position qui jette beaucoup de doute sur son authenticité. Il a été suggéré que cette différence marquée de style provient des différents auditoires abordés dans les trois évangiles et dans le quatrième ; à ce sujet, nous remarquons que (a), nous reconnaissons intuitivement des discours tels que celui de Matt. X. comme parfaitement conforme au style habituel de Jésus, bien que celui-ci s'adresse aux « siens » ; (b), Dans ce quatrième évangile, les discours adressés aux « siens » et aux Juifs sont exactement du même style ; de sorte que, ni dans cet évangile, ni dans les synoptiques, nous ne trouvons de différence — plus qu'on pourrait raisonnablement s'y attendre — entre le style des discours adressés aux disciples et ceux adressés aux multitudes. Mais on *trouve* une différence très marquée entre le style attribué à Jésus par les trois synoptiques et celui mis dans sa bouche par le quatrième évangéliste ; ce dernier étant d'un style si remarquable que, s'il est habituel à Jésus, il est impossible que ses traces n'apparaissent pas à travers tous ses discours enregistrés. De ce fait, nous pouvons, je pense, déduire hardiment la conclusion que le style en question n'est pas celui de Jésus, le simple fils du charpentier, mais qu'il est emprunté à la marche digne et majestueuse de l'oratoire des philosophes éphésiens et est mis en valeur. sa bouche par l'écrivain de sa vie. Et cette conclusion est rendue indubitable par le fait mentionné ci-dessus, que tous les personnages adoptent cette phraséologie poétique et musicalement complète.

Alford.

Ainsi notre première objection contre la fiabilité de notre historien est que tous les personnages qu'il présente, si différents soient-ils par leur caractère, parlent exactement de la même manière, et que ce style, lorsqu'il est mis dans la bouche de Jésus, est totalement différent de celui que lui attribuent les historiens. trois synoptiques . Nous concluons donc que le style appartient entièrement à l'écrivain, et qu'on ne peut, par conséquent, lui faire confiance dans ses comptes rendus de discours. La majeure partie, de loin la partie la plus importante, de cet évangile est donc immédiatement considérée comme indigne de confiance.

Remarquons ensuite la partialité attribuée par cet évangile à Celui qui a dit, selon la Bible, « toutes les âmes sont à moi ». La doctrine de la prédestination, c'est-à-dire du favoritisme , est constamment mise en avant. « *Tout ce que le Père me donne* viendra à moi. » "Nul ne peut venir à moi si le Père ne l'attire." " Je ne perdrais rien de tout *ce qu'il m'a donné* ." "Vous ne croyez pas, *parce que* vous n'êtes pas de mes brebis." « Bien qu'il eût fait tant de miracles avant eux, ils ne crurent pas en lui : *afin que la parole* d'Esaïe le prophète *s'accomplisse.* » « C'est pourquoi ils *ne purent croire, parce* que ce qu'Esaïe avait dit, » etc. "Je t'ai choisi hors du monde." « Tu lui as donné pouvoir sur toute chair, afin qu'il donne la vie éternelle à *tous ceux que tu lui as donnés ?* » « Ceux que tu m'as donnés , je les ai gardés et aucun d'eux n'est perdu, sauf le fils de perdition, *que le Les Écritures pourraient s'accomplir.* " Ce sont les passages les plus frappants qui enseignent cette doctrine qui a été le parent le plus prolifique de l'immoralité et celui qui a apporté le désespoir au pécheur. Aussi terriblement immorale soit-elle, cette doctrine est enseignée dans tout son terrible désespoir et sa clarté par cet évangile : certains « *ne pouvaient pas* croire » parce qu'un vieux prophète avait prophétisé qu'ils ne devraient pas le faire. Ainsi, « selon saint Jean », ces Juifs incrédules étaient prédestinés à la damnation éternelle et à la colère constante de Dieu. Ils furent jetés dans un enfer sans fin, qu'« ils *ne purent* » éviter. Nous rejetons cet évangile, deuxièmement, à cause de la partialité qu'il ose attribuer au Dieu Tout-Puissant.

Passons maintenant aux divergences historiques entre cet évangile et les trois synoptiques , en suivant l'ordre des premiers.

Il nous dit (ch. i) qu'au début de son ministère Jésus était à Bethabara , une ville proche du confluent du Jourdain et de la mer Morte ; ici il gagne trois disciples, André et un autre, puis Simon Pierre : le lendemain il va en Galilée et trouve Philippe et Nathanaël, et le lendemain, voyage assez rapide, il est présent, avec ces disciples, à Cana, où il accomplit son premier miracle, puis les accompagne à Capharnaüm et à Jérusalem. A Jérusalem, où il se rend pour « la Pâque des Juifs », il chasse les commerçants du temple et dit : « Détruisez ce temple, et en trois jours je le relèverai » : cette remarque provoque le premier des étranges malentendus entre Jésus et les Juifs, propres à cet Évangile, simples idées fausses que Jésus ne se donne jamais la peine de corriger. Jésus et ses disciples se rendent ensuite au Jourdain pour baptiser , d'où Jésus part avec eux en Galilée, car il apprend que les pharisiens savent qu'il devient plus populaire que le Baptiste (ch. iv. 1-3). Tout cela se produit avant que Jean ne soit jeté en prison, un événement qui constitue un moment opportun. Nous nous tournons vers le début du ministère de Jésus tel que raconté par les trois. Jésus est dans le sud de la Palestine, mais, apprenant que Jean est jeté en prison, il part en Galilée et réside à Capharnaüm. Il n'y a aucune mention d'un quelconque ministère en Galilée et en Judée avant cela ; au contraire, c'est seulement « à partir de ce moment-là » que « Jésus *commença* à prêcher ». Il est seul, sans disciples, mais, marchant au bord de la mer, il rencontre Pierre, André, Jacques et Jean et les appelle. Maintenant, si le quatrième évangile est vrai, ces hommes l'avaient rejoint en Judée, l'avaient suivi en Galilée, de nouveau au sud jusqu'à Jérusalem, et de retour en Galilée, avaient vu ses miracles et l'avaient reconnu comme Christ, il semble donc étrange qu'ils l'aient abandonné. et avait besoin d'un deuxième appel, et encore plus étrange est-il que Pierre (Luc v. i -ii) ait été si étonné et émerveillé par le miracle des poissons. L'expulsion des commerçants du temple est placée par les synoptiques à la toute fin de son ministère, et la remarque qui la suit est utilisée contre lui lors de son procès : ainsi a-t-elle été faite probablement juste avant celui-ci. Le point de contact suivant est l'histoire des 5000 nourris par cinq pains (ch. vi.), le chapitre précédent concerne une visite à Jérusalem inaperçue des trois : en effet, les histoires semblent écrites de deux hommes, l'un le « prophète » de Galilée" enseignant dans ses villes, l'autre concentrant ses énergies sur Jérusalem. Le récit de l'alimentation miraculeuse est le même chez tous : il n'en va pas de même pour le récit suivant de la conduite de la multitude. Dans le quatrième évangile, Jésus et la foule se disputent, comme d'habitude, et il perd beaucoup de disciples : parmi les trois, Luc ne dit rien des événements qui suivirent immédiatement, tandis que Matthieu et Marc nous disent que les multitudes — comme il serait naturel — se pressaient autour de lui pour toucher jusqu'au bord de son vêtement. C'est comme toujours : dans les trois, la foule l'aime ; dans le quatrième, il le carpe et discute avec lui. Il faut encore manquer le séjour de Jésus en Galilée, selon les trois, et sa visite à Jérusalem, selon l'un, et passer à son entrée triomphale à Jérusalem. Nous remarquons ici une divergence des plus remarquables : les synoptiques nous disent qu'il montait à Jérusalem depuis la Galilée, et, arrivant en route à Bethphagé , il envoya chercher un âne et monta dessus jusqu'à Jérusalem : le quatrième évangile raconte qu'il demeurait à Jérusalem, et la quittant, par crainte des Juifs, il se retira, non en Galilée, mais « au-delà du Jourdain, dans le lieu où Jean baptisa pour la première fois », c'est-à-dire Bethabara , « et *là il demeura* ». Béthanie et ressuscita un cadavre en putréfaction : ce miracle prodigieux n'est jamais invoqué par les premiers historiens pour prouver la grandeur de leur maître, bien que « beaucoup de Juifs » aient vu Lazare après sa résurrection : ce miracle est également donné comme raison de l'hostilité active des prêtres, "à partir de ce jour". Jésus se retire ensuite à Éphraïm, près du désert, d'où il se rend à Béthanie, puis en triomphe à Jérusalem, où il est accueilli par le peuple « parce qu'il a appris qu'il avait fait ce miracle ». Les deux récits n'ont absolument rien de commun si ce n'est l'entrée à Jérusalem, et les événements précédents des synoptiques excluent ceux du quatrième évangile, de même que le leur. Si Jésus demeurait à Bethabara et à Éphraïm, il ne pourrait pas venir de Galilée ; s'il partait de Galilée, il ne demeurait pas dans le sud. Jean XIII.-XVII. autonome, à l'exception de la mention du traître. Lors de l'arrestation de Jésus, il est conduit (ch. XVIII, 13) chez Anne , qui l'envoie à Caïphe, tandis que les autres l'envoient directement à Caïphe, mais cela n'a pas d'importance. Il est ensuite conduit chez Pilate : les Juifs n'entrent pas dans la salle du jugement, de peur que, souillés, ils ne puissent manger la Pâque , fête qui, selon les synoptiques , était terminée, Jésus et ses disciples l'ayant mangée la nuit. avant. Jésus est exposé au peuple à la sixième heure (ch. xix. 14), tandis que Marc nous dit qu'il a été crucifié trois heures auparavant — à la troisième heure — note d'heure qui s'accorde avec les autres, puisqu'ils racontent tous qu'il y a là Il y avait des ténèbres de la sixième à la neuvième heure, c'est-à-dire qu'il y avait des ténèbres épaisses au moment où, « selon saint Jean », Jésus était exposé. Ici, notre évangéliste est en conflit désespéré avec les trois. Les récits sur la résurrection sont inconciliables dans tous les évangiles et mutuellement destructeurs. Reste à remarquer, parmi ces divergences, un ou deux points qui ne sont pas venus à point nommé au cours du récit. Tout au long du quatrième évangile, nous voyons Jésus plaider constamment pour son droit au titre de Messie. Andrew parle de lui comme tel (i . 41) ; les Samaritains le reconnaissent (iv. 42) ; Pierre le possède (vi. 69) ; les gens l'appellent ainsi - (vii. 26, 31, 41) ; Jésus le revendique (viii. 24) ; il fait l'objet d'une loi (ix. 22) ; Jésus en parle comme il l'a déjà affirmé (x. 24, 25) ; Marthe le reconnaît (xi. 27). Nous constatons donc que, dès le début, ce titre est ouvertement revendiqué par Jésus, et son droit ouvertement contesté par les Juifs. Mais – dans les trois – les disciples le reconnaissent comme Christ, et il leur demande de « ne dire à personne qu'il était Jésus le Christ » (Matt. XVI. 20 ; Marc VIII. 29, 30 ; Luc IX. 20, 21). ; et cela la même année où il reproche aux Juifs de ne pas posséder cette messianité , puisqu'il leur avait dit qui il était. "dès le début" (ch. VIII. 24, 25); de sorte que, si "Jean" avait raison, nous ne parvenons pas à voir l'objet de tout le mystère que racontent les synoptiques . Nous remarquons aussi comment Pierre est, dans leur récit, loué pour l'avoir confessé, car la chair et le sang ne le lui avaient pas révélé, tandis que dans le quatrième évangile, « la chair et le sang », dans la personne d'André, révèlent à Pierre que le Christ est trouvé ; et il semble que peu d'éloges soient dus à Pierre pour une confession qui avait été faite deux ou trois ans plus tôt par André, Nathanaël, Jean-Baptiste et les Samaritains. La contradiction ne peut guère être plus directe. Dans Jean VII. Jésus reconnaît que les Juifs connaissent son lieu de naissance (28), et ils affirment (41, 42) qu'il vient de Galilée, alors que le Christ devrait naître à Bethléem. Matthieu et Luc disent distinctement que Jésus est né à Bethléem ; mais ici Jésus confesse la juste connaissance de ceux qui attribuent son lieu de naissance à la Galilée, au lieu de mettre un terme à leur difficulté en expliquant que bien qu'élevé à Nazareth, il est né à Bethléem. Mais notre écrivain ignorait apparemment leurs récits. Nous rejetons cet évangile, troisièmement, parce que ses déclarations historiques sont en contradiction directe avec l'histoire des synoptiques .

Le point suivant sur lequel je souhaite attirer l'attention est la position relative de la foi et de la morale dans les trois synoptiques et le quatrième évangile. Il n'est pas exagéré de dire que sur ce point leur enseignement est absolument inconciliable, et que l'un ou l'autre doit avoir fatalement tort. Ici, le quatrième évangile serre la main de Paul, tandis que les autres prennent le parti de

Jacques. L'opposition peut être plus clairement démontrée par des colonnes parallèles de citations :

"Sauf ta justice" Celui qui croit au Fils

dépasse celui des scribes et a la vie éternelle. "-iii. 36.

Pharisiens, vous ne devez en aucun cas

Dans ce cas, entrez au ciel. » — *Matthieu v. 20.*

" N'avons-nous pas prophétisé dans " Celui qui croit en Lui est

ton nom et en ton nom n'a pas été condamné. "-iii. 18.

beaucoup d'œuvres merveilleuses ?

"Alors leur déclarerai-je...

Partez... vous qui commettez l'iniquité.

-Mat. vii. 22, 23.

"Si tu veux entrer dans la vie", celui qui ne croit pas au Fils

gardez les commandements. " — *Marc ne verra pas la vie. " - iii. 36.x. 17-28.*

"Ses péchés, qui sont nombreux, sont" Si vous ne croyez pas que je le suis

pardonné, car elle a beaucoup aimé. "- vous mourrez dans vos péchés." - viii.

Luc VII. 47. 24.

Ces quelques citations, qui pourraient être multipliées à l'infini, suffisent à montrer que, tandis que dans les trois évangiles *l'action* est le test de la religion, et qu'aucune profession de disciple ne vaut quoi que ce soit à moins d'être démontrée par « ses fruits », dans le quatrième, *croire* est le test de la religion. question cardinale : dans les trois, nous n'entendons absolument rien de la foi en Jésus comme condition requise, mais dans le quatrième, nous n'entendons rien d'autre : les œuvres sont complètement mises au second plan et le salut repose sur la foi – non même en Dieu – mais en Jésus. Nous rejetons cet évangile, quatrièmement, parce qu'il place la foi au-dessus des œuvres, et contredit ainsi l'enseignement général de Jésus lui-même.

Les positions relatives du Père et de Jésus sont inversées par le quatrième évangéliste, et l'enseignement de Jésus sur ce point dans les trois évangiles est directement contredit. À travers eux, Jésus prêche le Père seul : il répète toujours « votre Père céleste » ; « afin que vous soyez les enfants de votre Père », est son argument pour pardonner aux autres ; « votre Père est parfait », est son aiguillon vers une vie supérieure ; "Votre Père sait ", est son anodin dans l'anxiété ; "C'est le bon plaisir du Père", est sa certitude du bonheur à venir ; « *L'un* est votre Père, qui est aux cieux », est, par une loyauté même extravagante, une raison pour refuser le nom même à tout autre. Mais dans le quatrième évangile, tout est changé : si le Père est mentionné, c'est uniquement comme l'envoyeur de Jésus, comme *son* témoin et *son* glorificateur. Tout amour, toute dévotion, tout hommage s'adresse à Jésus et à Jésus seul : même « dans l'hypothèse chrétienne, le Père est éclipsé par son Fils unique »*. « Tout jugement » est entre les mains du Fils : il a « la vie en soi ; » « l'œuvre de Dieu » est de croire en lui ; il donne « la vie au monde » ; il nous « ressuscitera » « au dernier jour » ; sauf en le mangeant, il n'y a « pas de vie » ; il est « la lumière du monde » ; il donne la vraie liberté ; il est « le seul berger : personne ne peut nous arracher » de sa main ; il « attirera tous les hommes à lui » : il est « le Seigneur et le Maître », « la vérité et la vie » ; ce qui est même demandé au Père, *il* le fera ; il viendra vers ses disciples et demeurera en eux ; sa paix et sa joie sont leur récompense. En vérité, nous n'avons besoin de rien de plus : celui qui nous donne la vie éternelle, qui nous ressuscite des morts, qui est notre juge, qui entend nos prières et nous donne la lumière, la liberté et la vérité, Lui, Lui seul, est notre Dieu ; nul ne peut faire plus pour nous que lui : en lui seul nous aurons confiance dans la vie et la mort. Ainsi, systématiquement, le Fils n'est plus l'attireur des croyants vers le Père, mais le Père est dégradé au point de devenir le chemin qui mène au Fils, et personne ne peut venir à Jésus à moins que Dieu Tout-Puissant ne les attire à lui. Jésus n'est plus le chemin qui mène au Très Saint, mais le Père éternel devient le moyen d'atteindre une fin qui le dépasse.

** Voysée .*

Pour cette cinquième raison, plus que pour toute autre chose, nous rejetons cet évangile avec le sérieux le plus passionné, avec la plus brûlante indignation, comme une insulte au Père Unique des esprits, l'Objet ultime de toute foi, de toute espérance et de tout amour.

Et qui est celui qui détrône ainsi notre Père céleste ? Ce n'est même pas Jésus dont la belle beauté morale a valu notre vive admiration. *L'*adorer serait une idolâtrie, mais l'adorer – s'il était tel que « Jean » le décrit – serait une idolâtrie aussi dégradante que sans fondement. Car marquons le personnage décrit dans ce quatrième évangile. Sa carrière publique commence par un miracle indigne : lors d'un mariage, où le vin vient à manquer, il transforme l'eau en vin, afin de ravitailler les hommes qui ont déjà « bien bu » (ch. ii. 10). [On peut se demander, en passant, ce qui a amené Marie à s'attendre à un miracle, quand on nous dit que c'était le premier et qu'elle ne pouvait donc pas connaître les dons de son fils.] Le prochain point important est la conversation avec Nicodème, où nous ne savions guère ce qui nous émerveillait le plus, la stupidité impassible d'un "Maître en Israël" qui méconnaît une métaphore qui devait lui être familière, ou la manière agressive avec laquelle Jésus parle de la non-réception de son message avant de était en public depuis plusieurs mois, et quant à la non-croyance en sa personne avant que la croyance ne soit devenue possible. On arrive alors à la série de discours relatés au ch. v. 10. L'égoïsme parfait les imprègne tous ; chez tous apparaissent les mêmes étranges malentendus de la part du peuple, la même étrange persistance à les embarrasser de la part de l'orateur. Dans l'un d'eux, les gens s'étonnent sincèrement de ses paroles mystérieuses : « Comment se fait-il qu'il dise : Je descends du ciel » et, au lieu de toute explication, Jésus rétorque qu'il ne faut pas murmurer, puisque personne ne *peut* venir à lui. à moins que le Père ne l'attire ; de sorte que, lorsqu'il avance une déclaration apparemment contraire aux faits – « nous connaissons son père et sa mère », disent les Juifs perplexes – il refuse de l'expliquer et se rabat sur sa doctrine favorite : « À moins que vous ne soyez de ces favorisés que Dieu éclaire, vous ne pouvez pas espérer me comprendre. Il n'est pas étonnant en effet que « beaucoup de ses disciples ne marchaient plus avec » un enseignant si perplexe et si décourageant ; avec quelqu'un qui leur a présenté une doctrine mystérieuse, contraire à leur expérience, puis, en réponse à leur prière pour l'illumination, les nargue avec une ignorance qu'il admet être inévitable. La conversation importante suivante a lieu dans le temple, et ici Jésus, l'ami des pécheurs, le porteur d'espérance pour les désespérés, ce Jésus n'a aucune tendresse pour certains qui « ont cru en lui » ; il piétine impitoyablement le roseau meurtri et désaltère le lin fumant. Premièrement, il irrite leur fierté juive avec des accusations d' esclavage et de basse descendance ; puis, cherchant à tâtons ce qu'il voulait dire, ils s'exclament : « Nous avons un seul Père, Dieu même », et lui – que nous connaissons comme le plus tendre prédicateur de l'amour universel de ce Père – surprend sûrement volontiers leur appréciation difficile de son sujet favori , et attise l'étincelle pleine d'espoir dans une flamme ? Oui! Jésus de Nazareth l'aurait fait. Mais Jésus, « selon saint Jean », se retourne violemment contre eux, niant la filiation qu'il proclame ailleurs, et rétorque : « Vous êtes de votre père, le diable ». Et cela aux hommes qui « croyaient en lui » ; cela des lèvres qui disaient : « *Un seul* est votre Père », et Lui, au ciel. Il discute ensuite avec les pharisiens, et nous le voyons s'écrier avec arrogance : « *Tous* ceux qui m'ont précédé n'étaient que des voleurs et des brigands. Quoi, tout ? Moïse et Elie, Isaïe et tous les prophètes ? Enfin, après qu'il eut encore une fois repoussé quelques enquêteurs, les Juifs prirent des pierres pour le lapider, comme Moïse l'avait ordonné, parce que « tu te fais Dieu ». Il s'échappe par une évasion astucieuse, qui neutralise toutes ses affirmations apparentes sur la Divinité. "D'autres hommes ont été appelés dieux, alors je ne blasphème pas en me qualifiant de fils de Dieu." N'oublions jamais que dans cet évangile, fief de la Divinité de Jésus, Jésus lui-même explique son affirmation la plus forte : "Moi et mon Père sommes un" d'une manière qui ne peut être honnête que dans la bouche d'un homme.* Nous passons à le célèbre « dernier discours ». On y retrouve le même style particulier, la même affirmation de soi, mais il faut noter en outre le trithéisme distinct qui l'imprègne. Il y a trois Êtres distincts, chacun nécessairement privé de quelque attribut de la Divinité : ainsi, la Divinité est Infinie, mais si elle est divisée, elle devient finie, puisque deux Infinis sont une absurdité impossible, et s'ils ne sont pas identiques, ils doivent se lier l'un à l'autre. devenant ainsi fini. En conséquence, « le Consolateur » ne peut pas être présent jusqu'au départ de Jésus, donc ni Jésus ni le Consolateur ne peuvent être Dieu, puisque Dieu est omniprésent. Puisque donc la prière doit être adressée à Jésus en tant que Dieu, la basse théorie du trithéisme, d'une pluralité de dieux, dont aucun n'est un Dieu parfait, est ici enseignée. Dans ce discours également, l'horizon chrétien est délimité par la figure de Jésus, la fonction de Consolateur est soumise à ce culte unique, « il me glorifiera ». Jésus, enfin, prie pour ses disciples, excluant nettement de son intercession « le monde » qu'il était censé être venu sauver, et, comme tout au long de cet évangile, limitant tout son amour, tous ses soins, toute sa tendresse à « ces , que tu m'as donné. Nous arrivons ici à l'essence de l'esprit qui imprègne tout cet évangile. "Je prie pour eux ; je ne prie pas pour le monde : ni pour ceux qui ont pour père le diable, ni pour mon traître, le fils de perdition." C'est l'esprit que les chrétiens osent attribuer à Jésus de Nazareth, l' homme le plus tendre , le plus doux et le plus généreux qui ait jamais honoré l'humanité. C'est cet esprit, nous dit-on, qui habitait dans *son* sein, qui nous a donné les paraboles de la brebis perdue et du fils prodigue. "Non", répondons-nous, "ce n'est pas l'esprit du prophète de Nazareth, mais" (le Dr Liddon me pardonnera l'appropriation) "c'est le tempérament d'un homme qui n'entrera pas dans les bains publics avec l'hérétique qui a déshonoré son Seigneur.

« Nous ne te lapidons pas pour une bonne œuvre, mais pour un blasphème ;

et parce que tu es un homme, tu te fais Dieu. » Jésus

leur répondit : N'est-il pas écrit dans votre loi, j'ai dit : vous

sont des dieux ? S'il les appelait dieux à qui la parole de Dieu

est venu (et l'Écriture ne peut pas être brisée), dites de lui

que le Père a sanctifié et envoyé dans le monde,

Tu blasphèmes parce que j'ai dit que je suis le fils de Dieu ?

C'est l'esprit de l'écrivain de l'Évangile, non celui de Jésus : l'égoïsme de l'écrivain se reflète dans les paroles mises dans la bouche de son maître ; et ainsi le prédicateur de l'amour du Père est dégradé au rang de chercheur de sa propre gloire, et rendant témoignage de lui-même, son témoignage devient faux. Je dois également attirer l'attention sur un ou deux cas d'irréalité attribués à Jésus par cet évangile. Il prie un jour « à cause des gens qui sont là » : il crie sur sa croix : « J'ai soif », non pas à cause de l'agonie brûlante de la crucifixion, mais pour « que les Écritures s'accomplissent » : voix répond à « sa prière », « non à cause de moi, mais à cause de vous ». Ce calcul d'effet est très étranger à l'esprit sincère et ouvert de Jésus. A cela s'apparente la prévarication qui lui est attribuée, lorsqu'il refuse d'accompagner ses frères en Judée, mais "quand ses frères furent montés, il monta aussi à la fête, non pas ouvertement mais comme en secret". Tout cela nous frappe étrangement dans le cadre de cette vie simple et intrépide.

Nous rejetons cet évangile, sixièmement, à cause de l'esprit cruel, de l'arrogance, de l'affirmation de soi, de l'intolérance, de l'irréalité, qu'il attribue à Jésus, et nous le dénonçons comme une calomnie sur sa mémoire et une insulte à sa noble vie.

Nous pouvons peut-être noter, comme autre particularité de cet évangile - bien que je n'entre pas ici dans l'argumentation de la divinité de Jésus - que lorsque le Dr Liddon , dans ses célèbres conférences Bampton, est soucieux de prouver la divinité de Jésus *de sa propre bouche* , il est obligé de citer exclusivement cet évangile. Un fait comme celui-ci ne peut être négligé, quand on se souvient que « l'Évangile de saint Jean est un traité polémique » écrit pour prouver ce point particulier. Nous ne pouvons éviter de constater la coïncidence.

Nous avons maintenant parcouru ce remarquable dossier et l'avons examiné sous différents angles. Au début, nous avons concédé à nos adversaires tout l'avantage qui découle de l'admission que l'Évangile *peut* être écrit par l'apôtre Jean ; nous avons laissé la question de la paternité sans objet et avons basé notre argument sur un terrain différent. Apostolique ou non apostolique, johannique ou corinthien, nous l'acceptons ou le rejetons pour lui-même, et non pour son auteur. Nous avons constaté que tous ses personnages parlent de la même manière dans un style marqué et particulier, un style qui ressemble plus au bureau qu'à la rue, à Alexandrie plutôt qu'à Jérusalem ou à la Galilée. Nous avons jeté un coup d'œil sur sa partialité immorale. Nous avons noté les nombreuses divergences entre l'histoire de cet évangile et celle des trois synoptiques . Nous l'avons découvert également opposé en morale comme en histoire : en doctrine comme en morale. Nous avons vu que, même si cela dégrade Dieu d'introniser Jésus à sa place, cela dégrade également Jésus et abaisse tellement son caractère que cela défie toute reconnaissance. Enfin, nous avons découvert qu'il est le seul à soutenir la Divinité de Jésus de sa propre bouche.

Je ne sais pas comment tout cela peut frapper les autres ; pour moi, ces arguments sont tout simplement écrasants par leur force. J'arrache « l'Évangile selon saint Jean » des écrits qui « sont utiles » « pour l'instruction dans la justice ». Je le rejette du début à la fin, comme étant fatalement destructeur de toute vraie foi envers Dieu, comme dangereusement subversif de toute vraie moralité chez l'homme, comme un outrage à la mémoire sacrée de Jésus de Nazareth et comme une insulte à la Justice, à la Suprématie. , et l'unité de Dieu Tout-Puissant.

SUR L'EXPIATION.

L'Expiation peut être considérée comme la doctrine centrale du christianisme, la *raison d'être même* de la foi chrétienne. Enlevez cela, et il resterait bien une foi et une morale, mais toutes deux auraient perdu leurs traits distinctifs : ce serait une foi sans son centre , et une morale sans son fondement. Le christianisme serait méconnaissable sans son Dieu en colère, son Sauveur mourant , son alliance signée avec « le sang de l'Agneau » : l'effacement de l'Expiation priverait des millions de personnes de tout espoir envers Dieu et les jetterait de la satisfaction dans l'anxiété du confort. dans le désespoir. Les sentiments les plus chaleureux de la chrétienté se rassemblent autour du Crucifix, et lui, le crucifié, est adoré avec une dévotion passionnée, non comme martyr de la vérité, non comme témoin de Dieu, non comme fidèle jusqu'à la mort, mais comme substitut de ses adorateurs, comme celui qui porte à leur place la colère de Dieu et le châtiment dû au péché. Le chrétien apprend à voir dans le Christ sanglant la victime immolée à sa place ; lui-même devrait être pendu à cette croix, agonisant et mourant ; ces mains percées de clous devraient être les siennes ; l'angoisse sur ce visage devrait être sillonnée d'elle-même ; le poids de la souffrance reposant sur cette tête baissée devrait s'écraser dans la poussière. Dans le sens le plus simple des mots, Christ est le substitut du pécheur, et c'est sur lui que repose le péché du monde : comme Luther l'a exprimé, il « est le plus grand et le seul pécheur » ; littéralement « fait péché » pour l'humanité, et expiant la culpabilité qui, en fait, a été transférée de l'homme à lui.

Je souhaite d'abord, par souci de justice et de franchise , reconnaître franchement le bien qui a été retiré par la prédication de la Croix. Ce bien a cependant été le résultat indirect plutôt que direct de la croyance en l'Expiation. La doctrine, en elle-même, n'a rien d'élevant, mais l'enseignement étroitement lié à la doctrine a son côté ennoblissant et purificateur. Tout l'enthousiasme suscité dans le cœur humain par la pensée de celui qui s'est sacrifié pour sauver ses frères, tout le désir qui en résulte d'imiter cet amour en sacrifiant tout pour Jésus et pour ceux pour lesquels il est mort, tout le gain moral provoqué par la contemplation d'un dévouement sublime, tout cela est le fruit du côté le plus noble de l'Expiation. Que ceux qui sont sans péché s'abaissent vers les pécheurs, que la sainteté embrasse les coupables afin de les élever à son propre niveau, a touché une corde sensible dans le sein des hommes qui a répondu au contact par une mélodie harmonieuse de gratitude envers le souffrant divin et sans péché. , et un travail d'amour pour l'homme souffrant et pécheur. La Croix a été à la fois l'apothéose et la source de l'amour qui se sacrifie. « Aimez-vous les uns les autres *comme* je vous ai aimés : non en paroles mais en actes , avec un profond amour d'abnégation : » telle est la leçon que, selon l'un des théologiens anglicans les plus orthodoxes, « le Christ nous prêche de son Croix." En croyant à l'Expiation, le cœur de l'homme a, comme d'habitude, été meilleur que sa tête ; il a dépassé le côté obscur de l'idée et a saisi la vérité divine selon laquelle les forts devraient volontiers se consacrer à protéger les faibles, et que le travail , même jusqu'à la mort, est le droit de l'humanité de la part de tout fils de l'homme. On dit souvent qu'aucune doctrine ne conserve longtemps son emprise sur le cœur des hommes qui ne soit fondée sur quelque grande vérité ; cette idée divine du sacrifice de soi a été la vérité contenue dans la doctrine de l'Expiation, qui l'a rendue si chère à de nombreuses âmes aimantes et nobles, et qui a caché sa « multitude de péchés » – péchés contre l'amour et contre la justice. contre Dieu et contre l'homme. L'amour et le sacrifice de soi ont fait flotter la grande erreur au-dessus des tempêtes des siècles, et ces cordes y attachent encore de nombreux cœurs dont l'amour et le sacrifice de soi sont la gloire et la couronne.

Cela dit, en candi d'hommage au bien qui a tiré son inspiration de Jésus crucifié, passons à l'examen de la doctrine elle-même : si nous trouvons qu'elle est aussi déshonorante pour Dieu que préjudiciable à l'homme, un crime contre la justice, un blasphème contre l'amour, il faut oublier tous les sentiments qui l'entourent et le rejeter complètement. Il est bon de parler avec respect de ce qui est cher à toute âme religieuse, et d'éviter de heurter durement les cordes du sentiment religieux, même si l'âme est induite en erreur et que le sentiment est mal orienté ; mais il arrive un temps où la fausse charité est une cruauté, et la tendresse envers l'erreur est une trahison envers la vérité. Pendant longtemps, les hommes qui connaissent son vide passent en silence devant le sanctuaire consacré par les espoirs et les peurs humaines, par l'amour et l'adoration, et les « temps de cette ignorance auxquels Dieu (dans la figure audacieuse de Paul) fait aussi un clin d'œil » ; mais quand « la plénitude des temps est venue », Dieu envoie un de ses vrais fils pour jeter l'idole à terre et la piétiner en poussière. Nous ne devons pas craindre que le bien apporté par les leçons tirées de l'Expiation dans le passé disparaisse avec la doctrine elle-même ; la marque de la Croix est trop profondément ancrée dans l'humanité pour être jamais effacée, et ceux qui ne s'appellent plus par le nom du Christ ne sont pas les érudits les plus arriérés de l'école de l'amour et du sacrifice.

L'histoire de cette doctrine a été curieuse. Dans le Nouveau Testament, l'Expiation est, comme son nom l'indique, la simple création d'un Dieu et d'un homme : *la manière dont* cela se fait n'est que vaguement évoquée, et afin de déduire la doctrine moderne de la Bible, nous devons importer dans les livres du Nouveau Testament toutes les idées dérivées des disputes théologiques. Les mots utilisés en toute simplicité par les écrivains anciens doivent leur avoir attaché le sens polémique défini qu'ils revêtent dans les querelles des théologiens, avant de pouvoir être contraints de soutenir une expiation de substitution. Cependant, l'idée de « rançon » est liée à l'œuvre de Jésus, et la question s'est posée : « à qui cette rançon est-elle payée ? Ceux qui vivaient dans ces premiers siècles du christianisme étaient encore trop dans l'illumination de la tendre auréole jetée par Jésus autour du nom du Père, pour rêver un instant que leur Rédempteur les avait rachetés des mains bien-aimées de Dieu. Non, la rançon avait été payée au diable, dont ils croyaient que l'humanité était l'esclave, et Jésus, en se sacrifiant, les avait rachetés du diable et en avait fait des fils de Dieu. Il ne vaut pas la peine d'entrer dans les détails étranges de ce plan, comment le diable pensait avoir vaincu et pouvoir retenir Jésus captif, et a été trompé en découvrant que le gain imaginé ne pouvait pas lui être conservé, et ainsi de suite. Ceux qui désirent se familiariser avec cet ingénieux dispositif peuvent l'étudier dans les pages des Pères chrétiens : il a au moins un avantage sur le plan moderne, à savoir que nous ne sommes pas si choqués d'entendre parler de douleur et de souffrance comme acceptables pour le monde. supposé mal incarné, comme lorsqu'on entend dire qu'ils sont offerts en sacrifice au bien suprême. À mesure que l'enseignement de Jésus perdait de sa puissance et devenait de plus en plus pollué par les pensées cruelles d'hommes sauvages et sectaires, la doctrine de l'expiation changea graduellement de caractère. Les hommes pensaient que le Tout-Puissant était tel qu'eux, et étant féroces, impitoyables et vengeurs, ils projetaient leurs propres ombres sur les nuages qui entouraient la Divinité, puis, comme le berger qui rencontre sa propre forme réfléchie et magnifiée sur le brume des montagnes, ils reculèrent devant l'image qu'ils s'étaient eux-mêmes faite. Le Père aimant qui a envoyé son fils sauver ses enfants périssants en se sacrifiant, disparaît du cœur du monde chrétien, et apparaît sombre à sa place une forme horrible, le juge inexorable qui exige une dette que l'homme est trop pauvre pour payer. , et qui, à défaut de paiement, jette le débiteur dans une prison sans espoir, sans espoir à moins qu'un autre ne paie au maximum l'amende exigée par la loi. Ainsi, dans cette étrange scène de transformation, Dieu prend en réalité la place du diable, et la rançon autrefois payée pour racheter les hommes de Satan devient la rançon payée pour racheter les hommes de Dieu. Cela rappelle les querelles autour du texte qui nous ordonne de « craindre celui qui est capable de détruire le corps et l'âme en enfer », lorsque nous doutons de savoir qui il est nous devons le craindre, puisque la moitié des commentateurs chrétiens nous assurent que cela fait référence à notre Père céleste, tandis que l'autre moitié affirme que le diable est l'individu que nous devons redouter. Le sceau fut apposé sur le « projet de rédemption » par Anselme dans son grand ouvrage « *Cur Deus Homo* » et la doctrine qui s'était lentement développée dans la théologie de la chrétienté fut désormais marquée du sceau de l'Église. Les catholiques et les protestants, à l'époque de la Réforme, croyaient tous deux au caractère indirect et substitutif de l'expiation opérée par le Christ. Il n'y a aucune contestation entre eux sur ce point. Je préfère laisser les religieux chrétiens parler pour eux-mêmes sur le caractère de l'expiation : personne ne peut m'accuser d'exagérer leurs vues, si leurs vues sont exprimées dans leurs propres mots. Luther enseigne que « le Christ a ressenti réellement et efficacement pour toute l'humanité la colère de Dieu, la malédiction et la mort ». Flavel dit que « à la colère, à la colère d'un Dieu infini et sans mélange, aux tourments mêmes de l'enfer, le Christ a été livré, et cela par la main de son propre père ». L'homélie anglicane prêche que « le péché a arraché Dieu du ciel pour lui faire ressentir les horreurs et les douleurs de la mort », et que l'homme, étant un tison de l'enfer et un esclave du diable, « a été racheté par la mort de son propre fils unique et bien-aimé ; » la « chaleur de sa colère », « sa colère ardente » ne pouvait être « apaisée » que par Jésus, « tant ce sacrifice et cette oblation de la mort de son fils étaient agréables ». Edwards, étant logique, voyait qu'il y avait une injustice flagrante dans le fait que le péché soit puni deux fois, et dans les douleurs de l'enfer, la punition du péché étant infligée deux fois, d'abord à Christ, le substitut de l'humanité, puis aux perdus, un partie de l'humanité. Ainsi, comme la plupart des calvinistes, il se trouve obligé de limiter l'expiation aux élus et déclare que Christ a porté les péchés, non pas du monde, mais des élus du monde ; il souffre « non pour le monde, mais pour ceux que tu m'as donnés ». Mais Edwards adhère fermement à la croyance en la substitution et rejette l'expiation universelle pour la raison même que « croire que le Christ est mort pour tous est le moyen le plus sûr de prouver qu'il est mort pour personne dans le sens où les chrétiens l'ont cru jusqu'à présent ». Il déclare que « Christ a subi la colère de Dieu à cause des péchés des hommes » ; que "Dieu a imposé sa colère à cause du péché, et Christ a subi les douleurs de l'enfer". Owen considère les souffrances du Christ comme « une compensation complète et précieuse à la justice de Dieu pour tous les péchés » des élus, et dit qu'il a subi « le même châtiment qu'eux-mêmes étaient tenus de subir ».

La doctrine de l'Église chrétienne – dans le sens le plus large de ce terme tant controversé – était alors la suivante, et je l'énoncerai dans un langage soigneusement modéré, *comparé à l'enseignement orthodoxe* des grands théologiens chrétiens. Si quelqu'un doute de cette affirmation, qu'il étudie lui-même ses écrits. Je n'ose vraiment pas transférer certaines de leurs expressions sur mes propres pages. Dieu le Père ayant maudit l'humanité et l'ayant condamné à la damnation éternelle, à cause de la désobéissance d'Adam en mangeant une pomme – ou un autre fruit, car l'espèce n'est préservée que par la tradition et n'est pas définitivement réglée par les écrits inspirés – et ayant en outre maudit chacun pour ses transgressions individuelles, l'homme gisait sous la colère féroce de Dieu, incapable d'y échapper et incapable de l'apaiser, car il ne pouvait même pas expier ses propres péchés privés, encore moins sa part de culpabilité encourue par ses propres transgressions. ancêtre au Paradis. La dette de l'homme était désespérément grande et il n'avait « rien à payer » ; il ne lui restait donc plus qu'à subir une éternité de torture, triste sort qu'il avait mérité par le crime de naître dans un monde maudit. La deuxième personne de la Trinité était émue de pitié par l'état d'impuissance et de misère de l'humanité, interposée entre la première personne de la Trinité et les misérables pécheurs ; il reçut dans sa propre poitrine les flèches à pointe de feu de la colère divine, et en souffrant des tortures inconcevables, égales en quantité à une éternité de tourments de l'enfer, il arracha des mains de Dieu le pardon de l'humanité, ou d'une partie de celle-ci. Dieu, apaisé en étant témoin de cette terrible agonie de celui qui, de toute éternité, « gisait dans son sein », partage à parts égales sa majesté et sa gloire, et l'objet de son plus tendre amour, cède à sa colère féroce et consent à accepter la douleur de Jésus comme substitut à la douleur de l'humanité. En termes simples, Dieu est donc représenté comme un être si terriblement cruel, si implacablement vengeur, que la douleur *en tant que* douleur et la mort *en tant que* mort sont ce qu'il exige comme sacrifice propitiatoire, et avec rien de moins qu'une agonie extrême , ses revendications féroces peuvent que l'humanité soit rachetée. Il doit avoir le poids de la souffrance, mais il est indifférent qu'elle soit subie par Jésus ou par l'humanité. Les anciens Pères n'ont-ils pas bien fait de faire de l'horrible rançon une affaire entre Jésus et le diable ?

Lorsqu'on insiste sur ce point sur les chrétiens, et qu'on insiste sur le déshonneur fait à Dieu en le peignant avec des couleurs devant lesquelles le cœur et l'âme reculent avec une horreur frémissante, en lui attribuant une vengeance et une cruauté impitoyable en comparaison avec lesquelles les pires efforts de la malignité humaine n'ayant l'air que d'une malice enfantine, ils s'empressent de rétorquer que nous caricaturons la doctrine chrétienne ; ils admettront, lorsqu'ils seront submergés de preuves, qu'un « langage fort » a été utilisé au cours des siècles passés, mais diront que de tels points de vue ne sont plus partagés aujourd'hui et qu'ils n'attribuent pas une attitude aussi dure à Dieu le Père. Les théistes sont donc obligés de prouver chaque étape de leur accusation et de citer des auteurs chrétiens les mots qui incarnent les points de vue qu'ils attaquent. Si je devais simplement déclarer que les chrétiens d'aujourd'hui attribuent au Dieu Tout-Puissant une colère féroce contre l'ensemble du genre humain, que cette colère ne peut être apaisée que par la souffrance et la mort, qu'il déverse cette colère sur une tête innocente et qu'il est bien content de voir l'agonie de son Fils bien-aimé, un cri d'indignation s'élevait de mille lèvres, et j'étais accusé d'exagération, de faux témoignage, de blasphème. C'est pourquoi, une fois de plus, j'écris la doctrine sous dictée chrétienne et, rappelons-le, les phrases que je cite sont tirées d'ouvrages publiés et sont donc le résultat d'une délibération sérieuse ; ce ne sont pas des images à découvert tirées de l'éloquence fervente d'un oratoire excité, lorsque l'orateur peut peut-être être emporté plus loin qu'il n'y consentirait de sang-froid.

Stroud fait boire au Christ « la coupe de la colère de Dieu ». Jenkyn dit : « il a souffert comme quelqu'un renié, réprouvé et abandonné de Dieu ». Dwight considère qu'il a enduré « la haine et le mépris » de Dieu. Mgr Jeune nous dit qu'« après que l'homme eut fait le pire, le pire restait à supporter pour le Christ : il était tombé entre les mains de son père ». L'archevêque Thomson prêche que « les nuages de la colère de Dieu se sont rassemblés sur toute la race humaine : ils se sont déversés sur Jésus seul » ; il « devient pour nous une malédiction et un vase de colère ». Liddon fait écho au même sentiment : « les apôtres enseignent que les hommes sont esclaves et que le Christ sur la croix paie leur rançon. Le Christ crucifié est volontairement dévoué et maudit » : il parle même de « la quantité précise d'ignominie et de douleur nécessaire pour le rédemption », et dit que la « victime divine » a payé plus que ce qui était absolument nécessaire.

Ces citations semblent suffisantes pour prouver que les chrétiens d'aujourd'hui sont de dignes disciples des croyants plus âgés. Les théologiens cités en premier sont en effet plus grossiers dans leurs expressions et ont moins peur de dire exactement ce qu'ils croient, mais il n'y a pas de réelle différence de croyance entre l'horrible doctrine de Flavel et le dogme raffiné du chanoine Liddon . Les chrétiens anciens et modernes croient en la colère amère de Dieu contre « toute la race humaine ». Tous deux considèrent l'Expiation comme une douleur offerte par Jésus au Père Tout-Puissant en paiement d'une dette de douleur envers Dieu par l'humanité. Ils représentent également Dieu comme étant seulement apaisé par la vue de la souffrance. L'homme a insulté et blessé Dieu, et Dieu doit se venger en infligeant en retour des souffrances au pécheur. La « haine et le mépris » que Dieu a lancés contre Jésus étaient dus au fait que Jésus était le substitut du pécheur, et sont donc les sentiments qui animent le cœur divin envers le pécheur lui-même. Dieu déteste et méprise le monde. Il l'aurait « consumé en un instant » dans le feu de sa colère ardente, si Jésus, « son élu, ne s'était tenu devant lui dans la brèche pour détourner son indignation courroucée ».

Or, dans quelle mesure tout cela est-il conforme à la justice ? La colère de Dieu contre l'humanité est-elle justifiée par les circonstances de l'affaire, de sorte que nous puissions être obligés d'admettre qu'un sacrifice était dû de l'homme pécheur à son Créateur, pour apaiser un Dieu justement irrité et saint ? Je ne le pense pas. Sur ce premier point, l'Expiation est une terrible injustice. Car Dieu a permis que des hommes soient mis au monde avec des penchants pécheurs et qu'ils soient entourés de nombreuses tentations et de beaucoup de mal. Il a rendu l'homme imparfait, et l'enfant naît dans le monde avec une nature imparfaite. Il est donc radicalement injuste que Dieu maudisse l'œuvre de ses mains parce qu'elle est ce qu'il les a créées, et les condamne à une misère sans fin pour n'avoir pas réussi l'impossible. Même si les chrétiens ont raison de croire qu'Adam était sans péché lorsqu'il est sorti des mains de son Créateur, ces remarques s'appliquent à toute autre âme vivante depuis sa naissance dans le monde ; le mythe de la Genèse ne sortira pas les chrétiens de la difficulté. Les chrétiens ont tout à fait raison et sont justifiés par les faits lorsqu'ils disent que l'homme naît dans le monde fragile, imparfait, enclin au péché et à l'erreur ; mais qui, leur demandons-nous, a fait les hommes ainsi ? Leur propre Bible ne leur dit-elle pas que « le potier a pouvoir sur l'argile » et, en outre, que « nous sommes l'argile et toi le potier ? Maudire les hommes parce qu'ils sont des hommes, *c'est-à-dire* des êtres moraux imparfaits, est le comble de la cruauté et de l'injustice ; condamner à l'enfer les personnes moralement faibles pour péché, *c'est-à-dire* pour manque de force morale, est à peu près aussi juste que condamner à mort un malade parce qu'il ne peut pas se tenir debout. Les chrétiens tentent d'éviter cette force en disant que les hommes devraient compter sur la grâce de Dieu pour les soutenir, mais ils ne voient pas que ce *manque de confiance* fait partie de la faiblesse naturelle de l'homme. On pourrait reprocher au malade d'être tombé parce qu'il ne s'appuyait pas sur un bras plus fort, mais supposons qu'il soit trop faible pour le saisir ? De plus, peu de chrétiens croient qu'il est impossible en pratique, bien que possible en théorie, de mener une vie parfaite ; et comme « offenser sur un point, c'est être coupable de tous », un seul échec suffit pour envoyer l'homme généralement juste en enfer . En outre, ils oublient que les enfants sont inclus sous la malédiction, bien que *nécessairement* incapables de saisir l'idée ni du péché ni de Dieu ; tous les bébés nés dans le monde et mourant avant d'être capables d'agir par eux-mêmes auraient, nous enseigne-t-on, été inévitablement envoyés en enfer, sans l'expiation de Jésus. Certains chrétiens croient en fait que les bébés non baptisés ne sont pas admis au paradis, et dans un livre catholique décrivant l'enfer, un pauvre petit bébé se tord et crie dans un four chauffé au rouge.

De ce côté-ci de l'Expiation, cette exigence injuste envers les hommes pour une justice qu'ils ne pouvaient pas rendre, nécessitant un sacrifice pour apaiser Dieu pour le non-respect de son exigence, a eu l'effet dû sur l'esprit des hommes et a éloigné leur cœur de Dieu. Il n'est pas étonnant que les hommes se soient détournés d'un Dieu qui, tel un ouvrier passionné mais peu habile , brise en morceaux l'instrument qu'il a fabriqué parce qu'il n'atteint pas son objectif et, au lieu de blâmer son propre manque de compétence, exprime sa colère sur les impuissants. chose qui n'est que ce qu'il a fait. Très naturellement aussi, les hommes se sont éloignés du Dieu qui « se venge et est furieux » pour se tourner vers le Jésus humain, tendre et pitoyable, qui aimait les pécheurs si profondément qu'il choisissait de souffrir pour eux. Ils ne pouvaient devoir aucune gratitude à un Être tout-puissant qui les créait et les maudissait, et ne consentait à leur permettre d'être heureux qu'à condition qu'un autre payait pour eux la misère qu'il exigeait comme son dû ; mais quelle gratitude pourrait suffire à celui qui les sauva des mains effrayantes du Dieu vivant, au prix de souffrances presque intolérables pour lui-même ? Rappelons-nous que le Christ est censé souffrir des tourments mêmes de l'enfer, et que ses pires souffrances furent lorsqu'il « tomba entre les mains de son père », d'où il nous a sauvés, et alors pouvons-nous nous étonner que le crucifié soit adoré avec un une grande extase de gratitude ? Imaginez ce que c'est que d'être sauvé des mains de celui qui a infligé une agonie avoué illimitée, et qui a profité d'une capacité infinie pour infliger une douleur infinie. Il est bon pour les hommes devant les yeux desquels ce terrible spectre a flotté que la belle humanité de Jésus leur donne un refuge vers lequel s'enfuir, sinon quoi d'autre que le désespoir et la folie auraient pu être le destin de ceux qui, sans Jésus, auraient vu trôner au-dessus de l'univers gémissant, rien d'autre qu'une cruauté infinie et un ennemi tout-puissant.

Nous voyons donc que la nécessité d'une expiation rend le Père éternel à la fois injuste dans ses exigences envers les hommes et cruel dans sa punition pour l'échec inévitable ; mais il y a une autre injustice qui relève de l'essence même de l'Expiation elle-même. Cela réside dans le caractère indirect du sacrifice : un nouvel élément d'injustice apparaît lorsque l'on considère que la personne sacrifiée n'est même pas le coupable. Si un homme transgresse la loi, la justice exige qu'il soit puni : la peine devient injuste si elle est excessive, comme dans le cas que nous avons considéré plus haut ; mais il est tout aussi injuste de le laisser en liberté sans être puni. Les chrétiens ont raison d'affirmer que le gouvernement moral prendrait fin si les hommes étaient autorisés à pécher en toute impunité et si un pardon facile réussissait à chaque offense. Ils font appel à notre sens instinctif de la justice pour approuver le sentiment selon lequel la punition doit suivre le péché : nous acquiesçons et espérons avoir maintenant atteint une base solide à partir de laquelle poursuivre notre enquête. Mais non; ils outragent promptement ce même sens de la justice qu'ils ont pris à témoin pour eux, en nous demandant de croire que ses fins sont atteintes pourvu que tel ou tel soit puni. Lorsque nous répondons que *ce* n'est pas la justice, il nous est immédiatement demandé de ne pas être présomptueux et de débattre à partir de nos idées humaines de justice quant à la voie que devrait suivre la justice absolue de Dieu. "Alors pourquoi y faire appel ?" nous exhortons; "Pourquoi parler de justice dans cette affaire si nous sommes totalement incapables de juger du bien et du mal de l'affaire ?" À ce stade, nous sommes généralement submergés par l'argument notable de Paul : « Non, mais, ô homme, qui es-tu pour répondre contre Dieu ? Mais si les chrétiens apprécient la simplicité et la franchise de leur propre esprit, ils ne devraient pas utiliser des mots qui véhiculent une certaine signification acceptée dans ce double sens confus. Quand nous parlons de « justice », nous parlons d'une certaine qualité bien comprise, et nous ne parlons pas d'un mystérieux attribut divin, qui non seulement n'a rien de commun avec la justice humaine, mais qui est en opposition directe avec celui que nous comprendre par ce nom. Supposons qu'un homme soit condamné à mort pour meurtre : le juge est sur le point de le condamner, lorsqu'un passant — par hasard, le propre fils du juge — intervient : « Monseigneur, le prisonnier est coupable et mérite d'être pendu ; mais si vous le voulez bien, laissez-le partir, je mourrai à sa place. L'offre est acceptée, le prisonnier est libéré, le fils du juge est pendu à sa place. Qu'est ce que tout ca? Le sacrifice de soi (même mal orienté), l'amour, l'enthousiasme — ce que vous voudrez ; mais certainement pas *la justice*, mais même l'injustice la plus grossière, un second meurtre, une tache ineffaçable sur l'hermine de la loi outragée. J'imagine que, dans ce cas supposé, on ne trouvera aucun chrétien pour affirmer que justice a été rendue ; pourtant, appelez le juge Dieu, l'humanité prisonnière, le substitut Jésus, et la scène du procès est exactement reproduite. Alors, au nom de la franchise et du bon sens, pourquoi qualifier de juste en Dieu ce qui serait si injuste et immoral chez l'homme ? Cette nature indirecte de l'Expiation dégrade également le nom divin, en le rendant totalement insouciant en matière de punition : tout ce qu'il désire, selon cette détestable théorie, c'est de porter un coup *quelque part*. Comme un enfant en colère, il n'éprouve que le désir de faire du mal à quelqu'un et frappe vaguement et au hasard. Aucune discrimination n'est utilisée ; la foudre est lancée sur la foule : elle tombe sur la tête du « fils sans péché » et écrase l'innocent, tandis que le pécheur est libre. Ce qui importe? Il est tombé quelque part et le « feu brûlant de sa colère » s'est refroidi. C'est ce que les hommes appellent la justification de la justice du gouverneur moral de l'univers : c'est « l'acte de l'horrible sainteté de Dieu », qui marque sa haine du péché et sa détermination inébranlable à le punir. Mais quand nous réfléchissons que cette justice consiste à libérer les coupables et à punir les innocents, nous sentons de terribles appréhensions s'infiltrer dans nos esprits. La justice de notre gouverneur moral n'a rien de commun avec notre justice – en fait, elle viole toutes nos notions du bien et du mal. Et si, comme le suggère M. Vance Smith, cette étrange justice était également compatible avec une double peine du péché ? et si le gouverneur moral se rendait compte qu'après avoir confondu la morale par un châtiment injuste, humainement parlant bien sûr, il serait bon de remettre les choses au clair en punissant finalement les coupables ? Nous ne pouvons jamais oser nous sentir en sécurité entre les mains de ce gouverneur moral injuste, humainement parlant, ni prédire, à partir de nos notions instinctives du bien et du mal, quelles peuvent être ses exigences. On s'étonne que des hommes croient à de telles choses de Dieu et n'aient pas assez d'humanité pour se rebeller contre une telle injustice. Au lieu de cela, ils devraient s'accroupir à ses pieds et, tout en essayant de se cacher de sa colère, forcer leurs lèvres tremblantes. pour murmurer une reconnaissance incohérente de sa miséricorde. Ah ! ils n'y croient pas ; ils l'affirment en paroles, mais, grâce à Dieu, cela ne fait aucune impression dans leur cœur ; et ils préféreraient mourir mille fois plutôt que d'imiter, dans leurs relations avec leurs semblables, la cruauté effrayante que l'Église leur a appris à appeler la justice du juge de toute la terre.

L'Expiation est non seulement doublement injuste, mais elle est parfaitement futile. On nous dit que Christ a enlevé les péchés du monde ; nous avons le droit de demander « comment ? » Pour autant que nous puissions en juger, nous portons toujours nos péchés dans notre propre corps, et l'Expiation ne nous aide pas du tout. A-t-il supporté les conséquences physiques du péché, comme la perte de santé causée par l'intempérance de toutes sortes ? Pas du tout, cette pénalité demeure et, par la nature des choses, ne peut être transférée. A-t-il supporté les conséquences sociales, la honte, la perte de crédit, etc. ? Ils continuent de nous gêner alors que nous nous efforçons de nous relever après notre chute. A-t-il au moins supporté pour nous les affres du remords, les aiguillons de la conscience ? En aucun cas ; les larmes du chagrin ne sont pas moins amères, les piqûres du repentir non moins vives. Peut-être a-t-il frappé à la racine du mal et a-t-il chassé le péché lui-même d'un monde racheté ? Hélas! les lamentations qui montent au ciel depuis un monde opprimé par le péché pleurent tristement et emphatiquement : « non, il n'a *pas* fait cela ». Qu'a-t-il donc supporté pour nous ? Rien, sinon la colère fantôme d'un tyran fantôme ; tout ce qui est réel existe comme avant. Nous nous détournons donc de l'expiation offerte avec un sentiment qui serait de l'impatience pour une pareille bagatelle, si elle n'était pas trop douloureuse, et laissons les chrétiens imposer à leur sacrifice imaginaire le fardeau imaginaire de la culpabilité de la race maudite.

De plus, l'expiation est, de par la nature des choses, entièrement impossible : nous avons vu comment le Christ ne parvient pas à supporter nos péchés dans un sens intelligible, mais peut- il, d'une manière ou d'une autre, supporter le « châtiment » du péché ? L'idée selon laquelle la punition du péché peut être transférée d'une personne à une autre est radicalement fausse et découle d'une conception erronée de la punition consécutive au péché et de la culpabilité ecclésiastique, pour ainsi dire, que l'on croit encourir. *La seule vraie punition du péché est le préjudice qu'il cause à notre nature morale* : toutes les punitions indirectes, nous l'avons vu, le Christ ne les a pas supprimées, et la vraie punition ne peut tomber que sur nous-mêmes. Car le péché n'est rien d'autre que la transgression de la loi. Toute loi, lorsqu'elle est enfreinte, entraîne *nécessairement* une sanction appropriée et revient, pour ainsi dire, sur le transgresseur. Une loi naturelle, lorsqu'elle est enfreinte, se venge par des souffrances conséquentes, tout comme une loi spirituelle : le préjudice causé par cette dernière n'est pas moins réel, quoique moins évident. Le péché physique entraîne la souffrance physique ; le péché spirituel, moral et mental entraîne chacun sa propre punition appropriée. « Péché » est devenu un terme si grossier que nous perdons de vue, en l'utilisant, son sens simple et réel, celui d'une violation de la loi. Imaginez n'importe quel homme sensé venant et disant : « Mon cher ami, si tu aimes mettre la main dans le feu, je supporterai le châtiment d'être brûlé, et tu ne souffriras pas. Il est tout aussi absurde d'imaginer que si je pèche, Jésus peut supporter les souffrances qui en résultent. Si un homme ment habituellement, par exemple, il devient complètement faux : qu'il se repente toujours aussi vigoureusement, il doit supporter les conséquences de ses actes passés et se frayer un chemin lentement pour revenir à la véracité de ses paroles et de ses pensées : pas d'expiation, rien au ciel. ou la terre, sauf son propre travail , lui rendra le joyau perdu de la candeur instinctive . Ainsi, la « punition » du mensonge est la perte du pouvoir d'être vrai, tout comme la punition de mettre la main dans le feu est la perte du pouvoir de saisir. Mais en plus de ce « châtiment » simple, juste et naturel, les théologiens ont inventé certaines sanctions arbitraires pour punir le péché, la colère de Dieu et le feu de l'enfer. Ces peines imaginaires sont acquittées par une expiation également imaginaire, la punition naturelle restant la même qu'auparavant ; ainsi, après tout, nous ne faisons que rejeter les deux séries d'inventions qui s'équilibrent, et nous nous trouvons exactement dans la même situation qu'elles sont, ayant gagné infiniment en simplicité et en naturel. La punition du péché n'est pas une punition arbitraire, mais une séquence inévitable : Jésus peut supporter, si ses adorateurs le veulent bien, la fiction théologique de la « culpabilité du péché », une idée dérivée de l'impureté cérémonielle de la loi lévitique, mais qu'il laisse tranquille les réalités solennelles liées aux lois sacrées et immuables de Dieu.

Doublement injuste, inutile et impossible, argumenter davantage contre l'Expiation pourrait être considéré comme une œuvre de surérogation ; mais son emprise sur les esprits est trop ferme pour que nous puissions disposer d'une seule arme susceptible de se retourner contre elle. Ainsi, en plus de ces défauts, je remarque que, considéré comme un sacrifice propitiatoire au Dieu Tout-Puissant, il est tout à fait insuffisant. Si Dieu, étant juste, comme nous le croyons, a regardé l'homme avec colère à cause de son péché, quelle est évidemment la propitiation requise ? Sûrement l' élimination de la cause de la colère, *c'est-à-dire* du péché lui-même, et la recherche de la justice par l'homme. Le vieux prophète hébreu l'a clairement vu, et son idée de l'expiation est la vraie : « avec quoi me présenterai-je devant le Seigneur », lui demande-t-on, avec des holocaustes ou – plus encore – l'angoisse parentale à propos du cadavre d'un premier-né ? "Qu'est-ce que le Seigneur exige de toi", est la réponse réprimande, "si ce n'est de faire la justice, d'aimer la miséricorde et de marcher humblement avec ton Dieu ?" Mais quel est l'élément propitiatoire dans l'expiation chrétienne ? laissez le chanoine Liddon répondre : « l'ignominie et la douleur *nécessaires* à la rédemption ». L'ignominie, l'agonie, le sang, la mort, voilà ce que les chrétiens offrent comme sacrifice acceptable à l'Esprit d'Amour. Mais qu'y a-t-il de commun entre tout cela et les exigences de la justice éternelle, et comment la douleur peut-elle expier le péché ? ils n'ont aucun rapport les uns avec les autres ; il n'y a aucune pertinence dans l'échange proposé. Ces terribles offrandes sont conformes aux idées barbares des nations non civilisées, et l'on comprend les sentiments qui poussent le sauvage à immoler des victimes torturées sur les autels de ses sombres dieux ; ce sont des sacrifices appropriés pour les ennemis de l'humanité, qui doivent être rachetés pour ne pas nous nuire en leur offrant une douleur équivalente à celle qu'ils désirent infliger, mais ils sont offensants lorsqu'ils sont donnés à Celui qui est l'ami et l'amant de l'humanité. Une expiation qui offre la souffrance comme propitiation ne peut rien avoir de commun avec la volonté de Dieu pour l'homme et doit être tout à fait hors de propos, parfaitement inadéquate. Si nous devons avoir l'expiation, qu'elle consiste au moins en quelque chose qui convienne à la justice et à l'amour de Dieu et soit en accord avec sa perfection ; qu'il n'emprunte pas le langage de l'ancienne sauvagerie et ne respire pas le sang et les victimes mourantes, et les corps humains torturés, déchirés par la douleur.

Enfin, je considère l'Expiation comme préjudiciable à plusieurs égards à la moralité humaine. Il a été vanté comme « répondant aux besoins du pécheur éveillé » en apaisant ses craintes de punition avec le cadeau d'un substitut qui a déjà subi sa peine à sa place ; mais rien n'est plus pernicieux que de consoler un pécheur en lui promettant qu'il échappera au châtiment qu'il a justement mérité. L'Expiation peut répondre aux premiers sentiments superficiels d'un homme surpris par la conscience de son péché, elle peut apaiser les premières craintes vagues et agir comme un opiacé pour la conscience éveillée ; mais cela ne répond pas aux désirs d'un cœur qui aspire profondément à la justice ; il offre une justification légale à une âme qui aspire à la pureté, il offre l'absence de punition à une âme qui aspire à être libérée du péché. Le vrai pénitent ne cherche pas à se protéger des conséquences de ses erreurs passées : il les accepte avec douceur, courage, humilité, apprenant dans la douleur la leçon de la pureté future. Une expiation qui s'interposerait entre nous et cette discipline paternelle ordonnée par Dieu serait une malédiction et non une bénédiction ; cela nous priverait de notre éducation et nous priverait d'une instruction inestimable. La force de la tentation est terriblement renforcée par l'idée que la repentance impose la juste punition de la transgression sur un autre chef ; cette doctrine encourage directement le péché, comme même Paul l'a perçu lorsqu'il a dit : « devons-nous continuer dans le péché afin que la grâce abonde ? Quelqu'un a fait remarquer, je pense, que bien que Paul éjacule : « À Dieu ne plaise », ses craintes étaient bien fondées et ont été largement réalisées . C'est à l'Expiation que nous devons le sentiment morbide qui croit à la mort sacrée d'un meurtrier voyou , parce que, poussé par une terreur incontrôlable, il a saisi la sécurité offerte et a été « lavé dans le sang de l'agneau ». C'est à elle que nous devons la gloire malsaine des sentiments pieux d'un tel homme, qui devrait sortir de cette vie tristement et silencieusement, sans un défilé écoeurant de sentiments d'amour envers le Dieu dont il a, aussi longtemps qu'il le pouvait, les lois. brisé et méprisé. Mais les enseignants chrétiens exalteront la « grâce salvatrice » qui a fait mourir le criminel avec des paroles d'assurance joyeuse, dignes seulement des lèvres de celui qui couronne une vie sainte par une mort paisible. L'Expiation a affaibli cette sévère condamnation du péché qui est la sauvegarde de la pureté ; elle a adouci les différences morales et placé le pénitent au-dessus du saint ; cela a émoussé le sentiment de responsabilité dans l'âme ; il a supprimé l'aide, telle qu'elle est, de la peur du châtiment du péché ; cela a brouillé le sens de la justice de l'homme, outragé son sentiment de bien, émoussé sa conscience et détourné son repentir. Il a refroidi son amour envers Dieu en représentant le Père universel comme un tyran cruel et un juge injuste et impitoyable. Il a été le parent fécond de toute ascèse, car, puisque Dieu a été jadis pacifié par la souffrance, il se contenterait bien sûr de souffrir à tout moment, et c'est pourquoi les hommes ont logiquement ruiné leur corps pour sauver leur âme et écrasé leur âme. sentiments et lacéré leurs cœurs pour apaiser la forme horrible qui fronce les sourcils derrière la croix du Christ. C'est à l'Expiation que nous devons que Dieu soit servi par la peur plutôt que par l'amour, que le monachisme tienne la tête au-dessus des douces saintetés de l'amour et du foyer, que la religion soit couronnée d'épines et non de roses, que la *miserere* et non la *gloria* soit couronnée d'épines et non de roses. la tension de la terre vers le ciel. L'Expiation enseigne aux hommes à s'accroupir aux pieds de Dieu, au lieu de lever des visages aimants et joyeux pour rencontrer son sourire radieux ; il nous cache son soleil et nous voile dans la nuit d'une terreur impénétrable. Quel est le sentiment avec lequel le chanoine Liddon clôt un sermon sur la mort du Christ ? Je le cite pour montrer le sentiment servile engendré par cette doctrine chez une âme humaine très noble : « En nous, en effet, il n'y a rien qui doive retenir son bras (de Dieu) ou solliciter sa miséricorde. Mais qu'il ait du respect pour les actes et les souffrances de son fils sans péché ? Ce n'est qu'en contemplant les mérites inestimables du Rédempteur que nous pouvons oser espérer que notre Père céleste ignorera les innombrables provocations qu'il reçoit de la part des rachetés. Est-ce un sentiment sain, que ce soit en ce qui concerne nos sentiments envers Dieu ou nos efforts vers la sainteté ? Est-il bien de considérer la pureté d'autrui comme un remède à nos défauts personnels ? Tous ces torts causés à la moralité par l'expiation sont complétés par le couronnement, qui offre au pécheur un voile de « justice imputée ». Non seulement cela lui enlève son châtiment salvateur, mais cela annule ses efforts vers la sainteté en lui offrant une justice qui n'est pas la sienne. Il introduit dans le domaine solennel du devoir envers Dieu la fiction juridique d'un don de sainteté , qui est imputé et non gagné. On nous apprend à croire que nous pouvons aveugler les yeux de Dieu et le satisfaire avec une prétendue pureté. Mais que quiconque dont nous cherchons à revendiquer la pureté comme nôtre, cette belle fleur de l'humanité, Jésus de Nazareth, dont nous interprétons si mal la mission, a lancé son anathème contre des sépulcres blanchis , purs à l'extérieur et immondes à l'intérieur. Qu'aurait-il dit du blanchiment de la justice irréprochable ? Il me semble qu'il aurait réprimandé sévèrement et acerbement une invention aussi fausse, et son « malheur » bien mérité aurait été son « malheur » tonitruant contre une hypocrisie qui chercherait à tromper Dieu aussi bien que l'homme.

Ces considérations ont eu un si grand poids auprès des esprits les plus éclairés et les plus progressistes parmi les chrétiens eux-mêmes, qu'il s'est développé un parti dans l'Église dont le rejet de l'expiation de l'agonie et de la mort est aussi complet que nous pourrions le souhaiter. Ils dénoncent avec la plus grande ferveur la notion hideuse du « sacrifice sanglant », et se montrent pressants dans leurs représentations du déshonneur fait à Dieu en lui attribuant « le plaisir de la mort de celui qui meurt », ou la satisfaction devant la douleur. . Ils soulignent qu'il n'y a aucune vertu dans le sang pour laver le péché, pas même « dans le sang d'un Dieu ». Maurice plaide avec éloquence contre l'idée selon laquelle la souffrance du « Fils bien-aimé » était en soi un sacrifice acceptable pour le Père Tout-Puissant, et il voit l'élément expiatoire dans « la sainteté et la bonté du Fils ». Les écrivains de cette école perçoivent qu'un sacrifice moral et non physique peut être la seule offrande acceptable au Père des esprits, mais la grande objection s'oppose également à leur théorie, selon laquelle l'Expiation est toujours indirecte. Le Christ souffre encore *pour* l'homme, afin de le rendre agréable à Dieu. Il n'est peut-être pas juste de dire cela de l'école dans son ensemble, puisque les opinions des religieux de la Broad Church diffèrent considérablement les unes des autres, allant du point de vue orthodoxe au point de vue socinien. Pourtant, grosso modo, nous pouvons dire que, même s'ils ont renoncé à l'erreur de penser que la mort du Christ nous réconcilie Dieu, ils croient néanmoins que sa mort, d'une manière mystérieuse, nous réconcilie avec Dieu. C'est une question de profonde gratitude qu'ils abandonnent la vieille idée cruelle de favoriser Dieu et préparent ainsi la voie à une croyance plus élevée. Leur enseignement plus humain atteint les cœurs qui sont encore scellés contre nous, et ils sont les Jean-Baptiste du Christ théiste. Nous devons encore leur insister sur le fait qu'une expiation est superflue, que tout le défilé de réconciliation au moyen d'un médiateur est parfaitement inutile entre Dieu et son enfant, l'homme ; que l'idée avancée selon laquelle le Christ a réalisé l'idéal de l'humanité et a favorisé Dieu en montrant ce qu'un homme *pourrait* être, est répréhensible dans la mesure où elle représente Dieu comme ayant besoin d'apprendre quelles étaient les capacités de ses créatures, et est en outre fausse, parce que le Les pouvoirs de Dieu dans l'homme ne sont pas vraiment l'équivalent des capacités d'un homme simple. Les grands ecclésiastiques sont encore gênés par les difficultés entourant un Christ divin et sont perplexes quant à lui trouver une place dans leur théologie qui soit à la fois conforme à sa dignité et conforme à une croyance raisonnable. Ils se sentent obligés de reconnaître qu'un bénéfice inhabituel pour la race doit résulter de l'incarnation et de la mort d'un Dieu, et se laissent influencer alternativement par leur raison, qui place la crucifixion de Jésus au tableau des morts des martyrs, et par leurs préjugés, qui lui confèrent une place unique et inégalée dans l'histoire de la course. Il existe cependant de nombreux signes indiquant que la divinité de Jésus, en tant qu'article de foi, vacille de son piédestal à l'école de la Broad Church. L'emprise sur ce sujet par des hommes tels que le révérend JS Brooke est très légère, et son interprétation de l'incarnation est considérée par les théologiens orthodoxes avec une horreur sans mélange. Leur expiation *morale*, à son tour, est comme l'aube avant le lever du soleil, et nous pouvons espérer qu'elle se développera bientôt en la vraie vérité : à savoir que les relations de Jésus avec le Père étaient une affaire purement privée entre sa propre âme et Dieu. , et que sa valeur pour l'humanité consiste en ce qu'il est l'un des enseignants de la race, un « doté d'un génie pour la religion », l'un des maîtres d'école désignés pour conduire l'humanité à Dieu.

La théorie de M'Leod Campbell est unique et très intéressante et ingénieuse ; elle est d'autant plus précieuse et pleine d'espoir qu'elle vient d'Écosse, pays de la croyance la plus morne quant aux relations existant entre l'homme et Dieu. Il rejette le caractère pénal de l'Expiation et la fait consister, pour ainsi dire, à amener Dieu et l'homme à se comprendre. Il considère que le Christ a témoigné aux hommes au nom de Dieu et a justifié le cœur du père en montrant ce qu'il pouvait être au fils qui avait confiance en lui. Il a témoigné à Dieu au nom des hommes - et c'est le point le plus faible du livre, frisant la substitution - démontrant chez l'humanité une parfaite sympathie pour les sentiments de Dieu envers le péché et offrant à Dieu pour l'homme une repentance parfaite pour transgression humaine. Je dis volontairement « à la limite », parce que Campbell n'a pas *l'intention* de substitution ; il représente cette tristesse de Jésus comme ce qu'il doit inévitablement ressentir en voyant ses frères hommes inconscients de leur péché et de leur danger, donc aucune fiction n'est supposée entre Dieu et Christ. Mais il considère que Dieu, ayant vu la perfection de la repentance en Jésus, accepte la repentance de l'homme, aussi imparfaite soit-elle, parce qu'elle est *en nature* la même que celle de Jésus, et qu'elle est le germe de ce sentiment dont le sien est le fleur parfaite ; c'est dans ce sens, et seulement dans ce sens, que la repentance de l'homme est acceptée « pour l'amour du Christ ». Il considère que les hommes doivent partager la pensée du Christ quant à Dieu et envers le péché, afin de bénéficier de l'œuvre du Christ, et que chaque homme doit ainsi participer effectivement à l'œuvre d'expiation. Il considère les souffrances de Jésus comme nécessaires pour éprouver la réalité de la vie de filiation envers Dieu et de fraternité envers les hommes, qu'il est venu sur terre pour illustrer. J'espère n'avoir commis aucune injustice dans ce bref résumé d'un livre très compétent et réfléchi, qui présente peut-être la seule vision de l'Expiation compatible avec l'amour et la justice de Dieu ; et cela seulement, bien sûr, si l'idée d' *une quelconque* expiation peut être considérée à juste titre comme étant compatible avec la justice. Les mérites de ce point de vue sont pratiquement que cette œuvre de Jésus n'est pas du tout une « expiation » au sens théologique. Les défauts du livre de Campbell sont inséparables de son credo, car il le soutient d'une croyance en la divinité de Jésus, d'une limitation inconsciente de la connaissance de Dieu (comme si Dieu n'avait pas compris l'homme jusqu'à ce qu'il lui soit révélé par Jésus) et d'une conception erronée de la punition due au péché. J'ai dit, au début, que l'Expiation était la *raison d'être* du christianisme et, en conclusion, je mettrais au défi tous les hommes et toutes les femmes réfléchis de dire s'il y a eu ou non de bonnes raisons de rejeter ce pilier « de la foi ». ". L'Expiation n'a qu'à être étudiée pour être rejetée. La difficulté est de persuader les gens de *réfléchir* à leur croyance. Pourtant, la question de cette doctrine doit être affrontée et résolue. "J'ai trop confiance dans le bon sens et la justice des Anglais une fois réveillés pour faire face à n'importe quelle question avec équité, pour douter de la réponse que sera cette réponse."

SUR LA MÉDIATION ET LE SALUT DU CHRISTIANISME ECCLÉSIASTIQUE.

L'ensemble du projet chrétien repose sur l'hypothèse de la nécessité inhérente que quelqu'un se place entre le Créateur et la créature et protège les plus faibles de la puissance du Tout-Puissant. "C'est une chose effrayante de tomber entre les mains du Dieu vivant;" telle est la note clé du chant chanté aussi bien par le catholicisme romain, avec ses mille intercesseurs, que par le protestantisme, avec son « unique médiateur, l'homme Christ Jésus ». « Parle *pour* moi », crie l'homme à son porte-parole préféré , quel qu'il soit ; "Approche-toi, mais ne me laisse pas voir la face de Dieu, de peur que je ne meure." Les héros, les saints, les idoles de l'humanité ont été les hommes qui ont osé fouiller dans l'inconnaissable et regarder droit dans les yeux l'horrible visage de Dieu. Ils ont mis de côté tout ce qui intervenait entre leur âme et l'âme éternelle et ont trouvé, comme l'un d'eux le dit curieusement, « une douce et profitable nécessité de tomber sur le bras nu de Jéhovah ». Puis, parce qu'ils ont osé faire confiance à Celui qui les avait appelés à l'existence et tendre des mains suppliantes au Père éternel, ils ont été contraints à une position contre laquelle ils auraient été les premiers à protester et ont été transformés en médiateurs pour hommes moins audacieux, pour enfants moins confiants. Ceux qui n'osaient pas chercher Dieu pour eux-mêmes se sont accrochés aux vêtements des âmes les plus courageuses, qui sont ainsi devenues, involontairement, des voiles entre leurs frères-hommes et le Suprême. Il n'y a peut-être pas de meilleur moyen de démontrer les erreurs radicales d'où proviennent tous les soi-disant « projets de rédemption » et « économies de grâce divine » qu'en partant de l'hypothèse chrétienne.

Nous admettrons, à des fins d'argumentation, la Divinité de Jésus, afin que nous puissions ainsi voir plus distinctement qu'un médiateur de quelque nature que ce soit entre Dieu et l'homme est totalement inutile. C'est la médiation, en elle-même, qui est mauvaise en principe ; nous nous y opposons dans son ensemble, et non contre aucune de ses manifestations particulières. Médiateurs divins ou humains, Jésus ou sa mère, saint, ange ou prêtre, nous les rejetons tous et chacun ; notre droit de naissance en tant qu'êtres humains est d'être la progéniture du Père Universel, et nous refusons qu'un quelconque intrus se vienne à s'interposer entre notre cœur et le sien.

Nous prendrons d'abord la médiation dans sa forme la plus élevée et en parlerons comme si Jésus était réellement Dieu aussi bien qu'un homme. Tous les chrétiens s'accordent pour affirmer que la venue du Fils dans le monde pour sauver les pécheurs était le résultat de l'amour du Père pour ces pécheurs ; *c'est-à-dire* : « *Dieu* a tant aimé le monde qu'il *a* envoyé son Fils ». Le moteur de la rédemption du monde est donc, selon les chrétiens, l'amour profond du Créateur pour l'œuvre de ses mains. C'est ce qui a exilé le Fils du sein du Père et qui a fait naître l'Éternel dans le temps. Mais voici qu'un changement surprenant se produit dans l'aspect des affaires. Jésus a « expié les péchés du monde » ; il « a fait la paix par le sang de sa croix » ; et ce faisant, il apparaît soudain comme le médiateur des hommes. Qu'implique cette plaidoirie du Fils en faveur des pécheurs ? Seulement ceci : *un changement complet dans l'esprit du Père envers le monde* . Après l'amour ardent dont nous avons entendu parler, après ce sacrifice absolu pour gagner le cœur de ses enfants, il réussit enfin. Il voit ses enfants à ses pieds, repentants du passé, désireux de se racheter dans le futur ; des mains humaines lui faisant appel, des yeux humains ruisselant de larmes. Il tourne le dos aux âmes qu'il s'est efforcé de gagner ; Il refuse de serrer autour de ses pénitents les bras qui leur sont tendus depuis si longtemps, à moins qu'ils ne lui soient présentés par un intercesseur accrédité et ne viennent armés d'une recommandation formelle. L'incohérence d'une telle procédure doit être palpable à tous les esprits ; et pour expliquer une absurdité, les théologiens en ont inventé une autre ; ayant créé une difficulté, ils sont obligés d'en faire une seconde, pour échapper à la première. Ils représentent donc Dieu comme des pécheurs aimants et désireux de leur pardonner et de les accueillir. Ce sentiment est la Miséricorde de Dieu ; mais, en opposition aux préceptes de la Miséricorde, la Justice se met en marche et interdit toute faveur au pécheur à moins que ses propres revendications ne soient d'abord satisfaites au maximum. Un écrivain chrétien a représenté la Miséricorde et la Justice comme se tenant devant l'Éternel : la Miséricorde implore le pardon et la pitié, la Justice réclame le châtiment. Deux attributs de la Divinité sont personnifiés et opposés l'un à l'autre et nécessitent d'être réconciliés. Mais quand nous nous souvenons que chaque qualité personnifiée n'est en réalité qu'une partie, pour ainsi dire, du caractère divin, nous constatons que Dieu est divisé contre lui-même. Ainsi, cette théorie introduit la discorde dans l'esprit harmonieux qui inspire les mélodies parfaites de l'univers. Il voit des éléments en guerre dans la Sérénité de l'Infini ; il représente des vagues successives d'amour et de colère ébranlant ce calme ineffable ; il imagine des nuages de motifs changeants balayant le soleil de cette Volonté immuable. Une telle théorie doit être rejetée dès qu'elle est réalisée par l'esprit réfléchi. Dieu n'est pas un homme qui se laisse influencer d'abord par un motif, puis par un autre. Sa miséricorde et sa justice pointent toujours inébranlablement dans la même direction : la justice parfaite exige la même chose que la miséricorde parfaite. Si la justice de Dieu pouvait échouer, tout l'univers moral serait dans la confusion, et ce serait la plus grande cruauté qui puisse être infligée aux êtres intelligents. La faible souplesse, appelée à tort miséricorde, sur laquelle un médiateur est censé travailler, est une infirmité humaine que les hommes ont transférée à leur idée de Dieu.

Un homme qui a annoncé son intention de punir peut être persuadé de renoncer à sa résolution. De nouveaux arguments peuvent être avancés pour l'innocence du condamné, de nouveaux motifs de clémence peuvent être suggérés ; ou bien le juge a peut-être été trop strict ou a été influencé par des préjugés. Ici, un médiateur peut en effet intervenir et trouver du bon travail à faire ; mais, au nom de la Perfection éternelle, qu'est-ce que tout cela a à voir avec le jugement de Dieu ? Sa connaissance peut-elle être imparfaite, sa miséricorde peut-elle être augmentée ? Sa sentence peut-elle être influencée par des préjugés ou rendue plus sévère par une sévérité excessive ?

Mais si Son jugement est déjà parfait, tout changement implique une imperfection, et il ne reste plus au médiateur qu'à persuader Dieu d'opérer un changement, *c'est-à-dire* de devenir imparfait ; ou bien, Dieu ayant décidé que le péché serait puni, le médiateur intervient et, en fait, agit de telle sorte sur les sentiments de Dieu qu'il révoque sa décision et, la plus cruelle des miséricordes, la laisse passer inaperçue. Comme un parent imprudent, Dieu est persuadé de ne pas punir l'enfant qui s'égare. Mais tel n'est pas le cas. Dieu est juste, et parce qu'Il est juste, Il est vraiment miséricordieux : en cette justice réside la certitude du châtiment dû du péché, et donc de la purification du pécheur ! et aucun médiateur — grâce à Dieu ! — ne fera jamais vaciller un seul instant ce rocher de justice sur lequel repose l'espérance de l'humanité.

Mais la théorie que nous étudions comporte une autre erreur fatale : elle attribue l'imperfection au Dieu Tout-Puissant. Car Dieu est représenté comme désireux de pardonner aux pécheurs, et ce désir doit être soit bon, soit mauvais. Si c'est vrai, on peut immédiatement s'en réjouir ; mais si la Justice s'oppose à ce pardon, alors le désir de pardonner n'est pas tout à fait juste. Les théologiens sont donc placés dans ce dilemme : si Dieu est parfait — comme il l'est — tout désir de sa part doit également être parfaitement parfait, et son accomplissement doit être la meilleure chose qui puisse arriver à toute sa création ; d'un autre côté, s'il y a une barrière de droit — et la Justice *est* juste — interposée entre Dieu et Son désir, alors Sa Volonté n'est pas le Bien le plus parfait. Les théologiens doivent alors choisir entre admettre que le désir de Dieu d'accueillir les pécheurs est juste, ou porter atteinte à la Perfection éternelle.

Il est évident que nous n'affaiblissons pas notre cause en admettant, pour le moment, la Divinité de Jésus ; car nous touchons à l'idée fondamentale de la médiation. Que le médiateur soit Dieu est totalement hors de question et ne renforce en aucun cas les mains de nos adversaires. Sa Divinité ne fait rien d'autre qu'introduire un nouvel élément de confusion dans l'affaire ; car nous nous retrouvons empêtrés dans un labyrinthe de contradictions. Dieu, qui est Un, même selon les chrétiens, est à la fois éloigné des pécheurs, plaidant pour les pécheurs et admettant leur plaidoyer. Dieu se supplie lui-même, mais nous confondons les personnes : un Dieu supplie un autre, mais nous divisons la substance. Hélas et hélas pour le credo qui oblige ses adeptes à nier leur raison et à dégrader leur Créateur ! qui bavarde sur une nature qu'il ne peut comprendre, et impose ses stupides contradictions aux âmes indignées ! Si Jésus est Dieu, sa médiation est à la fois impossible et inutile ; s'il est Dieu, sa volonté est la volonté de Dieu ; et s'il veut accueillir les pécheurs, c'est Dieu qui veut les accueillir. Si Lui, qui est Dieu, se contente de pardonner et d'embrasser, qu'exigent de plus les pécheurs ? Les chrétiens nous disent que Jésus ne fait qu'un avec Dieu : c'est bien, répondons-nous ; car vous dites qu'il est l'ami des pécheurs et le rédempteur des perdus. S'il est Dieu, nous sommes tous deux d'accord quant à la gentillesse de Dieu envers les pécheurs. Vous n'avez besoin d'aucun médiateur entre vous et Jésus ; et, puisqu'il est Dieu, vous n'avez pas besoin de médiateur avec Dieu. Ce raisonnement est irréfragable , à moins que les chrétiens ne se contentent d'assigner à leur médiateur une place moins que divine ; car ils dérogent certainement à sa dignité lorsqu'ils l'imaginent content de recevoir ceux que Dieu Tout-Puissant chasse devant sa face. Et en faisant cette différence entre Jésus et le Père, ils admettent fatalement qu'il est distinct de Dieu dans ses sentiments et qu'il ne peut donc pas être le Dieu Unique. C'est la juste perception de ce fait qui a introduit dans l'Église romaine des médiateurs humains dont l'intercession est constamment implorée. Jésus, étant Dieu, est trop horrible pour être approché : sa mère, ses apôtres, un saint ou un martyr doivent s'interposer. J'ai lu un article catholique romain sur la médiation de Marie qui serait acceptée par les protestants les plus orthodoxes si Marie était remplacée par Jésus et Jésus par le Père. Car Jésus y est peint, comme le Père est peint par les orthodoxes, dans une majesté sévère, dur, implacable, exigeant le dernier sou ; et Marie est représentée comme se tenant entre lui et les pécheurs pour lesquels elle plaide. Ce n'est qu'un développement ultérieur de l'idée qui fait de l'homme Jésus le médiateur entre Dieu et l'homme. A mesure que progresse la déification de Marie, suivant par étapes lentes mais certaines la déification de Jésus, il faudra un médiateur par l'intermédiaire duquel *l' approcher* ; et alors Jésus aussi disparaîtra du cœur des hommes, comme le Père a disparu du cœur des chrétiens, et cette superstition de médiation sombrera de plus en plus bas, jusqu'à ce qu'elle soit rejetée par tous les cœurs sérieux et détestée. par les âmes humaines qui aspirent au Dieu vivant.

Nous voyons donc que la médiation implique un changement absurde et inexplicable dans l'attitude supposée de Dieu envers l'homme et détruit toute confiance dans la justice du Souverain Suprême. Nous devrions également prendre en considération le sentiment étrange envers le *Cœur Universel qu'implique la* tentative de l'homme de pousser quelqu'un entre lui et le Père Éternel. Lorsque nous étudions la nature et essayons de découvrir à partir de ses opérations quelque chose des caractéristiques du travailleur, nous trouvons non seulement une intelligence dominante – une *raison suprême* , devant laquelle nous inclinons la tête dans une adoration trop profonde pour que les mots – mais nous capturons également de beaux aperçus d'un Amour dirigeant – d'un *Cœur Suprême* , vers lequel nos cœurs se tournent avec un joyeux soulagement des sombres mystères de la douleur et du mal qui nous pressent de toutes parts. La simple croyance en Dieu, c'est-à-dire en une Puissance qui agit dans l'Univers, suffit amplement à dissiper tout sentiment de peur qui trouve son expression appropriée dans le désir d'un médiateur. Car étant placés ici sans notre demande, et même sans notre consentement, nous avons sûrement, par simple question de justice, le droit d'exiger que la Puissance qui nous a placés ici nous fournisse les moyens par lesquels nous pouvons assurer notre bonheur. Je parle bien sûr comme d'un Pouvoir *conscient* , car une Force aveugle est nécessairement irresponsable ; mais ceux qui croient en un Dieu sont tenus de reconnaître qu'Il est responsable de leur bien-être. Si quelqu'un suggère que dire cela revient à critiquer les agissements de Dieu et à parler avec une irrévérence présomptueuse, je rétorque que l'irrévérence incombe à ceux qui attribuent au Suprême une ligne d'action envers ses créatures qu'eux-mêmes auraient honte de suivre envers elles. leurs propres enfants, et que ceux qui nous jettent le reproche de blasphème parce que nous ne fléchissons pas le genou devant leur idole, s'exposeraient eux-mêmes à l'accusation, si leur ignorance ne les mettait à l'abri d'une censure plus sévère. Tout le bien dans l'homme – aussi pauvre soit-il un petit ruisseau – coule des profondeurs pures de la Fontaine du Bien, et tout battement d'Amour sur terre est une pulsation provoquée par les battements incessants du Cœur-Père Universel. Pourtant les hommes craignent de faire confiance à ce Cœur, de peur qu'il ne cesse de battre ; ils craignent de s'appuyer sur Dieu, de peur qu'il ne les trompe. Quand auront-ils ne serait-ce qu'un aperçu de ce grand océan d'amour qui entoure l'univers comme l'atmosphère de la terre, qui est infini parce que Dieu est infini ? S'il n'y a aucun endroit dans l'univers dont on puisse dire : « Dieu n'est pas ici », alors il n'y a aucun endroit où l'amour ne règne pas ; S'il n'y a pas de vie sans le soutien de Celui qui donne la vie et celui qui le soutient, alors il n'y a pas non plus de vie qui ne soit bercée dans les bras de l'Amour. Qui alors oserait s'interposer entre l'homme et un Dieu comme celui-ci ? À la lumière de la Raison universelle et du Cœur universel, la médiation est avouée comme une absurdité impertinente. Fini tous ceux qui s'immiscent dans les préoccupations les plus sacrées de l'âme, qui se pressent entre le Créateur et sa progéniture ; entre le cœur de l'homme et le cœur parent de Dieu. Qui que ce soit, saint ou martyr, ou le roi des saints et des martyrs, Jésus de Nazareth, qu'il descende d'une position que personne ne peut légitimement occuper. Élever le plus noble fils de l'homme à cette place de médiateur, c'est en faire une offense à ses frères, et faire en sorte que leur amour se transforme en colère et leur révérence en indignation. Si les hommes persistent à parler de la nécessité d'un médiateur avant d'oser s'approcher de Dieu, nous devons leur rappeler que, si Dieu existe, il *doit* être juste, et que, par conséquent, ils sont parfaitement en sécurité entre ses mains ; s'ils commencent à bavarder sur le pardon « *pour l'amour de Jésus-Christ ?* nous devons leur demander ce qu'ils entendent par pardon des péchés ? Ils ne pensent sûrement pas que Dieu soit comme l'homme, prompt à se venger des affronts et jaloux de sa dignité ; Même s'il était possible à l'homme de nuire, dans quelque sens que ce soit, à la Majesté de Dieu, conçoivent-ils que Dieu soit un potentat irascible et vengeur ? Ceux qui pensent ainsi à Dieu ne peuvent jamais — je l'affirme hardiment — avoir le moindre aperçu de *Dieu* . Ils ont peut-être vu un « homme magnifié », mais ils n'ont rien vu de plus ; ils ne se sont jamais prosternés devant cet Esprit Universel qui habite ce vaste univers ; ils n'ont jamais ressenti leur petitesse dans un lieu aussi grand. Comment le péché *peut-il* être pardonné ? Un acte passé peut-il être défait, ou les aiguilles revenir sur le cadran solaire du Temps ? Tous les soi-disant châtiments de Dieu ne sont que les résultats naturels et inévitables de lois enfreintes — des lois invariables dans leur action, auxquelles il ne faut ni échapper ni défier. L'obéissance à la loi aboutit au bonheur, et la souffrance résultant de la transgression de la loi n'est pas infligée par un Dieu en colère, mais est le simple résultat naturel de la loi elle-même enfreinte. Mettez votre main dans le feu, et aucun médiateur ne pourra vous sauver de la brûlure ; criez sincèrement à Dieu pour qu'il vous sauve, puis jetez-vous du précipice, et un médiateur viendra-t-il entre vous et le malheur que vous avez provoqué ? Nous ferions plus sagement si nous étudiions les lois et essayions de nous y conformer, au lieu de nous promener les yeux fermés, en espérant que quelqu'un interviendra pour nous protéger des effets de notre propre folie et de notre stupidité. Heureusement pour l'humanité, la médiation est impossible dans ce beau domaine de droit dans lequel nous nous trouvons ; Lorsque les hommes auront bien décidé que leur bonheur dépend entièrement de leurs propres efforts, il y aura enfin une chance pour le progrès de l'humanité, car alors ils travailleront pour les choses au lieu de prier pour elles. Il est d'une réelle importance pratique que cette notion chrétienne de médiation soit détruite, car c'est d'elle que reposent toutes les idées selon lesquelles il faut confier à quelqu'un d' autre la tâche de faire son propre travail. Ce plan n'a pas répondu : nous le jugeons sur les résultats, et il a échoué. Nous pouvons certainement espérer que, à mesure que les hommes se rendent compte que la prière n'a pas réussi dans ses efforts pour "faire bouger le bras qui fait bouger le monde et faire tomber le salut", ils se tourneront vers la tâche la plus difficile, mais aussi la plus pleine d'espoir, de bouger leurs propres bras pour œuvrer à leur propre salut. Car le passé est passé et personne ne peut le renverser ; personne ne peut arrêter l'action de la loi éternelle qui lie la tristesse à la transgression, et la joie et la paix à l'obéissance. Lorsque nous reprenons notre chemin vers le haut, nous pouvons nous repentir et demander pardon à Dieu ou à l'homme selon notre désir, mais ce n'est que par le travail et la souffrance que le chemin perdu peut être retrouvé, et le chemin accidenté doit être parcouru avec les pieds ensanglantés ; car personne ne peut soulever le pécheur des obstacles qu'il s'est construits, ou le porter sur les rochers dont il a semé son chemin.

La faiblesse sentimentale de notre époque recule-t-elle devant cette doctrine et se plaint-elle qu'elle est froide et sévère ? Oui, il fait froid avec le froid de la brise marine vivifiante, mettant en action les nerfs affaiblis par les serres chaudes et la douceur de vivre ; oui, elle est sévère, avec la sévérité bénie d'une loi immuable, d'une loi qui ne nous fait jamais défaut, ne varie jamais d'un cheveu. Mais c'est dans cette loi que réside la force ; le bras de l'homme est faible, mais qu'il se soumette aux lois de la vapeur, et son bras devient doté d'une force de géant ; conformez-vous à une loi, et le puissant pouvoir de cette loi est de votre côté ; "Humiliez-vous sous la puissante main de Dieu", qui est la Loi universelle, "et il vous élèvera".

Voilà pour la médiation. Nous nous tournons avec une répugnance encore plus profonde pour étudier l'idée chrétienne du « salut ». Au moins, la médiation nous laisse Dieu, même si elle le dégrade et le blasphème, mais le salut nous arrache complètement de ses mains. Non contents de placer un médiateur entre eux et Dieu, les chrétiens crient qu'Il est encore trop près d'eux ; ils doivent le repousser encore plus loin, ils doivent aussi avoir un Sauveur , à travers lequel filtreront tous ses bienfaits.

« Sauveur » est une expression que l'on retrouve souvent dans l'Ancien Testament, où elle a un sens très précis et noble. Dieu est le Sauveur des hommes de la puissance du péché, et bien que nous puissions considérer que Dieu ne sauve *pas* du péché de cette manière directe, nous sommes pourtant tenus de reconnaître qu'il n'y a rien dans cette idée qui soit déshonorante ou répugnante. Mais le mot « Sauveur » a été dégradé par le christianisme, et le salut qu'il apporte n'est pas un salut contre le péché. « Le Seigneur et Sauveur Jésus-Christ » est le Sauveur des hommes, non pas parce qu'il les délivre du péché, mais « parce qu'il les sauve de l'enfer et de la colère ardente de Dieu ». Le salut n'est plus l'équivalent de la justice, l'antithèse du péché ; dans la vie chrétienne, cela ne signifie rien d'autre que l'antithèse de la damnation. Il est vrai que les chrétiens peuvent rétorquer que Jésus « sauve son peuple de ses péchés » ; nous reconnaissons volontiers la noblesse et la beauté de nombreuses vies chrétiennes, mais néanmoins ce *n'est pas* l'idée première attachée par le christianisme populaire au mot « salut ». « Être sauvé », c'est être délivré de « ces mains du Dieu vivant », dans lesquelles, comme leur enseigne la Bible, il est si effrayant de tomber. « Être sauvé » est le résultat *immédiat* de la conversion et est le contraire de « être perdu ». « Être sauvé », c'est être caché « dans le côté déchiré de Jésus », et ainsi préservé des terribles flammes de la colère destructrice de Dieu. Contre tout cela, nous, croyants en un Amour Tout-Puissant, en un Père Universel, nous protestons solennellement et délibérément, avec une profonde horreur, avec une passion d'indignation bien trop intense pour trouver une expression adéquate dans des mots. Il n'existe pas de langage assez fort pour montrer notre répugnance profondément enracinée à l'idée que nous pouvons être plus en sécurité n'importe où et à tout moment que nous ne le sommes déjà ici ; nous ne pouvons pas repousser avec suffisamment de chaleur l'interférence officieuse qui propose de nous soustraire aux mains de Dieu. Pousser quelqu'un entre nos âmes et Lui était déjà assez mauvais ; mais aller plus loin et nous offrir le salut de notre Créateur, essayer de nous menacer des bras de Son Amour, suggérer que les mains d'autrui sont plus tendres, le cœur d'autrui plus aimant que le Cœur Suprême, ce sont des blasphèmes contre lesquels nous n'écouterons pas en silence. Il est vrai que pour nous ces suggestions ne sont que des sujets de rire ; Même si nous devinons vaguement la Divinité, nous en savons assez pour ne pas avoir peur de Lui, et ces conceptions grossières et puériles à son sujet sont parmi nous trop méprisables pour être réfutées.

"Non ragione di lor , mai guardo e passo ."

Mais nous voyons comment ces idées colorent les pensées et la vie des hommes, comment elles paralysent leur intellect et outragent leur cœur, et nous nous levons pour piétiner ces superstitions, non pas parce qu'elles méritent en elles-mêmes d'être réfutées, mais simplement parce qu'elles dégradent nos frères humains. Nous ne croyons en aucune sagesse qui améliore les lois de la nature, et l'une de ces lois, inscrite dans nos cœurs, est que la tristesse doit marcher sur les traces du péché. Nous sommes conscients que les hommes doivent apprendre à accueillir cette loi et à ne pas la reculer. Fuir les souffrances consécutives à une loi enfreinte est la dernière chose que nous devrions faire ; nous ne devrions avoir aucune gratitude pour un « Sauveur » qui devrait supporter notre châtiment, et ainsi nous priver de notre leçon nécessaire, faire de nous des enfants gâtés et freiner notre croissance morale ; une telle offre, si elle était réellement faite, devrait se heurter à un refus sévère. Nous devrions faire si entièrement confiance au Suprême et adorer sa sagesse avec une humilité si profonde, que si nous pouvions changer ses lois, nous n'oserions pas intervenir ; nous ne devons pas non plus, même lorsque notre sort est le plus triste, nous en plaindre, ni faire autre chose que travailler pour l'améliorer dans une obéissance inébranlable à la loi. Nous ne devrions demander aucun salut ; nous devrions désirer tomber – s'il était possible d' *en* sortir – entre les mains de Dieu.

De plus, est-il impossible de faire comprendre aux chrétiens que même si Jésus était tout ce qu'ils prétendent être, nous devrions quand même le rejeter ; si Dieu était tout ce qu'ils prétendent être, nous rejetterions, dans ce cas, son salut. Car si cette horrible image d'un Jéhovah destructeur d'âmes, d'un Moloch assoiffé de sang, doté d'une cruauté au-delà de l'imagination humaine, était une description vraie de l'Être Suprême, alors suivrions les conseils de la femme de Job, nous « maudirions Dieu ». et meurt?" nous nous cacherions dans les profondeurs brûlantes de son enfer plutôt que de demeurer à la vue de Celui dont l'éclat se moquerait de l'obscurité de ses créatures et dont la félicité serait un mépris de leur désespoir. Était-ce effectivement le cas...

"Ô Roi de notre salut,

Beaucoup te maudiraient, et moi pour ma part !

Jette-toi ton bonheur et arrache ta damnation,

Dédaignez et abhorrez le lever de votre soleil.

" Ne vaut-il pas la peine de croire, " insiste doucement un écrivain chrétien, " s'il est vrai, comme c'est vrai, que ceux qui nient subiront des tourments éternels ? " Non! on lui répond, *ça n'en vaut pas la peine* ; cela ne vaut pas la peine de croire un mensonge, ou de reconnaître comme vrai ce que notre cœur et notre intellect rejettent comme faux ; cela ne vaut pas la peine de vendre notre âme pour un paradis, ou de souiller notre honnêteté pour échapper à un enfer ; cela ne vaut pas la peine de s'agenouiller devant un Satan ou de courber la tête devant un spectre . Mieux vaut, bien mieux, « habiter avec des flammes éternelles » que de dégrader notre humanité en appelant le mensonge, la vérité et la cruauté, l'amour et la déraison, la justice ; mieux vaut souffrir en enfer que d'avoir le cœur si dur que l'on puisse jouir pendant que les autres souffrent ; nous pourrions nous réjouir tandis que d'autres sont tourmentés, nous pourrions chanter des alléluias sur la musique des harpes dorées, tandis que nos paroles trouvent écho dans les lamentations angoissées des perdus. Dieu lui-même – s'il était tel que les chrétiens le décrivent – ne pourrait pas effacer de notre âme notre amour de la vérité, de la droiture et de la justice. Tant que nous les possédons , nous sommes *nous-mêmes* et nous pouvons souffrir et être heureux ; mais nous ne pouvons pas nous permettre de les payer comme prix de notre admission au ciel. Nous devrions être malheureux alors même que nous arpentions les rues dorées et devrions nous asseoir en larmes au bord de la rivière de l'eau de la vie. Pourtant, *c'est* le salut ; *c'est* ce que les chrétiens nous offrent au nom de Jésus ; *c'est* la bonne nouvelle qui nous est apportée comme l'Évangile du Sauveur , comme la « bonne nouvelle de Dieu » ; et nous rejetons cela entièrement et totalement, en nous moquant de cela du plus profond de nos cœurs joyeux que la Vérité a libérés ; nous le dénonçons avec une détermination sévère et amère, au nom du Père Universel, au nom de l'autonomie de l'humanité, au nom de tout ce qui est saint, juste et aimant.

Mais heureusement, beaucoup, même parmi les chrétiens, commencent à reculer devant cette idée de salut venant du Dieu en qui ils disent placer tous leurs espoirs. Ils mettent Cela doctrine de côté, ils la passent sous silence, ils préfèrent ne pas en parler. La libre pensée fait lever le christianisme et façonne l'ancienne foi contre sa volonté. Le christianisme cache désormais son côté cruel, et ce n'est que là où les adversaires audacieux de ses croyances ne se sont pas encore répandus qu'il ose se montrer sous ses véritables couleurs ; en Espagne, au Mexique, on voit le christianisme se dévoiler ; ici, en Angleterre, la liberté est trop forte pour elle, et elle est contrainte à un semblant de libéralité. Le vieux vin est versé dans des bouteilles neuves ; quel sera le résultat ? Nous pouvons cependant nous réjouir de ce que des pensées plus nobles à propos de Dieu commencent à prévaloir et chassent les vieilles idées mauvaises à son sujet et à propos de sa vengeance. Le Visage du Père commence, même faiblement, à briller dans Son monde, et devant la Beauté de ce Visage, toutes les pensées difficiles à Son sujet s'effacent. La nature est trop belle pour être calomniée à jamais , et lorsque les hommes perçoivent que Dieu et la nature ne font qu'un, tout ce qui est horrible et horrible doit mourir et tomber dans l'oubli. Les idées chrétiennes populaires de médiation et de salut doivent bientôt disparaître dans les limbes des croyances rejetées qui se remplissent si rapidement ; ils sont déjà morts, et leurs pâles fantômes ne voleront bientôt plus pour tourmenter et harceler les âmes des hommes vivants.

SUR LA TORTURE ÉTERNELLE.

Il y a quelque temps, un ecclésiastique me prouvait par des arguments nombreux et puissants que l'enfer était juste, nécessaire et juste ; qu'il apportait gloire à Dieu et bien à l'homme ; que la sainteté de Dieu l'exigeait à titre préventif, et que la justice de Dieu l'exigeait comme punition du péché. J'ai écouté tranquillement jusqu'à ce que tout soit fini et que le silence tombe sur le révérend dénonciateur ; il cessa, satisfait de ses arguments, triomphant, conscient qu'ils étaient écrasants et inattaquables. Mais mes yeux étaient fixés sur la scène de foire sans la fenêtre de la bibliothèque, sur le sacrement de la terre, signe visible de la beauté invisible, et le contraste entre les œuvres de Dieu et le discours de l'Église m'a frappé fortement. Et je ne trouvai à répondre que quelques mots : « Si je ne vous avais pas entendu prononcer le nom de Dieu, j'aurais cru que vous parliez du Diable. Les mots, prononcés doucement et méditativement, eurent un effet surprenant. L'horreur du blasphème, l'indignation devant le résultat inattendu d' un débat laborieux , luttaient contre le sentiment naissant qu'il devait y avoir quelque chose de mal dans une conception qui s'exposait à un tel coup ; la réponse courte était plus puissante qu'un raisonnement d'une demi-heure.

Les diverses classes de doctrines chrétiennes orthodoxes devraient être attaquées dans des styles très différents par les champions de la grande armée des libres penseurs, qui assiègent aujourd'hui les vénérables superstitions du passé. Autour de la Divinité de Jésus se regroupent de nombreux souvenirs sacrés et associations affectueuses ; le culte des siècles a répandu autour de sa figure un halo de lumière, et il est devenu l'idéal de l'humanité ; les conceptions les plus nobles de la moralité, les plus hautes ascensions des esprits éclairés, ont été enchâssées dans une personnalité humaine et appelées du nom du Christ ; l'idée du Christ s'est élevée et s'est développée avec chaque développement du progrès humain, et le Christ du plus haut christianisme actuel est bien différent du Christ d'Augustin, de Thomas à Kempis, de Luther ou de Knox ; les efforts vers la lumière, vers la connaissance, vers la sainteté, des plus nobles fils des hommes ont été appelés par eux une suite à Jésus ; Jésus est baptisé dans des larmes humaines, crucifié dans des douleurs humaines, glorifié dans des espérances humaines. À cause de tout cela, parce qu'il est cher aux cœurs humains et identifié aux luttes humaines, c'est pourquoi tous ceux qui ressentent les liens de la fraternité humaine devraient parler de lui avec douceur ; le dogme de sa Divinité doit être attaqué, doit être renversé, parce qu'il est faux, parce qu'il détruit l'unité de Dieu, parce qu'il nous voile l'Esprit éternel, la source de toutes choses, mais il faut parler de lui-même avec révérence, dans la mesure où la véracité le permet, et ce dogme, bien que combattu avec persistance, doit être attaqué sans colère et sans mépris.

Il existe d'autres doctrines qui, tout en étant dégradantes par rapport à la conception que l'homme a de Dieu, et qui méritent par conséquent d'être réprouvées, renferment néanmoins de grandes vérités morales et sont devenues liées à des leçons ennoblissantes ; telle est la doctrine de l'Expiation, qui consacre l'idée de l'amour désintéressé et du sacrifice de soi pour le bien de l'humanité. Il en est d'autres encore contre lesquels le ridicule et l'indignation peuvent à juste titre s'exercer, qui sont des concessions à l'infirmité humaine et qui appartiennent à l'enfance de la race ; on peut se moquer de ses sacrements et de ses démons, et rappeler avec indignation qu'il insulte Dieu et se dégrade en plaçant un sacerdoce ou un médiateur entre Dieu et sa propre âme. Mais il est un dogme du christianisme orthodoxe qui est unique dans son atrocité, qui est profondément et essentiellement mauvais, qui est dépourvu d'un trait rédempteur, qui est aussi blasphématoire envers Dieu que préjudiciable à l'homme ; il faut donc y déverser sans ménagement le mépris le plus amer et la plus vive indignation. Il n'y a aucune bonne émotion humaine enrôlée du côté d'un enfer éternel ; il n'est pas sanctifié par l'amour humain ou les désirs humains, il ne consacre pas les aspirations humaines, ni le résultat des espoirs humains. À l'appui de cela, aucun appel ne peut être fait au sentiment du côté le plus noble de notre nature, et le feu éternel ne stimule pas non plus nos facultés supérieures : il n'agit que sur la partie inférieure, la plus basse, de l'homme ; cela suscite la peur, la méfiance envers Dieu, la terreur de sa présence ; il peut occasionnellement effrayer le mal, mais ne peut jamais enseigner le bien ; il voit Dieu dans l'éclair qui tue, mais non dans le soleil qui revigore ; dans l'avalanche qui ensevelit un village dans sa chute, mais pas dans la riche promesse du vignoble et la beauté joyeuse du jour d'été. L'enfer a rendu des milliers de personnes à moitié folles de terreur, il a poussé des moines dans les déserts solitaires, des nonnes dans le sépulcre du couvent, mais a-t-il jamais amené une âme humaine à se réjouir dans le Père de tous et à haleter, " comme le "Le cerf soupire après les sources d'eau, pour la présence de Dieu" ?

Il est juste de déclarer, en attaquant cela comme une doctrine chrétienne, que, bien que cru par la grande majorité des chrétiens, les plus éclairés de ce corps très indéfini la répudient d'une seule voix. On sait comment le grand leader de la Broad Church, Frederick Denison Maurice, s'est efforcé d'harmoniser, sur ce point, sa Bible et son fort sens moral, et a échoué dans sa tentative, comme tous doivent échouer qui veut concilier deux contradictions. Comment il s'est battu avec ce mot « éternel », s'est efforcé de prouver que, quoi qu'il puisse signifier, cela ne signifiait *pas* éternel dans notre sens moderne du mot : que la « mort éternelle » étant l'antithèse de la « vie éternelle » doit signifier un état de l'ignorance de l'Éternel, de même que son opposé était la connaissance de Dieu : c'est pourquoi les hommes pouvaient sortir de la mort éternelle, oui, ils se levaient ainsi chaque jour dans cette vie, et pouvaient ainsi se relever dans la vie à venir. Sa protestation contre cette terrible doctrine était noble, enchaîné comme il l'était par un respect excessif pour la Bible et par son attachement à celle-ci. Son appel au sens moral de l'homme en tant qu'arbitre de toute doctrine a porté de bons fruits, et ses travaux ont ouvert une voie vers la libre pensée plus grande qu'il ne l'espérait ou même l'espérait. De nombreux autres ecclésiastiques ont suivi ses traces. Le mot « éternel » a été continuellement débattu, mais, quelle que soit la manière dont ils y arrivent, tous les membres de la Grande Église s'unissent dans la conclusion qu'il ne signifie pas, ne peut pas et ne doit pas signifier littéralement durer éternellement . Cette école de pensée a beaucoup insisté sur le penchant des Orientaux pour l'imagerie ; ils ont souligné que le mot juif Géhenne est le même que Ge Hinnom , ou vallée de Hinnom , et ont vu dans l'état de cette vallée les matériaux pour « le ver qui ne meurt pas et le feu qui ne s'éteint pas » : ils montrent comment par une transition naturelle le lieu où étaient jetés les corps des pires criminels devint le type de châtiment dans l'autre monde, et la vallée où les enfants étaient sacrifiés à Moloch donna son nom à la demeure infernale des démons. De cette vallée, Jésus a dessiné son horrible tableau, suggéré par les feux pâles et sinistres qui s'y rampent toujours, mêlant leurs flammes épouvantables aux corps en décomposition des morts déshonorés . Il y a probablement beaucoup de vérité dans tout cela, et de nombreux membres de la Grande Église se contentent d'accepter cette explication et conservent ainsi leur croyance dans le caractère surnaturel de la Bible, tout en satisfaisant leur sens moral en rejetant son dogme le plus immoral.

Parmi les évangéliques, à ma connaissance, une seule voix s'élève pour protester contre la torture éternelle ; et tout honneur est dû au révérend Samuel Minton, pour son rare courage en défiant sur ce point l'opinion de son « monde », et en bravant la censure qui lui a été dûment infligée. Il semble faire d'« éternel » l'équivalent d'« irrémédiable » dans certains cas et d'« éternel » dans d'autres. Il croit que les méchants seront littéralement détruits, brûlés, consumés ; le fait que le feu soit éternel n'implique en aucun cas, remarque-t-il, que ce qui est jeté dans le feu doit être également éternel, et que le feu est inextinguible ne prouve pas que la balle est inconsommable . « Destruction éternelle » explique-t-il comme une destruction irréparable, une extinction définitive et irréversible. Cette théorie devrait avoir plus d'avantages à recommander à tous ceux qui croient en l'inspiration surnaturelle de la Bible que l'explication de la Broad Church ; il utilise beaucoup moins de violence envers les paroles de l'Écriture et, en fait, un argument très juste peut être tiré de la Bible elle-même.

Il n'est guère nécessaire d'ajouter à cette petite liste de dissidents du christianisme orthodoxe, le corps unitarien ; Je ne suppose pas qu'il existe un phénomène tel qu'un chrétien unitarien qui croit en un enfer éternel.

À ces petites exceptions près, la masse des chrétiens soutient ce dogme, mais pour la plupart avec insouciance et sans le comprendre. Beaucoup en ont honte même s'ils l'avouent consciencieusement et bavardent sur les phrases de leur credo qui le reconnaissent de manière très superficielle. Les gens de ce genre "n'aiment pas parler de l'enfer, il vaut mieux penser au paradis". Certains chrétiens, cependant, y tiennent fermement et proclament leur croyance avec audace ; les membres de l'Alliance évangélique en font en réalité une condition d'admission dans leur corps, tandis que de nombreux religieux de la Haute Église pensent qu'une déclaration claire de leur croyance en elle est nécessaire par loyauté envers Dieu et « charité envers les âmes des hommes ». " J'aimerais pouvoir croire que tous ceux qui professent ce dogme ne s'en rendent pas compte et ne l'acceptent que parce que leurs pères et mères le leur ont enseigné. Mais que dire de déclarations telles que celles-ci, citées du Père Furniss par WR Greg dans ses splendides « Enigmes de la vie » : Je les considère comme un spécimen d' enseignement *autorisé de l'Église catholique romaine.* On demande aux enfants : « Comment sera votre corps alors que le diable le frappe à chaque instant depuis cent millions d'années sans s'arrêter ? Une jeune fille de dix-huit ans est décrite comme vêtue de feu ; "elle porte un bonnet de feu. Il est pressé sur toute sa tête; ça lui brûle la tête; ça brûle le crâne; ça brûle l'os du crâne et le fait fumer." Un garçon est bouilli : "Écoutez ! il y a un bruit semblable à celui d'une bouilloire qui bout... Le sang bouillonne dans les veines échaudées de ce garçon. Le cerveau bouillonne et bouillonne dans sa tête. La moelle bouillonne dans ses os. » Bien plus, même les pauvres petits bébés ne sont pas exempts de torture : l'un d'eux est dans un four chauffé au rouge, " écoutez comme il crie pour sortir ; voyez comme il tourne et se tortille dans le feu.... Vous pouvez voir sur le visage de ce petit enfant » – le beau visage de bébé innocent et pur – « ce que vous voyez sur les visages de tous en enfer – le désespoir, le désespoir et l'horrible. » Cet homme était sûrement conscient de ce qu'il enseignait, mais il était alors cet être à moitié humain : un prêtre.

Le Dr Pusey a également un mot à dire sur l'enfer : « Rassemblez à l'esprit tout ce qu'il y a de plus répugnant, de plus révoltant, de la cruauté la plus perfide, la plus malveillante, la plus grossière, la plus brutale, la plus inventive et la plus diabolique, non adoucie par aucun reste de sentiment humain. tels que tu ne pourrais pas les supporter pendant une seule heure... entends ces cris de haine blasphématoire et concentrée alors qu'ils résonnent dans la voûte sinistre de l'enfer.

Le protestantisme intervient et Spurgeon parle de l'enfer : « Penses-tu qu'il est facile de se coucher en enfer, avec le souffle de l'Éternel attisant les flammes ? Veux-tu te réjouir de penser que Dieu t'inventera des tourments, pécheur ? « Quand les damnés feront sonner les fers brûlants de leur tourment, ils diront : « pour toujours » ; quand ils hurlent, l'écho crie : « pour toujours ».

Je peux faire allusion, pour conclure mes citations, à une description de l'enfer que j'ai moi-même entendue de la part d'un éminent prélat de l'Église anglaise, un homme qui est un érudit et un gentleman, un homme aux opinions modérées dans les affaires de l'Église, en aucun cas un fanatique. d'une manière ordinaire. En prêchant à une congrégation rurale composée principalement de jeunes hommes et de jeunes filles, il les mit en garde spécialement contre les péchés de la chair et les menaça du châtiment qui en résulterait en enfer. Puis, dans un langage que je ne peux pas reproduire, car je n'oserais pas souiller mes pages en répétant ce que j'écoutais alors avec un étonnement horrifié, suivit une description minutieuse de l'état du corps souffrant en enfer, si écœurant. dans ses détails, il suffit d'en dire que c'était une description fondée sur l'état d'un cadavre jeté sur un fumier et laissé là pourrir, avec l'horreur supplémentaire des flammes rampantes et brûlantes lentement ; et cet état de choses devait perdurer, alors qu'il leur imposait une énergie terrible, pour toujours et à jamais, « en décomposition mais toujours en renouvellement ».

Je demanderais presque pardon aux hommes et aux femmes au cœur tendre de leur avoir prononcé un langage si abominable ; mais j'exhorte tous ceux qui en sont offensés à dire que tel est l'enseignement donné à nos fils et à nos filles de nos jours. Le Père Furniss , le Dr Pusey, M. Spurgeon, un évêque anglais, ce sont sûrement des noms honorés , et en les citant, je cite l'enseignement de la chrétienté. Ce n'est pas non plus ma faute si la langue est impropre à l'impression. Je *cite* , parce que si nous affirmons seulement, les chrétiens sont prompts à dire : « vous déformez nos croyances », et je cite seulement des écrivains d'aujourd'hui, pour que personne ne puisse m'accuser de lancer aux chrétiens des reproches pour une doctrine qu'ils ont dépassée. ou adouci. Pourtant, j'avoue qu'il semble à peine croyable qu'un homme puisse croire cela et rester sain d'esprit ; non, il devrait prêcher cela et rentrer calmement de son église avec le soleil de Dieu souriant sur le beau monde, et après avoir prêché, il devrait s'asseoir pour un dîner confortable et très probablement une pipe tranquille, comme si l'enfer n'existait pas, et c'est horrible. misère et désespoir féroce.

On dit qu'il n'y a aucune raison pour que nous ne soyons pas satisfaits au paradis pendant que d'autres souffrent en enfer, puisque nous savons combien de misère il y a dans ce monde et pourtant nous nous amusons malgré cette connaissance. Je dis délibérément de quiconque se rend compte de la misère de ce monde et y reste indifférent, qui jouit de sa propre part des bonnes choses de cette vie, sans aider son frère, qui ne tend pas la main pour soulever le déchu, ou élève la voix en faveur des opprimés et des opprimés, que cet homme vit une vie qui est l'antithèse même d'une vie divine - une vie qui n'a ni beauté ni noblesse, mais qui est égoïste, méprisable. , et méchant. Et est-ce là la vie que nous devons considérer comme le modèle de la beauté céleste ? Le pouvoir de mener cette vie pour toujours est-il la récompense de notre dévouement et de notre abnégation ici sur terre ? Un égoïsme suprême couronne-t-il enfin le désintéressement ? Mais c'est la vie qui doit être le lot des justes au ciel. Arrachés d'un monde en flammes, emportés dans les airs pour rencontrer leur Seigneur descendant, ses saints doivent retourner avec lui au ciel d'où il est venu ; là, couronnés de couronnes d'or, ils passeront l'éternité, chantant l'Agneau qui les a sauvés au son des harpes d'or, des harpes dont la mélodie est reprise par les malédictions et les lamentations des perdus ; car ci-dessous est une scène bien différente, car là les pécheurs sont « tourmentés par le feu et le soufre en présence des saints anges et en présence de l'Agneau ; et la fumée de leur tourment monte pour toujours et à jamais, et ils n'ont aucun repos jour ni nuit. »

Il vaut la peine de contempler un instant la scène de la félicité future ; là est le trône de Dieu et des foules en liesse : « Réjouissez-vous d'elle, ciel, et vous, saints apôtres et prophètes », ainsi sort le commandement, et ils se réjouissent parce que « Dieu les a vengés d'elle », et ils dirent encore : « Alléluia, et sa fumée s'est élevée aux siècles des siècles." En vérité, Dieu doit endurcir le cœur de ses saints au ciel comme il a endurci autrefois le cœur de Pharaon, s'ils veulent se réjouir de la multitude angoissée d'en bas et supporter de vivre au milieu de la fumée sinistre qui monte des corps brûlants des perdus. Pour moi, l'idée est si répugnante que je m'étonne de la façon dont les chrétiens supportent de conserver un tel langage dans leurs livres sacrés, car je voudrais souligner que l'horrible tableau dressé ci-dessus n'est pas de moi ; ce n'est pas la caricature moqueuse d'un incroyant, *c'est le paradis tel que le décrit saint Jean le Divin* . Si ce paradis est vrai, je n'hésite pas à dire que c'est le devoir de tout être humain de le rejeter totalement et de refuser d'y entrer. Nous pourrions même faire appel aux chrétiens par l'exemple de leur propre Jésus, qui ne pouvait pas se contenter de rester lui-même au ciel pendant que les hommes allaient en enfer, mais qui est descendu pour les racheter d'une souffrance sans fin. Pourtant, ceux qui devraient l'imiter et qui, pour beaucoup d'entre eux, mènent de belles vies de dévouement et de compassion, vont soudainement, en mourant, perdre tout ce qui les rend « participants de la nature divine » et doivent se contenter de gagner le bonheur pour eux-mêmes, sans se soucier du fait que des millions de leurs frères sont dans un malheur indescriptible. Ils doivent renverser le but de leurs vies passées, ils doivent devenir égoïstes au lieu d'aimer, durs au lieu d'altruistes, indifférents au lieu d'aimer, durs au lieu de tendres. Quelle est la meilleure reproduction de « l'esprit du Christ », du bon Samaritain soignant l'homme blessé, ou de l'inquisiteur sévère se réjouissant du feu qui consume les hérétiques pour la plus grande gloire de Dieu ? Pourtant cette dernière est l'idéal de la vertu céleste. Jamais ceux qui aiment vraiment l'homme ne se contenteront de s'emparer du bonheur pendant que d'autres souffrent, ou ne supporteront pas d'être couronnés de gloire alors qu'eux sont couronnés d'épines. Mieux vaut, bien mieux, souffrir en enfer et partager les douleurs des perdus, que d'avoir un cœur si dur, une nature si dégradée, au point de jouir du bonheur du ciel, en se réjouissant, ou même en ignorant, les malheurs de l'enfer.

Mais il y a pire que la torture physique dans l'image de l'enfer ; la douleur n'est pas son aspect le plus sombre. De toutes les pensées avec lesquelles le cœur de l'homme a outragé la Justice éternelle, il n'en est aucune de plus épouvantable, de plus blasphématoire, que celle qui déclare que même une seule âme, faite par le Bien suprême, restera pendant toute l'éternité, sous le pouvoir du péché. Les théologiens se sont lassés de décrire les horreurs de l'enfer chrétien ; mais ce *n'est pas* la fournaise de flammes, *ni* le ver éternel, *ni* le feu qui ne peut jamais s'éteindre, qui nous révoltent le plus ; Aussi hideuses que soient ces images, elles ne constituent pas la pire terreur de l'enfer. Qui ne sait comment saint François, se croyant destiné à être perdu pour toujours, tomba à genoux et s'écria : « Ô mon Dieu, si je suis effectivement condamné à te haïr pendant l'éternité, permets-moi au moins de t'aimer pendant que je vis. ici." Pour le cœur juste, l'agonie de l'enfer est bien pire que ce que la torture physique pourrait infliger : c'est l'existence d'hommes et de femmes qui auraient pu être des saints, privés à jamais de l'espoir de sainteté ; Les enfants de Dieu, l'œuvre de ses mains, grinçant des dents contre un Père qui les a rejetés pour toujours de la vie qu'il aurait pu leur donner ; c'est l'Amour éternellement haï ; le bien éternellement foulé aux pieds ; Dieu éternellement déconcerté et défié ; Pire encore, c'est une pièce de la maison du Père où ses enfants peuvent avoir faim et soif de justice, mais qui ne peuvent jamais être comblés.

« Va-t-en, ô pécheur, à la chaîne !

Entrez dans la cellule éternelle ;

À tout ce qui est bon, vrai et juste,

À tout ce qui est juste, affectueux et brillant,

À tous de sainteté et de droiture,

Dis-toi ton dernier adieu.

Plût à Dieu que les chrétiens et les chrétiennes y réfléchissent bien et y réfléchissent par eux-mêmes, et lorsqu'ils se rendent dans les pires quartiers de nos grandes villes et que leur cœur se brise presque avec la misère qui y règne, qu'ils se souviennent alors à quel point cette misère est simple. une faible image de la misère sans fin et sans espoir à laquelle la grande majorité de leurs semblables est vouée.

Lecteur chrétien, n'ayez pas peur de réaliser l'avenir auquel vous dites croire et que le Dieu d'Amour a préparé pour la maison de certains de ses enfants. Imaginez-vous, ou l'un de vos proches, plongé dans une culpabilité contre laquelle il n'y a pas de rédempteur, et où la voix de celui qui parle avec justice, puissant pour sauver, ne peut pas pénétrer. Pour reprendre les mots bien pesés d'un champion de l'orthodoxie chrétienne, pensez qu'il n'y a aucune raison de croire que l'enfer n'est qu'un châtiment pour les offenses passées ; dans ce monde obscur, le péché et la misère se reproduisent à l'infini. "Et si le péché se perpétue, si la misère prolongée peut être le fruit d'une culpabilité prolongée ?" Réfléchissez bien à cela et, si vous trouvez cela vrai, alors rejetez de votre credo la croyance en un Jésus qui aimait les perdus ; effacez de votre Bible tout verset qui parle du cœur d'un Père ; arrachez de vos livres de prières chaque page qui prie un Père céleste. Si la plus basse des créatures de Dieu doit être laissée pour toujours dans les horribles étreintes du péché , Dieu ne peut pas être la Justice éternelle, l'Amour invincible. Car quelle sorte de justice est celle qui reste oisive et satisfaite dans un ciel de félicité, tandis que des millions d'âmes capables de justice sont liées par elle dans un péché impuissant ; Quelle sorte d'amour est celui qui se contente d'être repoussé et qui est prêt à être haï ? Tant que Dieu est juste, aussi longtemps que Dieu est amour, aussi longtemps qu'il est impossible que les hommes et les femmes soient laissés pour toujours par lui dans un état pour lequel nos pires repaires sur terre sont un véritable paradis de beauté et de pureté. Les auteurs de la Bible ont peut-être commis une erreur, mais « Tu restes saint, ô Tu adores Israël ! » Il y a une révélation qui ne peut pas se tromper, et elle est écrite du doigt de Dieu dans chaque cœur humain. Ce que l'homme hésite à faire, même au plus bas, ne pourra jamais être fait par son Créateur, de l'inspiration duquel il tire chaque pensée droite. Existe-t-il un père, même brutalisé, qui maintiendrait délibérément son enfant dans le péché à cause d'une faute enfantine ? une mère qui torturerait sans but son fils, le gardant en vie mais pour le tourmenter ? Pourtant ceci, rien de moins, mille fois plus, car c'est cela multiplié à l'infini par la puissance infinie de torture, voilà ce que les chrétiens nous demandent de croire de notre Père et de notre Dieu, lueur du rayonnement de qui le trône tombe sur notre terre, quand les hommes aiment leurs ennemis et pardonnent librement à ceux qui leur font du tort. Si cette soi-disant croyance orthodoxe est juste, alors leur évangile de l'Amour de Dieu pour le monde est une illusion et un mensonge ; si cela est vrai, l'enseignement de Jésus aux publicains et aux prostituées sur la paternité de Dieu est une cruelle moquerie de nos instincts les plus divins ; l'histoire du bon berger qui ne pouvait pas se reposer alors qu'une brebis était perdue est la plus amère ironie. Mais cet horrible dogme n'est pas vrai, et l'Amour de Dieu berce sa création ; pas un seul fils de la famille du Père ne sera laissé sous le pouvoir du péché, pour être une tache éternelle sur la création de

Dieu, un reproche sans fin à la sagesse de son Créateur, une erreur éternelle et irréparable.

Aucun argument, aussi puissant soit-il, ne devrait nous faire croire à une doctrine devant laquelle nos cœurs reculent avec une horreur aussi frémissante que devant cette doctrine de la torture éternelle et du péché éternel. Il existe dans le cœur humain un instinct divin auquel on peut faire confiance comme arbitre entre le bien et le mal ; aucune révélation surnaturelle, aucun miracle, aucun ange du ciel ne devrait avoir le pouvoir de nous faire accepter comme divin ce que nos cœurs proclament vil et diabolique. Ce n'est pas la vraie foi d'écraser notre sens moral sous le sabot de la crédulité ; la vraie foi croit en Dieu uniquement comme une « Puissance qui fait *la justice* » et se soucie peu des menaces ou des malédictions qui la forceraient à accepter ce que la conscience désapprouve. Et qui plus est, s'il était possible que Dieu n'était pas ce dont nous rêvons, s'il n'était pas « juste dans toutes ses voies et saint dans toutes ses œuvres », alors serait-ce une lâcheté de l'adorer. Il a été dit avec raison « qu'adorer un pouvoir simple, sans vertu, n'est rien d'autre qu'un culte du diable » ; dans ce cas, il serait plus noble de refuser de le louer et de prendre ce qu'il pourrait envoyer. Alors en effet il faut dire, avec John Stuart Mill, dans cet élan de passion qui se lit si étrangement au milieu de sa logique sans passion, que si l'on me dit que c'est là la justice et l'amour, et que si je ne l'appelle pas ainsi, Dieu m'enverra en enfer, alors "j'irai en enfer".

J'ai volontairement mis en premier ma forte réprobation de l'enfer éternel, à cause de sa propre hideur essentielle, et parce que, si cela était vrai, je me considérerais déshonoré en le reconnaissant comme aimant ou bon. Mais c'est cependant une satisfaction de constater la faiblesse des arguments avancés à l'appui de ce dogme, et de constater que la justice et la sainteté, tout comme l'amour, désapprouvent l'idée d'un enfer éternel.

Le premier argument avancé est le suivant : « Dieu a fait une loi que l'homme enfreint ; l'homme doit donc, en toute justice, subir le châtiment de sa transgression. » Ceci, comme tant d'arguments orthodoxes, semble juste et juste, et au début nous sommes parfaitement d'accord avec lui. L'instinct de justice en nous confirme cette affirmation, et en regardant vers le monde, nous voyons sa vérité prouvée par les faits. La loi est autour de nous de toutes parts ; l'homme est placé dans un domaine de droit ; il peut lutter contre les lois qui l'entourent, mais il ne fera que se briser contre un rocher ; il est soumis à un code qu'il enfreint à ses risques et périls. Voilà une justice parfaite, une justice absolument inébranlable, sourde aux cris, inséductible par les flatteries, dénuée de favoritisme : une loi existe, enfreignez-la, et vous en subissez les conséquences inévitables. Jusqu'ici donc, l'argument orthodoxe est solide et solide, mais il fait maintenant un bond soudain. "La sanction de la violation de la loi est l'enfer." Pourquoi? Quel point commun y a-t-il entre un mensonge et « l'étang de feu dans lequel tous les menteurs auront leur part ? » La nature est absolument contre le corollaire orthodoxe, parce que l'enfer, en tant que punition du péché, est purement arbitraire, la punition aurait tout aussi bien pu être autre chose ; mais dans la nature, la pénalité pour violation de la loi est toujours strictement conforme à la loi elle-même et en dérive. Les hommes imaginent le « jugement » le plus extraordinaire. Une nation est adonnée à la boisson excessive et est punie par la peste du bétail ; ou montre un penchant pour le papisme et est châtié par le choléra. Il est aussi raisonnable de croire cela que de s'attendre à ce que si un enfant tombait dans les escaliers, il soit ramassé couvert de cloques causées par une brûlure, au lieu de recevoir sa punition naturelle d'être meurtri. Pourquoi, parce que je mens et oublie Dieu, devrais-je être puni par le feu et le soufre ? Le feu ne peut pas être dérivé de la vérité, et le soufre n'est pas non plus un stimulant pour la mémoire. Il existe également une étrange confusion dans de nombreux esprits à propos du châtiment du péché. On dit à un enfant de ne pas mettre la main dans le feu, il le fait et il est brûlé ; l'incendie est une punition, lui dit-on ; pour quoi? Non pas pour désobéissance au parent, comme on le dit généralement, mais pour méconnaissance de la loi de la nature qui dit que le feu brûle. On entend souvent dire : « Les châtiments de Dieu pour le péché ne sont pas égaux : un homme pèche une fois et en souffre toute sa vie, tandis qu'un autre pèche vingt fois et n'est pas puni du tout. » En aucun cas : les deux hommes enfreignent tous deux une loi morale, et subissent une dégradation morale ; l'un d'eux enfreint en outre une loi physique et subit une blessure physique. Les gens voient l'injustice là où il n'y en a pas, parce qu'ils ne prennent pas la peine de distinguer quelles lois sont enfreintes lorsque des châtiments matériels s'ensuivent. Il n'y a rien d'arbitraire dans la nature : la cause et l'effet règnent dans son domaine. L'enfer est donc injuste, d'abord parce que la torture physique n'a rien de commun avec la culpabilité morale.

C'est injuste, deuxièmement, parce que c'est excessif. Le péché, disent les théologiens, doit être puni infiniment, parce que le péché est une offense commise contre un être infini. Bien entendu, le bien doit logiquement être récompensé à l'infini, car il s'agit d'un devoir offert à un être infini. Il n'y a aucun homme qui n'ait jamais fait une seule bonne action, donc chaque homme mérite une récompense infinie. Il n'y a aucun homme qui n'ait jamais commis un seul mauvais acte, donc tout homme mérite une punition infinie. Par conséquent, tout homme mérite à la fois une récompense infinie et un châtiment infini, « ce qui, comme le dit Euclide, est absurde ». Et c'est une réponse tout à fait suffisante à la proposition. Mais je dois protester, au passage, contre cette notion de « péché contre Dieu » telle qu'elle est bien entendue. Si par cette expression on entend seulement que tout péché commis est un péché contre Dieu, parce que tout péché est commis contre la nature supérieure de l'homme, qui est Dieu dans l'homme, alors il n'y a en effet aucune objection à y faire. Mais ce n'est pas ce que l'on entend généralement par cette expression. Cela signifie généralement que nous sommes capables, pour ainsi dire, de blesser Dieu d'une manière ou d'une autre, de le déshonorer , de l'offenser, de le troubler. Par le péché, nous le mettons « en colère », nous « le provoquons la colère » ; c'est à cause de ce sentiment qu'il nous punit et exige « satisfaction ». Il est certain qu'un instant de réflexion doit prouver à tout être raisonnable que le péché contre Dieu dans ce sens est parfaitement impossible. Que peut la petitesse de l'homme contre la grandeur de l'Éternel ! Imaginez un grain de poussière troublant les profondeurs de l'océan, un puceron pesant de son poids sur un chêne : chacun est bien plus probable que qu'un homme puisse troubler la parfaite sérénité de Dieu. Supposons que je me trouve sur une pelouse en train d'observer une fourmilière, qu'une fourmi me fasse signe avec mépris de ses antennes ; est-ce que je m'emporte et me précipite sur l'insecte pour le détruire, ou bien le saisis-je et le tortures-je lentement ? Pourtant, je suis bien moins au-dessus du niveau de la fourmi que Dieu n'est au-dessus du mien.

Mais je dois ajouter ici un mot pour me prémunir contre le malentendu selon lequel, en disant cela, je prive l'homme de la force qu'il trouve en croyant qu'il est personnellement connu de Dieu et un objet de ses soins. Si j'étais le créateur de la fourmi, familier avec tous les rouages de son esprit, je regretterais, pour elle, l'orgueil et le mépris de son créateur manifestés par son action, parce qu'elle n'atteignait pas la perfection de la nature dont elle était capable. . Ainsi, dans cette nature dans laquelle nous vivons et nous mouvons, qui est trop grande pour considérer quoi que ce soit comme petit, qui est autour de tout et en tout, et que nous croyons consciente de tout, il y a — je ne peux m'empêcher de penser — quelque chose. sentiment que, faute d'un meilleur terme, nous devons appeler désir de croissance de ses créatures (car dans cette croissance réside leur propre bonheur), et sentiment correspondant de regret lorsqu'elles se blessent. Mais je dis cela avec crainte et respect, sachant que le langage humain n'a pas de termes pour décrire la nature que nous adorons, et conscient que dans l'acte même de mettre en mots mes idées à son sujet, je dégrade les idées et elles ne répondent plus pleinement. à la pensée dans mon propre esprit. L'adoration silencieuse convient mieux à l'homme en présence de son créateur, seulement il est juste de protester contre les conceptions les plus dégradantes de lui, bien que les conceptions supérieures soient elles-mêmes bien inférieures à ce qu'il est réellement. Le péché, étant commis contre soi-même seulement, ne peut mériter une éternité de torture. Le péché blesse déjà l'homme, pourquoi devrait-il être davantage blessé par une agonie sans fin ? Le fait d'infliger une douleur n'est justifiable que lorsqu'il s'agit du moyen de procurer à celui qui souffre lui-même un gain supérieur à la souffrance infligée ; par conséquent, la punition n'est juste que lorsqu'elle est réformatrice. Mais la torture *sans fin* ne peut pas viser à la réforme ; elle n'a pas de but au-delà d'elle-même et ne peut donc naître que de la vengeance et de la vindicte, dont nous avons montré l'impossibilité à Dieu. L'enfer est injuste, deuxièmement, parce que sa punition est excessive et sans but. C'est aussi injuste, car pour l'éviter, il faut une perfection impossible. Ce n'est pas une réponse que de dire qu'une évasion nous est offerte grâce à l'expiation faite par Jésus-Christ. Pourquoi devrais-je être appelé à échapper comme un criminel à ce que je ne mérite pas ? Dieu rend l'homme imparfait, fragile, pécheur, totalement incapable d'observer parfaitement une loi parfaite : il échoue donc, et est… quoi ? Être renforcé ? en aucun cas ; il doit aller en enfer. Cette affirmation suffit à montrer son injustice. Nous ne contestons pas la sagesse qui a fait de nous ce que nous sommes, mais nous protestons contre l'idée qui rend Dieu si cruellement injuste qu'il torture les bébés parce qu'ils sont incapables de marcher aussi régulièrement que les hommes adultes. L'enfer est injuste, en troisième lieu, parce que l'homme ne le mérite pas.

A tout cela, on rétorquera probablement : « vous argumentez comme si la justice de Dieu était la même que celle de l'homme, et que vous étiez donc capable de la juger, une hypothèse qui est injustifiable et grossièrement présomptueuse ». A quoi je réponds : « Si par justice de Dieu vous n'entendez pas du tout justice, mais faites référence à quelque attribut divin dont nous ne savons rien, toutes mes critiques à ce sujet tombent à l'eau ; seulement, ne commettez pas l'incohérence de soutenir que l'enfer est *juste*, alors que par « juste » vous entendez une qualité inconnue, et en étayant ensuite vos théories par des preuves tirées de la justice humaine, cela tendrait peut-être à la clarté dans l'argumentation si vous donniez à cet attribut divin un autre nom, au lieu d'utiliser pour. c'est une expression qui a déjà un sens défini.

La justice de l'enfer étant éliminée, nous nous tournons vers l'amour de Dieu. Je n'ai jamais entendu dire que l'enfer est une preuve de son grand amour pour le monde, mais je me permets moi-même d'attirer l'attention sur ce point sous cet angle. Dieu, nous dit-on, existait seul avant que rien ne soit créé ; là, parfait en lui-même, en bonheur, en gloire, il aurait pu rester, disent les théologiens orthodoxes. Alors, nous sommes en droit de nous demander, au nom de la charité, pourquoi, heureux lui-même, a-t-il créé une race d'êtres dont la grande majorité devait être éternellement et désespérément misérable ? Était-ce de l'amour ? "Il a créé l'homme pour le glorifier." Mais était-ce aimant de créer ceux qui ne souffriraient que pour sa gloire ? N'était-ce pas plutôt un égoïsme gigantesque, inconcevable ?

"L'homme peut être sauvé s'il le veut." Ce n'est pas la question ; Dieu savait d'avance que certains seraient perdus, et pourtant il les a créés. Avec tout le respect, je le dis, Dieu n'avait pas le droit de créer des êtres sensibles, si de l'un d'entre eux on peut jamais dire avec vérité : « tant mieux pour cet homme qu'il ne soit jamais né ». Celui qui crée s'impose, par l'acte même de la création, des devoirs envers ses créatures. Si Dieu est conscient de lui-même et moral, il est absolument certain que la création tout entière se dirige vers le bien final de chaque créature qui la compose. Nous n'avons pas demandé à être faits ; nous n'avons pas souffert alors que nous n'existions pas ; Dieu, qui nous a donné l'existence sans notre consentement, est responsable de notre bien final et est tenu par tous les liens de droiture et de justice, de ne pas parler d' amour , de faire de l'existence qu'il nous a donnée, sans que nous l'ayons demandé, une bénédiction et pas une malédiction pour nous. Les parents ressentent cette responsabilité envers les enfants qu'ils mettent au monde et se sentent tenus de protéger et de rendre heureux ceux qui, sans eux, ne seraient pas nés. Mais si l'enfer est vrai, alors chaque homme et chaque femme ne sont pas tenus d'accomplir le commandement divin de multiplier la race, car ce faisant, ils contribuent à remplir les cachots de l'enfer et ils auront désormais leurs fils et leurs enfants. des filles maudissant le jour de leur naissance et accablant leurs parents de reproches pour avoir mis au monde un corps que Dieu put ainsi maudire du don terrible d'une âme immortelle.

Nous devons également remarquer que Dieu, dont on dit qu'il aime la justice, ne peut jamais écraser la justice dans aucune âme humaine. Il n'y a personne d'assez dégradé au point de se retrouver sans un seul signe de bien. Parmi les plus bas et les plus vils de notre population, nous trouvons de beaux exemples de sentiments bienveillants et d'aide généreuse. Une femme peut-elle être plus dégradée que celle qui ne valorise sa féminité que comme moyen de gain, qui boit, se bat et vole ? Que celles qui ont été parmi de telles femmes disent si elles n'ont pas été parfois réconfortées par un rayon même de la lumière de Dieu, au moment le plus. dégradé a fait preuve de bonté envers une sœur également dégradée, et lorsque les gains mêmes du péché ont été purifiés par l'être ; versé sur les genoux d'un compagnon souffrant et mourant. L'amour et la dévotion, si faibles soient-ils, le désintéressement et la sympathie, si éphémères soient-ils dans leur action, ces étoiles du ciel s'éteindront-elles dans l'obscurité du gouffre de l'enfer ? S'il en est ainsi, alors, en vérité, Dieu n'est pas le "juste. Seigneur qui aime la justice".

Mais nous ne pouvons pas laisser de côté le fait que l'enfer nuit à l'homme, tout autant qu'il dégrade sa conception de Dieu. Il cultive l'égoïsme et la peur, deux de ses passions les plus basses. Il n'est guère né au monde au cours de ce siècle une âme plus pure et plus aimante que celle de feu John Keble, l'auteur de « l'Année chrétienne ». Pourtant, quel effet terrible cette croyance produisit sur lui ; il doit s'accrocher à sa croyance en l'enfer, car sinon il n'aurait aucune certitude du paradis :

« Mais où est donc le séjour des cœurs contrits ?

Autrefois, ils s'appuyaient sur ta parole éternelle ;

Mais avec la peur du pécheur, son espoir s'en va,

Rapidement lié comme ton grand nom à toi, ô Seigneur ;

Ce Nom par lequel Ta fidèle espérance est passée,

Que nous devrions être sans fin, pour la joie ou le malheur ;—

Et si les trésors de ta colère pouvaient se perdre,

Tes amants doivent renoncer au paradis promis. »

C'est-à-dire en langage clair : « Je ne peux pas renoncer à la certitude de l'enfer pour les autres, parce que si je le fais, je n'aurai aucune certitude du paradis pour moi-même ; et je préférerais savoir que des millions de mes frères soient tourmentés pour toujours . plutôt que de douter de ma propre jouissance éternelle. » Un cœur aimant dirait sûrement : « Ô Dieu, mourons tous et restons inconscients pour toujours , plutôt que qu'une seule âme souffre éternellement. » Le terrible égoïsme de la croyance chrétienne dégrade l'âme la plus noble ; l'horreur de l'enfer fait perdre aux hommes la maîtrise de soi et ne pense qu'à leur sécurité personnelle, tout comme nous voyons parfois des hommes se déchaîner lors d'un naufrage, lorsque le gain d'une minute signifie la vie. La croyance en l'enfer nourrit l'orgueil et la haine religieuse, car tous les croyants pensent qu'eux-mêmes au moins sont sûrs du paradis. S'ils veulent se réjouir toute l'éternité des souffrances des perdus, pourquoi devraient-ils les traiter ici avec gentillesse ou considération ? Ainsi l'enfer devient la mère de la persécution ; pour l'hérétique, l'ennemi du Seigneur, il n'y a ni miséricorde ni pardon. Alors les saints se persuadent que la vraie charité les oblige à persécuter, car la souffrance peut soit sauver l'hérétique lui-même en le forçant à croire, soit au moins effrayer les autres et les empêcher de partager son hérésie, et ainsi les préserver du feu éternel. Et ils ont raison, si l'enfer est vrai. Tous les moyens sont justifiables pour sauver l'homme de cet horrible destin ; certes, nous ne devrions pas hésiter à renverser un homme, si, ce faisant, nous l'empêchions de se jeter dans un précipice.

La croyance en l'enfer enlève toute beauté à la vertu ; qui se soucie de l'obéissance rendue uniquement par la peur ? La peur de l'enfer ne suscite chez l'homme aucun véritable amour du bien, et la respectabilité extérieure n'a que peu de valeur lorsque le cœur et les désirs ne sont pas purifiés. Nous pouvons ajouter que la peur de l'enfer est une très légère contrainte pratique ; aucun homme ne se croit vraiment assez mauvais pour l'enfer, et il est si loin que chacun a l'intention de s'en repentir enfin et d'y échapper. Bien plus restrictive est la proclamation de la dure vérité selon laquelle, au sens populaire du terme, le « pardon des péchés » n'existe pas ; que ce qu'un homme sème, ainsi il récoltera, et que les lois violées se vengent sans exception.

La croyance en l'enfer étouffe toute recherche de la vérité en mettant l'accent sur une forme de croyance et en en interdisant une autre sous des sanctions effroyables. "S'il est vrai, comme c'est vrai, que tous ceux qui ne croient pas cela périront éternellement, alors , je demande, *cela ne vaut-il pas la peine de croire ?* » Ainsi dit un ecclésiastique de l'Église d'Angleterre. Ainsi il presse son peuple d'accepter le dogme de la Divinité de Jésus, non pas parce qu'il est vrai, mais parce qu'il est dangereux de le nier. Et cette difficulté nous rencontre tous les jours. Si nous insistons pour qu'une enquête soit menée, on nous dit « c'est dangereux » ; si nous suggérons une difficulté, on nous dit « il est plus sûr de croire » ; et ainsi cette doctrine de l'enfer enchaîne les facultés des hommes et paralyse leur intellect, et ils n'osent pas du tout chercher la vérité, de peur que celui qui est la Vérité ne les jette en enfer pour cela.

Beaucoup diront peut-être que j'ai attaqué ce dogme avec une véhémence excessive et avec une chaleur excessive. Je l'attaque ainsi, parce que je connais le mal qu'il fait, parce qu'il attriste le cœur juste et obscurcit la face de Dieu. Seuls ceux qui ont réalisé l'enfer, et qui l' ont réalisé , y ont cru, connaissent l'ombre terrible dont il assombrit le monde. Nombreux sont ceux qui en rient, mais ils n'en ont pas senti la puissance, et ils oublient qu'un dogme qui n'est pour eux que ridicule pèse lourdement sur bien des cœurs tendres et sur bien des cerveaux sensibles. L'enfer rend beaucoup fous : pour d'autres, c'est une horreur qui dure toute la vie. Il fait pâlir le soleil avec ses flammes sinistres ; il noircit la terre de la fumée de son tourment ; cela fait du Diable une présence réelle ; cela transforme Dieu en ennemi, l'éternité en un terrible destin. Il enlève le printemps à tous les plaisirs ; il empoisonne toutes les jouissances ; il répand une tristesse sur la vie et enveloppe le tombeau d'une horreur indicible. Seuls ceux qui ont ressenti l'angoisse de ce cauchemar savent ce que signifie se réveiller au soleil et découvrent que ce n'est qu'un rêve désordonné des ténèbres ; ils ne connaissent que la glorieuse liberté de cœur et d'âme avec laquelle ils lèvent des visages souriants pour rencontrer le sourire de Dieu, lorsqu'ils peuvent dire du fond de leur cœur joyeux : « Je crois que Dieu est Lumière et qu'en Lui il n'y a rien. l'obscurité du tout ; je crois que toute l'humanité est en sécurité, bercée dans les bras éternels.

SUR L'INSPIRATION

IL y a une certaine difficulté à définir le mot Inspiration : il est utilisé dans des sens tellement différents par les diverses écoles de pensée religieuse, qu'il est presque nécessaire de connaître les opinions théologiques de celui qui parle avant d'être bien sûr de ce qu'il veut dire lorsqu'il il parle d'un livre comme étant inspiré. Aux jours heureux de l'Église, lorsque la foi était forte et la raison faible, lorsque les prêtres n'avaient qu'à proclamer et les laïcs qu'à donner leur assentiment, l'Inspiration avait une signification distincte et très définie. Un homme inspiré prononçait les paroles mêmes de Dieu : la Bible était parfaite depuis le « Au commencement » de la Genèse jusqu'à « l'Amen » de l'Apocalypse : elle était parfaite en science, parfaite en histoire, parfaite en doctrine, parfaite en morale. Dans ce diamant, aucun défaut n'était visible ; il brillait d'une pureté impeccable, reflétant dans un éclat multicolore la pure lumière blanche de Dieu. Mais lorsque la chimie de la science moderne s'est présentée pour tester ce diamant, un murmure s'est élevé, d'abord faible, mais irrépressible. Il a été scruté au microscope de la critique, et des fissures et des défauts ont été découverts dans toutes les directions ; puis, au lieu d'être enchâssée sur l'autel, entourée de bougies, elle fut exposée à la lumière du soleil, et l'œil nu pouvait voir ses imperfections. Puis on l'examina de nouveau, et on entendit quelques hommes audacieux murmurer : « Ce n'est pas du tout un diamant, Dieu l'a formé dans les siècles passés ; ce n'est rien d'autre qu'une pâte fabriquée par l'homme. » et la nouvelle passa de bouche en bouche, jusqu'à ce que le murmure se transforme en cri et que de nombreuses voix résonnent : « Ce n'est pas du tout un diamant. Ainsi en est-il aujourd'hui ; la bataille fait toujours rage ; certains soutiennent que leur bijou est toujours aussi parfait et que les défauts sont dans les yeux qui le regardent ; certains admettent à contrecœur qu'il est imparfait, mais le considèrent toujours comme un diamant ; d'autres affirment résolument que, bien que précieux par son antiquité et sa beauté, il n'est en réalité que de la pâte.

Prenons d'abord la théorie vraiment orthodoxe de l'inspiration, généralement appelée inspiration « plénière » ou « verbale » de la Bible. Elle a été bien définie il y a des siècles par Athénagoras ; selon lui, les écrivains inspirés « prononçaient les choses qui s'opéraient en eux lorsque l'Esprit divin les poussait, l'Esprit les utilisant comme joueurs de flûte soufflait dans la flûte ». La même idée a été exprimée dans une poésie puissante par un écrivain de notre époque :

"Puis à mi-plainte de mes aveux,

Puis à travers la douleur et la passion de ma prière,

Sursaute en sursaut sous le choc de sa possession,

C'est à peine si je saisis les paroles de Sa révélation, C'est à peine si je l'entends, si je comprends vaguement ; Seul le pouvoir qui est en moi, carillonne, vit sur mes lèvres et fait signe à ma main. »

L'idée est exactement la même que celle des prophétesses païennes : elles devenaient littéralement possédées par un esprit, qui utilisait ses lèvres pour exprimer ses propres pensées ; ainsi les chrétiens orthodoxes croient que ce n'est plus Moïse, ni Isaïe, ni Paul qui parle, mais l'Esprit du Père qui parle en eux. Cette théorie est partagée par tous les croyants strictement orthodoxes ; ceci et cela seulement vient de leurs lèvres, l'inspiration ; pressés sur le sujet, ils admettront que l'Esprit inspire toutes les bonnes pensées « dans un sens », mais ils se garderont bien de déclarer qu'il ne s'agit que d'une inspiration dans un sens secondaire, une inspiration qui s'exprime en nature aussi bien qu'en degré. de l'inspiration des écrivains de la Bible. Par cette théorie mécanique, pour ainsi dire, il est manifeste que toute possibilité d'erreur est exclue ; ainsi, lorsque Matthieu cite de l'Ancien Testament une référence historique totalement hors de propos : « Quand Israël était enfant, je l'aimais et *j'ai appelé mon fils hors d'Égypte* », comme une prophétie de la prétendue fuite de Jésus en Égypte, et de sa fuite ultérieure. retour de ce pays en Palestine - nous trouvons le Dr Wordsworth, très révérend Père en Dieu et évêque de Lincoln, nous disant gravement que "le Saint-Esprit déclare ici ce qu'il avait eu dans l'esprit lorsqu'il prononça ces paroles par Osée. Et qui oserait dire qu'il connaît la pensée de l'Esprit mieux que l'Esprit lui-même ? » Le Dr Pusey encore, se tenant vaillamment, à la manière de l'homme, envers chaque dogme de l'Église, quel qu'il soit, contre la logique, contre le bon sens, contre la raison ou contre la charité, fait une enquête très raisonnable auprès de ceux qui croient en une croyance extérieure. et d'inspiration surnaturelle, et pourtant nous nous opposons au terme verbal. « Comment, demande-t-il, la pensée peut-elle être transmise à l'esprit d'un homme autrement que par des mots ? La remarque du savant docteur est en effet très pertinente, s'adressant à tous ceux qui croient à une révélation extérieure. Les pensées qui sont communiquées de l'extérieur ne peuvent être connues de l'homme que par l'intermédiaire de mots : même ses propres pensées ne lui deviennent appréciables que lorsqu'elles sont suffisamment distinctes pour être revêtues de mots (bien sûr pas nécessairement de mots *prononcés*) ; et nous ne pouvons qu'exclure de cette règle les pensées qui peuvent être présentées à l'esprit par la vue ou l'ouïe mentale : par exemple, la musique pourrait probablement être composée mentalement en imaginant les *sons*, ou les dispositifs mécaniques inventés en imaginant les *objets* ; mais tout argument, toute histoire susceptible d'être reproduite par écrit doit être pensée avec des mots. Un instant de réflexion rend cela évident ; si un homme discute avec un Français dans sa propre langue, il doit, pour rendre ses arguments clairs et puissants, *penser* en français. Or, si la Bible est inspirée de manière à assurer son exactitude, comment cela peut-il se faire autrement que par des mots ; car bon nombre des faits rapportés devaient, par nécessité, être inconnus des écrivains. Supposons un instant que le récit biblique de la création du monde soit vrai, aucun homme dans ce cas n'aurait pu le penser par lui-même. Seules deux théories peuvent raisonnablement être retenues concernant ce récit : la première, selon laquelle il est vrai, ce qui implique nécessairement qu'il est littéralement vrai et verbalement inspiré, puisque la connaissance ne peut provenir que du Créateur et que, pour être communiquée, elle doit être venue dans le forme des mots, lesquels mots étant ceux de Dieu, doivent être littéralement vrais ; l'autre, qu'elle se classe parmi d'autres cosmogonies anciennes, et qu'elle est simplement la pensée d'un vieil écrivain, donnant son idée sur l'origine du monde qui l'entoure. Je choisis le récit de la Création comme un test crucial de la théorie verbale de l'inspiration, parce que tout autre récit dans la Bible auquel je peux penser comporte un acteur humain, et on pourrait soutenir - aussi improbable soit-elle l'hypothèse - qu'un Le rapport a été relaté ou écrit par quelqu'un qui avait été présent lors de l'incident signalé, et l'inspiration du rédacteur final peut être considérée comme ayant consisté à réécrire le rapport précédent qu'il pourrait être invité à incorporer dans son propre travail. Mais personne n'a été témoin de la création du monde, sauf le Créateur, ou, tout au plus, Lui et ses anges, et le récit qui en est donné doit, s'il est vrai, être mot pour mot divin ; ou, si c'est faux — comme c'est le cas — cela ne doit être rien de plus qu'une imagination humaine. Il faut pousser cet argument un peu plus loin. Si le récit était communiqué uniquement à *l'esprit de l'homme* , par des mots s'élevant intérieurement jusqu'à l'oreille intérieure seule, comment l'homme pourrait-il distinguer entre ces pensées divines s'élevant dans son esprit, et ses propres pensées humaines s'élevant exactement de la même manière ? Des pensées surgissent dans notre esprit, nous ne savons pas comment ; nous n'en prenons conscience que lorsqu'ils sont là, et, autant que nous puissions en juger, ils se produisent tout naturellement selon certaines lois. Mais comment pouvons-nous distinguer d'où viennent ces pensées ? Les voilà, les nôtres, pas ceux d'un autre — les nôtres, en tant qu'enfant, sont ceux du père et de la mère, le produit de leur propre être. Si ma pensée n'est pas la mienne, mais celle de Dieu, comment puis-je le savoir ? elle est produite en moi comme mienne, et la source d'une pensée ne se distingue pas de celle d'une autre. Ainsi, ceux qui croient en l'exactitude de la Bible sont progressivement amenés à admettre que non seulement les paroles sont nécessaires, mais que les paroles sont nécessaires ; si la Bible est d'inspiration surnaturelle, alors Dieu doit avoir parlé non seulement avec des paroles humaines mais aussi avec une voix humaine ; Si la Bible est d'inspiration surnaturelle, elle doit l'être verbalement et être littéralement exacte sur chaque sujet qu'elle traite.

Malheureusement pour ceux qui soutiennent l'inspiration verbale, leur théorie est magnifiquement adaptée pour être présentée devant la barre des faits inexorables. Il convient de remarquer en passant que l'infaillibilité de la Bible n'est restée incontestée que là où l'ignorance a régné en maître ; Dès que les hommes ont commencé à lire l'histoire et à étudier la nature, ils ont également commencé à remettre en question l'exactitude des Écritures et à défier leur autorité. L'infaillibilité ne peut vivre que dans le crépuscule : jusqu'à présent, toute infaillibilité est tombée avant l'avancement de la connaissance, à l'exception de l'infaillibilité de la Nature, qui est l'infaillibilité de Dieu lui-même. Les protestants considèrent les catholiques comme des imbéciles, dans le sens où ils ne sont pas capables de voir que le pape ne peut pas être infaillible, parce qu'un pape a maudit ce qu'un autre pape a béni. Ils peuvent voir dans le cas des autres que la contradiction détruit l'infaillibilité, mais ils ne peuvent pas voir la force du même argument lorsqu'il est appliqué à leur propre pape, la Bible. Forts de leur « ignorance invincible », ils nous apportent un livre d'inspiration divine ; "bien", répondons-nous; "Alors votre livre est-il absolument vrai, et il sera en accord avec toutes les vérités connues dans la science et l'histoire et ne sera, bien sûr, jamais contradictoire." La première question importante qui surgit dans notre esprit lorsque nous ouvrons un livre si instructif comme une révélation d'en haut se rapporte naturellement au Grand Inspirateur. La Bible contient, comme on pouvait en effet raisonnablement s'y attendre, de nombreuses déclarations sur la nature de Dieu, et nous nous enquérons, en premier lieu, du caractère de son auteur. Pouvons-nous espérer le voir dans ce monde ? "Oui", répond Exodus. " Autrefois, Moïse parlait à Dieu face à face, et soixante-quatorze Israélites le virent et mangèrent et burent en sa présence. " Nous avons à peine compris cette réponse que nous entendons la même voix poursuivre : « Non, car Dieu a dit que tu ne peux pas voir mon visage, car personne ne me verra et ne vivra ; tandis que Jean déclare que personne ne l'a vu, et Paul , afin que personne ne l'ait ni ne puisse le voir. Est-il tout-puissant ? "Oui", dit Jésus. "Avec Dieu tout est possible." "Non", rétorque les juges; "car il ne pouvait pas chasser les habitants de la vallée, *parce qu'ils* avaient des chars de fer." Est-Il juste ? "Oui", répond Ezéchiel. « Le fils ne portera pas l'iniquité du père ; l'âme qui pèche *il* mourra." "Non", dit l'Exode. "Le Seigneur déclare qu'il châtie l'iniquité des pères sur les enfants." Est-il impartial ? "Oui", répond Pierre. "Dieu ne fait acception de personne." " Non, » disent les Romains, « car Dieu aimait Jacob et détestait Ésaü avant leur naissance, afin que son dessein d' *élection* soit valable. » Est-il véridique ? « Oui ; Il est impossible à Dieu de mentir », dit Hébreux. « Non », dit Dieu de lui-même dans Ézéchiel. « Moi, le Seigneur, j'ai trompé ce prophète. » Aime-t-il ? « Oui », chante le Psalmiste. est aimant envers tout homme, et sa tendre miséricorde s'étend sur toutes ses œuvres. " dit le Psalmiste. " Sa colère ne dure qu'un clin d'œil. " " Non ", dit Jérémie. " Vous avez allumé dans sa colère un feu qui brûlera pour toujours . " Incapable de découvrir quoi que ce soit de fiable sur Dieu, douteux que qu'il soit juste ou injuste, partial ou impartial, vrai ou faux, aimant ou féroce, plaçable ou implacable, nous arrivons à la conclusion qu'en tout état de cause nous ferions mieux d'être amis avec lui, et sûrement le livre qui nous révèle sa volonté le fera. dites-nous au moins de quelle manière il désire que nous l'approchions. Accepte-t-il le sacrifice ? « Oui », dit la Genèse : « Noé a sacrifié et Dieu a senti une douce odeur ; » et Samuel nous raconte comment Dieu s'est laissé convaincre d'enlever un famine par le sacrifice de sept hommes pendus devant l'Éternel. Dans notre peur, nous aspirons à lui échapper complètement et nous nous demandons si cela est possible ? "Oui", dit Genesis. "Adam et sa femme se sont cachés dans les arbres, et il a dû descendre de son ciel pour voir si certaines mauvaises actions lui étaient correctement rapportées." "Non", dit Salomon. "Vous ne pouvez pas vous cacher de Lui, car Ses yeux sont partout." Nous abandonnons donc, désespérés, tout espoir de découvrir quoi que ce soit de fiable à son sujet et nous nous mettons à la recherche d'une histoire digne de confiance. Nous essayons de découvrir comment l'homme a été créé. Un récit nous dit qu'il fut fait mâle et femelle, même à l'image de Dieu lui-même ; une autre que Dieu a fait l'homme seul, et lui a ensuite formé une femme avec une de ses propres côtes. Ensuite, nous trouvons dans un chapitre que les bêtes ont toutes été créées et, enfin, que Dieu a créé « son chef- d'œuvre, l'homme ». Dans un autre chapitre, on nous dit que Dieu, ayant créé l'homme, n'a pas pensé qu'il était bon de le laisser seul, et a ensuite créé toutes les bêtes et tous les oiseaux, disant qu'il ferait d'Adam une aide pour lui ; Cependant, après les avoir amenés à Adam, aucun ne fut trouvé digne de s'accoupler avec lui, c'est pourquoi la femme fut essayée comme dernière expérience. En poursuivant notre lecture, nous trouvons des signes évidents de confusion ; des récits doubles, voire triples, d'un même incident, comme, par exemple, le refus d'épouse et ses conséquences. Ensuite, nous voyons Moïse craignant la colère de Pharaon et s'enfuyant d'Égypte pour éviter la colère du roi, et n'osant revenir qu'après sa mort. Nous sommes donc surpris d'apprendre des Hébreux qu'il a abandonné l'Égypte par la foi, *sans craindre* la colère du roi. roi. Ensuite, nous rencontrons d'innombrables contradictions dans les Rois et les Chroniques, dans les prophéties et dans l'histoire. Ezéchiel prophétise que Nabuchodonosor conquérirait Tyrus , le détruirait et *s'emparerait de toutes ses richesses* ; et quelques chapitres plus tard, il est rapporté qu'il attaqua Tyrus en conséquence , mais qu'il échoua, et que comme il n'avait reçu *aucun salaire* pour cette attaque, il devrait avoir l'Égypte pour son échec. Dans le Nouveau Testament, les contradictions sont infinies ; Joseph, l'époux de Marie, avait deux pères, Jacob et Héli ; Salah est dans la même situation, car bien que fils de Canaan, Arphaxad l'a engendré. Lorsque Jean fut jeté en prison, Jésus *commença* à prêcher, même s'il prêchait et gagnait des disciples alors que Jean était encore en liberté. Jésus envoya les Douze prêcher, leur disant de prendre un bâton, mais leur ordonnant de n'en prendre aucun. Il mange la Pâque avec ses disciples, bien qu'il ait été crucifié avant cette fête. Il avait un titre sur sa croix, mais il est verbalement inspiré de quatre manières différentes. Il s'est levé avec de nombreuses variations de date et d'heure, et est monté le même soir, bien qu'il soit ensuite allé en Galilée et soit resté sur terre pendant quarante jours. Il envoya un message à ses disciples pour qu'ils le rencontrent en Galilée, et pourtant il apparut soudainement parmi eux alors qu'ils étaient assis tranquillement ensemble le même soir à Jérusalem. L'histoire d'Étienne contredit notre Ancien Testament. Lorsque Paul se convertit, ses compagnons entendent une voix, bien qu'un autre récit indique qu'ils n'en entendirent aucune. Après sa conversion, il entre et sort à Jérusalem avec les apôtres, même si, curieusement, il n'en voit aucun, à l'exception de Pierre et de Jacques. Mais on pourrait passer des pages à constater ces incohérences, alors que même l'une d'entre elles détruit la théorie de l'inspiration verbale. De ces contradictions, je soutiens qu'il doit résulter de deux choses : ou bien la Bible n'est pas un livre inspiré, ou bien l'inspiration est compatible avec beaucoup d'erreurs, comme je vais le montrer tout à l'heure.

Je suis tout à fait prêt à admettre que la Bible *est* inspirée, et je pose donc comme premier canon d'inspiration que : « L'inspiration n'empêche pas l'inexactitude ». Je me tourne vers la deuxième classe d' inspirationnistes orthodoxes , qui, tout en admettant que l'inspiration verbale se révèle impossible en raison de nombreuses incohérences triviales, affirment néanmoins que la puissance suprême de Dieu garantit une exactitude substantielle, et que son histoire et sa science sont parfaitement vraies et doivent être fiables. sur. Pour tester cette affirmation, après avoir noté que l'histoire de la Bible est, comme nous l'avons remarqué plus haut, continuellement contradictoire, nous nous tournons vers d'autres histoires et comparons la Bible avec elles. Nous remarquons tout d'abord que de nombreux événements bibliques importants sont totalement ignorés par les historiens « profanes ». Nous sommes surpris de voir que si la captivité babylonienne a laissé sur Israël des marques clairement visibles, l'Égypte n'a laissé aucune trace sur les noms ou les coutumes d'Israël, et Israël aucune trace sur les monuments égyptiens. La doctrine des anges ne vient pas du ciel, mais se glisse dans la théologie juive depuis la théologie persane ; tandis que l'immortalité n'est mise en lumière ni par le prophète hébreu ni par l'Évangile de Jésus, mais par le peuple parmi lequel les Juifs résidaient pendant la captivité babylonienne . Les Écritures juives qui précèdent la captivité ne connaissent rien au-delà de la tombe ; les Écritures juives après la captivité rayonnent de la lumière d'une vie à venir ; à cela Jésus n'ajoute rien de joie ou d'espérance. La doctrine centrale du christianisme – la Divinité de Jésus – n'est rien d'autre qu'une répétition d'une idée de la philosophie grecque empruntée aux premiers écrivains chrétiens et se retrouve chez Platon et Philon aussi clairement que dans le quatrième Évangile. La science contredit la Bible autant que l'histoire ; la géologie se moque de ses minuscules périodes de création ; l'astronomie détruit ses cieux et se demande pourquoi ce petit monde a mis une semaine à se construire, tandis que le soleil, la lune et les innombrables étoiles ont été rapidement détruits en douze heures ; l'histoire naturelle se demande pourquoi les kangourous ne sont pas restés en Asie après le déluge, au lieu d'entreprendre le long voyage maritime jusqu'à l'Australie lointaine, et demande comment les Mexicains, les Péruviens et d'autres ont traversé le vaste océan pour s'établir en Amérique ; l'archéologie présente ses ossements humains provenant d'anciennes grottes et se demande comment ils sont arrivés là, si seulement six mille ans se sont écoulés depuis qu'Adam et Ève se sont tenus seuls en Éden, contemplant la terre inhabitée ; les Pyramides montrent clairement le type nègre et demandent comment il se fait qu'il se soit développé si rapidement au début et qu'il soit resté stationnaire depuis. Finalement, la science se lasse de tuer un ennemi aussi chétif et continue son chemin avec un sourire sur son grand visage immobile, laissant la Bible enseigner sa science à qui elle veut. Des preuves si lourdes écrasent toute vie de cette seconde théorie de l'inspiration et nous donnent une seconde règle pour nous guider dans notre recherche : « L'inspiration n'empêche pas l'ignorance et l'erreur. » Nous pouvons passer à la troisième classe d' inspirationnistes , ceux qui croient que la Bible n'est pas donnée à l'homme pour lui apprendre ni l'histoire ni la science, mais seulement pour lui révéler ce qu'il n'a pu découvrir par l'usage de ses facultés naturelles . g. les devoirs de la moralité et la nature de Dieu. Je dois noter ici la subtilité de cette retraite. Poussés par des faits inexorables pour permettre à la Bible d'être faillible dans tout ce qui permet de tester ses affirmations, ils, par un mouvement stratégique astucieux, déplacent leur défense vers un poste plus difficile à attaquer. Ils soutiennent que la Bible est infaillible sur les points où aucune canonnade de faits ne peut s'appliquer à elle. Qu'est-ce que cela sinon dire que, bien que nous puissions prouver que la Bible est faillible sur tous les points susceptibles d'être prouvés, nous devons toujours croire aveuglément qu'elle est infaillible là où l'erreur démontrée est, de par la nature du cas, impossible ? En ce qui concerne la nature de Dieu, nous avons déjà vu que la Bible lui attribue indifféremment la vertu et le vice. Nous nous tournons vers la moralité, et c'est ici que se présente notre première grande difficulté, car lorsque nous désignons une chose et disons : « qui est profondément immorale », nos adversaires rétorquent : « c'est parfaitement moral ». Seuls les progrès de l'humanité peuvent prouver lequel d'entre nous a raison, même si ici aussi nous avons un grand fait en notre faveur, c'est la conscience de l'homme ; Déjà, les hommes préféreraient mourir plutôt que d'imiter les actions des saints de l'Ancien Testament qui faisaient ce qui était « juste aux yeux de Jéhovah » ; et bientôt ils auront l'audace de rejeter en paroles ce qu'ils rejettent déjà en actes. Rares sont ceux qui remettraient gratuitement la Bible entre les mains d'un enfant, pas plus qu'ils ne donneraient gratuitement aux jeunes les éditions non purgées de Swift et Sterne ; et j'imagine que les parents les plus pieux verraient à peine avec un plaisir sans mélange leur fils et leur fille de quinze et seize ans étudier ensemble les histoires et les lois du Pentateuque. Mais en prenant la Bible comme règle de vie, devons-nous copier ses saints et ses lois ? Par exemple, est-il juste pour un homme d'épouser sa demi-sœur, comme le fit le grand ancêtre des Juifs, Abraham, l'ami de Dieu ? être la source de leur race. Le mensonge des sages-femmes égyptiennes est-il vrai, parce que Jéhovah les a bénies pour cela, tout comme Jaël est déclaré béni par Déborah, la prophétesse, pour sa trahison et son meurtre maudits ? Le vol des Égyptiens est-il juste, parce qu'il a été ordonné par Jéhovah ? Les vieilles lois cruelles de la sorcellerie sont-elles vraies, parce que Jéhovah a condamné la sorcière à mort ? Les épreuves du Moyen Âge sont-elles correctes, parce qu'elles dérivent des lois de Jéhovah ? Le sacrifice humain est-il juste, parce que tenté par Abraham, ordonné par Moïse, pratiqué par Jephté, efficace pour détourner la colère de Dieu lorsque les sept fils de Saül furent offerts ? Le meurtre est-il juste parce que Phinéas a opéré l'expiation grâce à lui et que Moïse a envoyé ses meurtriers dans tout le camp pour arrêter la colère de Dieu en tuant leurs frères ? Est-il juste que les femmes captives soient la proie des conquérants, parce que les Juifs ont reçu l'ordre de Jéhovah de sauver en vie les vierges et de les garder pour eux, à l'exception des soixante-quatre qui lui étaient réservées ? L'homme selon le cœur de Dieu est-il un modèle digne d'être imité ? Le mensonge et le massacre de Jéhu sont-ils justes, parce que justes aux yeux de Jéhovah ? Le mariage d'Osée est-il louable, parce qu'il est ordonné par Jéhovah ? ou les signes de Jérémie et d'Ézéchiel sont-ils moins enfantins et indécents parce qu'ils sont préfacés par « ainsi dit Jéhovah ? Loin de moi l'idée de porter atteinte à la glorieuse moralité de portions de la Bible ; mais si le livre tout entier est inspiré et infaillible dans son enseignement moral, alors, bien sûr, une leçon morale est aussi importante qu'une autre, et nous n'avons pas le droit de choisir là où l'ensemble est divin. La partie la plus dure de la moralité de l'Ancien Testament a laissé sa marque dans le monde et peut être retracée à travers l'histoire par les gémissements d'hommes et de femmes souffrants, par les sorcières brûlées et les ennemis torturés du Seigneur, par les villes en flammes et les champs tachés de sang. Si le meurtre et le viol, la trahison et les mensonges, le vol et la violence étaient commandés il y a longtemps par Dieu Tout-Puissant ; si les choses sont bonnes et mauvaises uniquement en vertu de son commandement, alors qui peut dire qu'elles ne seront peut-être plus bonnes une fois de plus, lorsqu'elles sont utilisées dans la cause de l'Église, et comment pouvons-nous savoir que Moïse parle au nom de Dieu lorsqu'il commande eux, et Torquemada seulement dans le sien ? Mais même les chrétiens commencent à avoir honte de certains des exploits des « saints de l'Ancien Testament » et à essayer d'en expliquer certains des traits les plus durs ; nous entendons même parfois un méchant murmure sur la « lumière imparfaite », etc. Bonté divine! quel blasphème ! La lumière imparfaite ne peut signifier rien de moins que Dieu imparfait, s'il est responsable de la moralité de ces écrits.

Ainsi, de notre étude de la Bible, nous déduisons un autre canon par lequel nous pouvons juger de l'inspiration :

"L'inspiration n'empêche pas l'erreur morale." Il existe une quatrième classe d' inspirateurs , la dernière qui s'accroche aux pans de l'orthodoxie, qui s'efforce toujours de poser un pied sur les rochers de la science, tandis qu'elle balance l'autre sur les sables mouvants du surnaturalisme orthodoxe. L'école de la Broad Church s'éloigne ici d'un grand pas de l'orthodoxie, en admettant que l'inspiration de la Bible ne diffère qu'en degré et non en nature de l'inspiration commune à toute l'humanité. Ils reconnaissent le fait important que l'Esprit inspirant de Dieu est la source d'où découlent toutes les bonnes et nobles actions, et ils soulignent que la Bible elle-même renvoie tout bien et toute connaissance à cet Esprit unique, et qu'Il insuffle l'habileté mécanique à Bezaleel et Aholiab , force dans les bras de Samson, sagesse dans Salomon, autant qu'il insuffle l' extase du prophète à Isaïe, la foi à Paul et l'amour à Jean. Ils reconnaissent les vieilles légendes comme authentiques, mais soutiennent avec autant de fermeté qu'il a parlé à Newton par la chute d'une pomme, qu'il a parlé autrefois à Élie par le feu, ou aux mages par une étoile. Cette école essaie d'éliminer les difficultés morales de l'Ancien Testament en considérant l'histoire qui y est enregistrée comme une histoire spécialement destinée à dévoiler l'œuvre de Dieu à travers toute l'histoire, et ainsi à révéler progressivement Dieu à mesure qu'Il se fait connaître au monde. ; Ainsi, les parties les plus grossières sont considérées comme entièrement attribuables à l'ignorance des hommes, et ils se réjouissent de voir la lumière divine percer lentement les nuages épais de l'erreur et des préjugés humains, et de retracer dans la Bible l'évolution progressive d'une foi plus noble et d'une religion plus noble. une morale plus pure. Ils considèrent les miracles de Jésus comme une manifestation du fait que Dieu est sous-jacent à la nature et y œuvre toujours : ils croient que Dieu s'est manifesté spécialement dans l'histoire juive, afin que les hommes puissent comprendre qu'il préside toutes les nations et règne sur tous les peuples. Pour Maurice, la Bible est l'explication de tous les problèmes de la terre, le révélateur de Dieu, le Pain de Vie. Il y a, dans l'ensemble, peu de choses à opposer à la vision de l'inspiration de la Broad Church, même si les penseurs libéraux regrettent que, en tant que parti, ils s'arrêtent à mi-chemin et soient encore entravés par les chaînes à moitié brisées de l'orthodoxie. Par exemple, ils considèrent généralement la révélation directe de la moralité comme close par Jésus et ses disciples immédiats, bien qu'ils admettent que Dieu n'a pas abandonné son monde ni confiné son inspiration dans les couvertures d'un livre. Pour eux, cependant, la Bible reste *le* livre inspiré, distinct de tous les autres livres sacrés. De leurs vues sur l'inspiration, qui contiennent tant de vérités, nous déduisons une quatrième règle :

"L'inspiration ne se limite pas aux mots écrits sur Dieu." A partir d'une critique du livre, que les chrétiens orthodoxes considèrent comme spécialement inspiré, nous avons alors acquis une idée de ce que l'inspiration ne fait *pas* . Cela n'empêche pas l'inexactitude, l'ignorance, l'erreur et ne se limite pas à un livre écrit. L'inspiration ne peut donc pas exercer une influence écrasante, écrasant les facultés humaines et entraînant son sujet dans un flot auquel il ne peut ni diriger ni résister. C'est une respiration – douce et progressive – de pensées pures dans des cœurs impurs, de pensées tendres dans des cœurs féroces, de pensées indulgentes dans des cœurs vengeurs. David rappelle son fils banni et il apprend que « de même qu'un père a pitié de ses enfants, ainsi l'Éternel est miséricordieux envers ceux qui le craignent ». Paul se souhaite maudit si cela peut sauver ses frères, et de son propre amour dévoué, il apprend que « Dieu veut que tous les hommes soient sauvés et parviennent à la connaissance de la vérité ». Ainsi l'inspiration est insufflée dans le cœur de l'homme. « J'aime et je pardonne, si faible que je sois ; quelle doit être la profondeur de l'amour et du pardon de Dieu ? La vengeance farouche de David trouve un écho dans ses écrits ; car c'est l'homme qui écrit, et non Dieu : il défigure Dieu en lui attribuant les passions qui ne surgissent que dans son propre cœur brûlant d'Orient : alors, alors que l'Esprit le pousse au pardon, son chant est de miséricorde ; car il sent que son Créateur doit être meilleur que lui. Cette partie de la Bible est inspirée, je ne le nie pas, dans le sens où toutes les bonnes pensées sont le résultat de l'inspiration, mais ce n'est que lorsque nous partageons l'inspiration de la Bible que nous pouvons distinguer entre ce qui est noble et ce qui est vil, entre ce qui est noble et ce qui est vil. éternel et ce qui passe rapidement. Mais comme nous ne nous attendons pas à trouver que l'inspiration, de nos jours, protège les hommes de beaucoup d'erreurs, tant en paroles qu'en actes, de même nous ne devrions pas nous attendre à trouver qu'il en soit autrement dans le passé ; il ne faut pas non plus s'étonner que l'homme qui parlait de Dieu comme montrant sa tendre paternité en punissant et en corrigeant, ait pu sombrer dans de dures pensées à propos de ce Père aimant au point de dire que c'était une chose effrayante de tomber entre ses mains. Ces contradictions nous rencontrent chez tout homme ; ce sont les moments les plus élevés et les plus bas de l'âme humaine. Ce n'est que si nous sommes inspirés à l'amour et à la patience dans notre conduite envers les hommes que nos paroles seront inspirées lorsque nous parlerons de Dieu.

Ayant ainsi vu ce que l'inspiration ne fait pas, il faut jeter un coup d'œil à ce qu'elle est réellement. Il est peut-être naturel que nous, rejetant, comme nous le faisons, avec une certaine véhémence, l'idée de révélation surnaturelle, soyons souvent accusés de nier toute révélation et de ne pas croire toute inspiration. Mais même si nous ne sommes pas athées, même si nous nions la Divinité de Jésus, nous ne sommes pas non plus incroyants en l'inspiration parce que nous refusons de plier le cou sous le joug d'une Bible inspirée. Car nous croyons en un Dieu trop puissant et trop universel pour être enveloppé dans des langes ou enterré dans une grotte, et nous croyons en une inspiration trop puissante et trop universelle pour appartenir à une seule nation et à une seule époque. De même que l'air est aussi libre et rafraîchissant pour nous qu'il l'était pour Isaïe, pour Jésus ou pour Paul, de même l'air spirituel de l'Esprit de Dieu respire si doucement et de manière aussi rafraîchissante sur nos fronts que sur les leurs. Nous avons autant d'yeux pour voir et d'oreilles pour entendre qu'en Judée il y a longtemps. "Si Dieu est omniprésent et omniactif , cette inspiration n'est pas un miracle, mais un mode régulier d'action de Dieu sur l'Esprit conscient, comme la gravitation sur la matière inconsciente. Ce n'est pas une rare condescendance de Dieu, mais une élévation universelle de l'homme. Pour obtenir un connaissance du devoir, un homme n'est pas renvoyé hors de lui-même vers des documents anciens pour la seule règle de foi et de pratique ; la Parole est très proche de lui, même dans son cœur, et par cette parole il doit éprouver tous les documents quels qu'ils soient. .. La sagesse, la justice et l'amour sont l'Esprit de Dieu dans l'âme de l'homme ; où qu'ils se trouvent, et juste en proportion de leur puissance, il y a l'inspiration de Dieu... L'inspiration est la venue de Dieu. à l'âme, sous la forme de la Vérité par la Raison, du Droit par la Conscience, de l'Amour et de la Foi par les Affections et l'Élément Religieux... Un homme serait considéré comme fou s'il réclamait une inspiration miraculeuse pour Newton, comme ce sont eux qui l'ont nié dans le cas de Moïse. Mais aucun homme franc ne doutera que, humainement parlant, il était une chose plus difficile d'écrire les Principia que d'écrire le Décalogue. L'homme doit avoir une nature des plus tristement anormales si, sans aide, il est capable d'accomplir tous les triomphes de la science moderne, et pourtant il ne peut découvrir les principes les plus clairs et les plus importants de la religion et de la morale sans une inspiration miraculeuse ; et encore plus si, étant capable de découvrir par l'aide naturelle de Dieu ces principes principaux et les plus importants, il a besoin d'une inspiration miraculeuse pour révéler des détails mineurs. "* Ainsi nous croyons que l'inspiration de Dieu est le droit de naissance de l'humanité, et d'être un héritier de Dieu, il suffit d'être fils de l'homme. Les trésors de la Terre sont très précieux et difficiles à conquérir, mais les bénédictions de Dieu sont, comme la pluie et le soleil, déversées sur tout le monde.

" C'est seulement le ciel qui est donné ;

C'est seulement Dieu que l'on peut demander ;

Aucun prix n'est fixé sur l'été somptueux ;

Le mois de juin peut être réservé au plus pauvre. »

Théodore Parker.

Si l'inspiration était effectivement celle que pensent les chrétiens orthodoxes, nous devrions sûrement être capables de distinguer ses paroles de celles des non-inspirés. Si l'inspiration se limite à la Bible chrétienne, comment se fait-il que les pensées inspirées aient été, dans de nombreux cas, exprimées au monde des centaines d'années avant de tomber des lèvres d'un Juif inspiré ? Il semble que ce soit une intervention miraculeuse quelque peu déplacée de la part d'un homme qui soit inspiré surnaturellement pour informer le monde d'une vérité morale qui était bien connue depuis des centaines d'années d'une grande partie de la race humaine. Ou est-ce qu'une grande vérité morale porte en elle si peu de preuves de sa naissance royale, qu'elle ne peut être acceptée comme dirigeant de droit divin sur les hommes jusqu'à ce que sa proclamation soit signée par quelque messager dûment accrédité du Très-Haut ? Alors, en effet, Dieu doit être « plus reconnaissable par les sens que par l'âme » ; et alors "l'œil ou l'oreille perçoivent la Divinité plus véritablement et plus rapidement que l'Esprit qui est sorti de Lui."* Paul était-il inspiré lorsqu'il souhaitait être maudit à cause de ses frères, mais Kwan-yin n'était pas inspiré lorsqu'elle disait : « Jamais je ne chercherai ni ne recevrai le salut individuel ; je n'entrerai jamais seul dans la paix finale ? Si Jésus et les prophètes étaient inspirés lorsqu'ils plaçaient la miséricorde au-dessus du sacrifice, Manu n'était-il pas inspiré en disant qu'un homme « tombera très bas s'il accomplit uniquement des actes cérémoniels et ne s'acquitte pas de ses devoirs moraux » ? Jésus a-t-il été inspiré lorsqu'il a enseigné que toute la loi était comprise dans un seul dicton, à savoir : « Tu aimeras ton prochain comme toi-même ? et pourtant Confucius n'était pas inspiré lorsqu'il répondait à la question : « Quel mot pourrait servir de règle à toute une vie ? il a dit : « Réciprocité : ce que vous ne souhaitez pas qu'on vous fasse, ne le faites pas aux autres. » Ou prenez le Talmud et étudiez-le, puis jugez de quelle source non inspirée Jésus a tiré une grande partie de son enseignement le plus élevé. "Quiconque regarde la femme d'autrui avec un œil lubrique est considéré comme s'il avait commis un adultère." - (Kalah .) " Avec quelle mesure nous mesurons , nous serons mesurés à nouveau. " - (Johanan .) " Ce que tu tu ne voudrais pas qu'on le fasse à toi-même, ne le fais pas aux autres ; telle est la loi fondamentale. propre." — (Tarphon .) " Imitez Dieu dans sa bonté. Soyez envers vos semblables comme il l'est envers la création entière ; ". Toute la parabole des maisons bâties sur le roc et sur le sable est tirée du Talmud, et de telles citations pourraient être indéfiniment multipliées. Que prouvent-ils tous ? Qu'il n'y a aucune inspiration dans la Bible ? en aucun cas. Mais cette inspiration ne se limite certainement pas à la Bible, mais se répand dans le monde entier ; cela, dans tous les « livres sacrés

», est le résultat d'esprits inspirés à leur plus haut niveau, bien que nous trouvions les mêmes livres contenant des pensées grossières et basses. Nous devrions toujours nous rappeler que, bien que la Bible soit pour nous une révélation plus spécialement des nations occidentales que les Védas et le Zend-Avesta, elle ne l'est que parce qu'elle est mieux adaptée à nos modes de pensée et parce qu'elle a... été l'un des agents de notre éducation.

WR Greg.

Le respect avec lequel nous pouvons considérer la Bible comme liée à de nombreux souvenirs sacrés et comme l'enseignant choisi par nombre de nos plus grands esprits et de nos caractères les plus purs, est à juste titre dirigé dans les autres nations vers leurs propres livres sacrés. Les livres sont vraiment tous au même niveau, avec beaucoup de bon et beaucoup de mauvais en eux ; mais de même que les Hébreux furent inspirés pour proclamer aux Hébreux que « le Seigneur ton Dieu est un seul Seigneur », de même les Hindous furent inspirés pour proclamer aux Hindous : « Il n'y a qu'une seule Divinité, la grande Âme ». Soit tous sont inspirés, soit aucun ne l'est. Ils sont sur le même pied. Et nous nous réjouissons de croire qu'un seul Esprit souffle en tous et que son inspiration est la nôtre aujourd'hui. "Le Père travaille jusqu'à présent", bien que les hommes imaginent qu'il se repose dans un sabbat éternel. Les orthodoxes nous disent qu'en rejetant la règle de moralité établie pour nous dans la Bible et en nous confiant à cette inspiration du libre Esprit de Dieu, notre foi et notre moralité seront à la fois changeantes et instables. Mais nous ne tenons pas compte de leurs avertissements ; notre foi et notre moralité ne font que changer dans le sens où, à mesure que nous devenons plus saints, plus purs et plus sages, notre conception de Dieu et de la justice s'élèvera et se développera avec notre croissance. C'était un dicton en or de l'un des fils les plus nobles de Dieu selon lequel « personne ne connaît le Père si ce n'est le Fils » : pour connaître Dieu, nous devons lui ressembler, comme nous voyons dans l'enfant la ressemblance du parent. Mais en nous confiant à la direction de l'Esprit de Dieu, nous ne construisons pas la maison de notre foi sur le sable mouvant ; nous vivons plutôt « dans une ville qui a des fondements, dont Dieu est l'architecte et le constructeur ». On chantait autrefois avec sagesse : « Si le Seigneur ne bâtit la maison, leur travail est perdu pour celui qui la bâtit. » Vains sont tous les efforts de coercition sacerdotale ; vains tous les travaux des livres inspirés ; vain le sacrifice total de la raison et de la conscience ; leur travail est perdu lorsqu'ils s'efforcent de construire un temple de la foi humaine, suffisamment solide pour supporter la longue tension du temps ou le tremblement de terre du chagrin. Dieu seul, en guidant patiemment son amour, par l'inspiration directe de son Esprit, peut poser, pierre par pierre et bois par bois, ce tissu inestimable de confiance et d'amour, qui survivra à toutes les attaques et à tous les changements, et qui survivra à toutes les attaques et à tous les changements. demeure dans l'âme humaine aussi longtemps que dure sa propre éternité.

SUR L'ÉDUCATION RELIGIEUSE DES ENFANTS.

À chaque étape de transition de l'histoire du monde, la question de l'éducation apparaît naturellement au premier plan. Beaucoup de choses dépendent des premières impressions de l'enfance, de la première éducation de la pousse tendre, qu'il a toujours été reconnu, de Salomon à Forster, que « former un enfant dans la voie qu'il doit suivre » est l'une des tâches les plus importantes. devoirs des pères et des citoyens. Pour l'individu, pour la famille, pour l'État, l'éducation de la génération montante est une question de première importance. Platon a commencé l'éducation des citoyens de sa République idéale dès l'heure même de leur naissance ; l'enfant allaité était retiré à la mère de peur qu'un traitement peu judicieux ne gâche, le moins du monde, la perfection du futur guerrier. Sur ce point, la sagesse moderne et la sagesse ancienne se donnent la main et placent l'éducation de l'enfant parmi les devoirs les plus importants de l'État. La bataille qui fait actuellement rage entre les partisans de l'éducation « laïque » et « religieuse » – pour reprendre le langage courant du jour – est une reconnaissance des plus naturelles et des plus justes des vastes intérêts en jeu lorsque l'Église ou l'État revendique le droit de former les fils. et filles d'Angleterre. Personne n'a encore tenté d'expliquer pourquoi il devrait être « irréligieux » d'enseigner l'écriture, l'histoire ou la géographie ; ou pourquoi il faudrait « détruire l'âme d'un enfant » pour améliorer ses facultés mentales. C'est l'un des "mystères" de la foi, pourquoi il vaut mieux pour nos pauvres les laisser grandir dans l'obscurité morale et intellectuelle, que de dissiper l'obscurité intellectuelle par quelques rayons de connaissance et de quitter l'obscurité morale. formation à d'autres mains. Si nous laissions mourir un homme affamé parce que nous ne pouvions lui donner que du pain et que nous ne pouvions pas nous permettre d'acheter du fromage en plus, tous s'uniraient pour déclamer notre folie : mais les gens « religieux » préféreraient que nos Arabes des rues grandissent à la fois païens et brutes, que nous devrions améliorer leur esprit sans christianiser leur âme. Mieux vaut laisser un garçon devenir voleur et ivrogne, plutôt que de le transformer en artisan et libre penseur. Il ne peut guère y avoir de meilleure preuve du caractère déraisonnable de la doctrine chrétienne que la crainte chrétienne d'aiguiser les facultés mentales, sans les enchaîner, en même temps, dans les chaînes du dogme. Seule une religion fondée sur la raison peut oser entraîner au maximum l'esprit des enfants, puis les laisser libres d'utiliser toute la puissance et l'acuité acquises par cet entraînement pour l'investigation de toute doctrine religieuse qui leur est présentée. Nous, qui avons écrit Tekel sur la foi chrétienne, partageons l'opinion du clergé chrétien, selon laquelle la raison charnelle de l'homme est un terrible ennemi de la révélation chrétienne ; mais ici nous commençons à différer d'eux, car tandis qu'ils considèrent cette raison comme une enfant du diable, à fouetter et à enchaîner, nous lui rendons hommage comme à la plus belle progéniture de l'Esprit Divin, le plus brillant reflet terrestre de Son la gloire et l'image la plus proche de sa « personne » ; nous le chéririons, le soignerions, le nourririons, comme le don le plus noble de notre Père à l'humanité, comme notre guide le plus sûr et notre meilleur conseiller, comme l'oreille qui entend sa voix et l'œil qui le voit, comme l'arme la plus tranchante contre la superstition, le arbitre ultime sur terre entre le bien et le mal. Pour nous donc, l'éducation se situe du côté de Dieu ; nous l'accueillons librement et avec joie, car toute vérité, toute lumière, toute connaissance sont les ennemis du mensonge, des ténèbres, de l'ignorance. Si nous confondons l'erreur avec la vérité, une lumière plus brillante nous redressera, et nous souhaitons seulement apprendre la vérité, pas avoir raison.

La plupart des penseurs libéraux s'accordent à reconnaître que les devoirs de l'État en matière d'éducation doivent, par la nature des choses, être purement « laïcs », c'est-à-dire que, même si l'État insiste pour que le futur citoyen soit instruit au moins les éléments d'apprentissage, de manière à le préparer à remplir les devoirs de cette citoyenneté, il n'a pas le droit d'insister pour imprimer dans l'esprit de son élève un ensemble de dogmes religieux ou une forme de croyance religieuse. L'abdication par l'État du prétendu droit d'imposer à ses citoyens une forme particulière de religion n'est pas du tout identique à l'opposition de l'État à l'enseignement religieux ; C'est simplement un développement de la très sage maxime du grand enseignant juif, de rendre les choses de César à César et les choses de Dieu à Dieu. Enseigner la lecture, l'écriture, l'honnêteté, le respect des lois, voilà les devoirs de César ; enseigner un dogme, un credo ou un article religieux est entièrement du ressort des enseignants qui prétendent détenir la vérité de Dieu.

Mais mon objectif n'est pas maintenant de tracer une ligne de démarcation entre les devoirs de l'Église et de l'État, de l'école et du foyer ; je ne souhaite pas non plus entrer sur la liste des controverses sectaires, briser la lance en faveur d'un nouveau dogme religieux. La question est plutôt celle-ci : « Quelles sont les limites de l'éducation religieuse qu'il est sage d'imposer aux jeunes ? Un enseignement dogmatique doit-il faire partie de leur formation morale, et le dogmatisme contre lequel nous nous sommes rebellés doit-il être ravivé ? sous une forme nouvelle ? Les chaînes que nous brisons pour nous-mêmes seront-elles à nouveau soudées pour les jeunes membres de nos enfants ? Doivent-ils être nourris des enveloppes qui ont affamé nos propres aspirations religieuses et que nous avons analysées ? rejetés comme inaptes à soutenir notre vigueur morale et mentale ? D'un autre côté, nos enfants doivent-ils grandir sans aucun enseignement religieux, sans un rayon de soleil qui est pour la plupart d'entre nous la source même de notre joie et de notre joie ? renouvellement de nos forces ? »

Je pense que la meilleure façon de trancher cette question est de remarquer le développement progressif du corps et de l'esprit de l'enfant. Les indications de la nature sont un guide sûr, et nous ne pouvons pas nous tromper beaucoup en suivant ses indications. Je suis maintenant sur un terrain familier aux mères, même si peut-être peu d'hommes ont observé de jeunes enfants avec suffisamment d'attention pour pouvoir constater leur développement progressif. Les premiers instincts d'un bébé sont purement personnels : le « non-je » est pour lui inexistant : nourriture, chaleur, propreté, composent tous ses besoins et tous nos devoirs envers lui. L'étape suivante est celle où l'enfant prend conscience de l'existence de quelque chose en dehors de lui : lorsque, vaguement et indistinctement, mais pourtant décidément, il montre des signes d'observation des choses qui l'entourent : pour cultiver l'observation, pour attirer l'attention, pour le guider lentement vers distinguer un objet d'un autre, sont les prochaines étapes de son éducation. L'enfant réussit bientôt à distinguer les formes et apprend à associer différents sons à différentes formes : on lui apprend également à éviter certaines choses et à jouer avec d'autres : il s'éveille à la connaissance que si certains objets donnent du plaisir, d'autres donnent de la douleur : jusqu'à présent au fur et à mesure des choses matérielles, il apprend à choisir le bien et à éviter le mal. Ce pouvoir ne s'acquiert que par l'expérience, et ne s'acquiert donc que graduellement, et après un certain temps, à côté de lui, se déroule une autre leçon ; lentement et progressivement, apparaît une appréciation naissante du « bien » et du « mal ». Cette appréciation n'est cependant pas à première vue une appréciation du bien ou du mal intrinsèque d'une action donnée ; c'est simplement une reconnaissance de la part de l'enfant que certains de ses actes rencontrent l'approbation, d'autres la désapprobation de ses aînés. Le standard de ses aînés est incontestablement accepté par l'enfant. Le sens moral s'éveille, mais il est entièrement guidé dans ses premiers efforts par la main du maître de l'enfant, aussi complètement que les premiers efforts pour marcher sont dirigés par la mère. Il arrive ainsi que la conscience de l'enfant n'est que le reflet de la conscience de ses parents ou tuteurs : « bien » et « mal » dans le vocabulaire d'un enfant sont, dans les premiers stades, équivalents à « récompense » et « punition » ; sa dernière cour d'appel en matière de moralité est le jugement du parent.*

*Le sens moral se manifeste cependant chez les très jeunes

les enfants, sous une forme plus élevée que celle-ci ; car nous pouvons souvent

observer chez un jeune enfant un sentiment instinctif de honte

avoir mal fait. Mais le sens moral est éveillé et

éduqué par l'approbation et la désapprobation des parents. Ceci peut

être prouvé, je pense, par le fait qu'un enfant élevé

parmi les voleurs et les méchants, ils accepteront leur moralité comme

une évidence, et volera et mentira habituellement,

sans attacher à aucun des deux actes aucune idée de mal. Le moral

le sens est inhérent à l'homme, et n'est en aucun cas donné par le

parent; mais je pense qu'il est d'abord suscité et mis en

action du parent ; le parent habitue l'enfant à

considérer certaines actions comme bonnes et mauvaises ; cela fait appel à

le sens moral chez l'enfant, et l'enfant est très rapidement

honte du mal, du mal, et pas simplement par peur du mal.

Châtiment. Je serais compris comme signifiant, dans le texte, que

le désir de récompense est la première réponse de l'enfant à

l'idée d'une distinction inhérente entre les différents

Actions; ce sentiment se transforme rapidement en véritable moralité

sens, qui considère le bien comme le bien et le mal comme le mal.

J'ajoute cette note à la suggestion d'un ami estimé, qui

craignait que l'on puisse déduire du texte que

le sens moral a été implanté par le parent au lieu de

étant, tel quel, le don de Dieu.

Il n'est peut-être pas exact d'appeler cette force motrice chez l'enfant un sens *moral* ; Pourtant, cette reconnaissance de quelque chose qui est immatériel et intangible, et qui doit encore guider ses actions, est un grand pas en avant par rapport à la simple conscience des objets extérieurs et matériels, et est véritablement l'aube de ce sens moral qui devient chez les hommes et les femmes le test du bien et du mal. Jusqu'à présent, nous avons considéré les facultés croissantes de l'enfant en ce qui concerne le développement physique et moral, et je tiens particulièrement à remarquer que le sens moral apparaît bien avant qu'une quelconque tendance « religieuse » puisse être constatée. Il y a cependant un autre aspect du caractère humain complet qui est très important, mais qui tarde à se manifester chez tout enfant en bonne santé ; Je veux dire ce qu'on peut appeler le sens *spirituel* , par opposition au sens moral ; le sens qui est la grâce suprême de l'humanité, le sens qui appartient entièrement à la partie immortelle de l'homme : les mains tendues de l'esprit humain tâtonnant après l'Esprit éternel ; le désir ardent de cette puissance

omniprésente que les hommes appellent Dieu. Je sais bien que chez beaucoup d'enfants précocement pieux, ce sens spirituel est contraint à une maturité prématurée et malsaine ; au moyen d'une serre spirituelle, le fruit d'été de la piété peut être obtenu au printemps du cœur d'enfant. L'instinct d'imitation de l'enfance reproduit rapidement les sentiments qui l'entourent, et des phrases arrêtées qui suscitent l'admiration coulent avec désinvolture des lèvres des bébés. Mais ce sentiment religieux fortement développé chez un enfant est à la fois contre nature et nuisible, et ne peut jamais, parce qu'il est irréel, produire un effet positif durable. Il n'en est pas moins vrai que, dès le plus jeune âge, et très différent selon les enfants, le « sens spirituel » montre des signes d'éveil ; que les enfants commencent bientôt à s'interroger sur les choses qui les entourent et à poser des questions qui ne peuvent trouver leur vraie réponse qu'au nom de Dieu. Comment répondre à ces questions, comment former ce sentiment croissant sans l'écraser d'une part, et sans le stimuler indûment de l'autre, est une source de profonde anxiété pour de nombreuses mères de nos jours. Ils sont incapables de raconter à leurs enfants les histoires qui satisfaisaient leurs propres envies enfantines : ils ne peuvent plus présenter devant les visages impatients l'image de la crèche de Bethléem, ni obscurcir les yeux brillants avec l'histoire de la croix du Calvaire ; ils ne peuvent plus joindre leurs petites mains en prière à l'enfant de Nazareth, ni faire taire leur langue précipitée en rappelant l'obéissance du fils de la Vierge. Dans une certaine mesure, c'est une perte. Un enfant s'empare vite du béton ; l'idée de l'enfant Jésus ou de l'homme Jésus est facilement saisie par l'intellect d'un enfant ; le Dieu de l'Ancien Testament, « l'homme magnifié », est également compris, bien que plus vaguement. Ces conceptions de l'enfance de l'humanité conviennent à l'enfance de l'individu, et il est bien plus difficile pour l'enfant de réaliser l'idée de Dieu lorsqu'il est dépouillé de ces vêtements matérialistes. Pourtant, je parle d'expérience lorsque je dis qu'il n'est en aucun cas impossible d'éduquer un enfant aux sentiments les plus simples et les plus heureux à l'égard de l'Être suprême, sans dégrader le Divin en humain. Par un nom nous pouvons parler de Dieu par lequel Il sera facilement accueilli dans le cœur de l'enfant, et c'est le nom du Père. La plupart des enfants sont très sensibles aux beautés naturelles et sont prompts à observer les oiseaux, les fleurs et le soleil ; Parfois, ils demanderont comment ces choses sont arrivées là, et alors il est bon de leur dire qu'elles sont les œuvres de Dieu. Ainsi, les premières notions de l'enfant sur l'existence d'une Puissance qu'il ne peut ni voir ni sentir lui viendront enveloppées dans les choses. il aime et sera libre de toute suggestion de peur.*
Même ceux qui considèrent Dieu du point de vue du panthéisme peuvent utiliser des objets naturels de manière à entraîner l'enfant à une reconnaissance sans peur et heureuse de l'action constante de l'Esprit de Dieu. Nature, et ainsi protéger le jeune esprit contre ce recul et cette terreur de Dieu que le christianisme populaire est si susceptible d'induire. Le garçon

ou la fille qui grandit avec ne serait-ce que l'habitude de considérer Dieu comme la force motrice calme et puissante des forces de la nature, immuable, infinie, absolument digne de confiance, sera lent à accepter plus tard dans sa vie les conceptions grossières qui incarnent l'esprit créateur. pouvoir dans le sein d'une vierge, et attribuer le caprice, l'injustice et la cruauté au puissant Esprit de l'Univers.

Le recul ordinaire d'un enfant devant l'idée d'un

Une présence qu'il ne peut pas voir, mais qui le voit, ne le fera pas.

être ressenti par les enfants dont les seules idées sur Dieu sont qu'Il

est le Père de la main duquel sortent toutes les belles choses. Dans

toute maison où les pensées des parents sur Dieu sont libres de

doute et méfiance, les pensées des enfants seront les mêmes ;

la religion, à leurs yeux, sera synonyme de

le bonheur, car Dieu et le bien seront des termes convertibles.

Il y a une vérité profonde dans l'idée du panthéisme, selon laquelle « la nature est une apparition de la divinité, Dieu dans un masque » ; que "Il est la lumière du matin, la beauté de midi et la force du soleil. Il est l'Un, le Tout... L'âme de tous ; plus émouvante que le mouvement, plus stable que le repos ; plus belle que la beauté et plus fort que la force. La puissance de la Nature est Dieu... Il est le Tout, la Réalité de tous les phénomènes. L'enfant nourri de cette nourriture n'aura presque rien à désapprendre, même s'il commence à croire que Dieu est quelque chose de plus que la nature ; "le Tout créé est le symbole de Dieu", et il passera facilement et naturellement de la vision de Dieu dans la Nature à Le voir sous une forme supérieure.

Bien sûr, en tant que théiste, j'irais moi-même beaucoup plus loin que cela : je parlerais de toute gloire naturelle comme du reflet de la Divinité, ou comme de la robe dans laquelle il voile sa beauté infinie ; Je devrais dire à mes enfants de se réjouir de tout bonheur comme du don d'un Père qui aime partager sa joie avec ses créatures ; Je dois souligner que la douleur causée par l'ignorance ou la violation des lois naturelles est la manière dont Dieu enseigne aux hommes l'obéissance pour leur propre bien ultime : dans la liberté et la plénitude des dons de la Nature, je devrais leur apprendre à voir l'amour égal de Dieu. pour tous; en soulignant que dans le royaume visible de la nature, aucune fin ne peut être atteinte sans travail et sans utiliser certaines lois, ils devraient apprendre que dans le royaume invisible, ils ne doivent pas s'attendre à trouver du favoritisme , ni penser à partager les fruits de la victoire sans un labeur patient. Pour tous ceux qui croient en un Dieu qui est aussi le Père des esprits, un tel enseignement vient facilement ; comme eux-mêmes n'apprennent Dieu qu'à travers ses œuvres, de même ils apprennent naturellement à leurs enfants à le chercher de la même manière.

Les questions, si familières à toutes les mères : « Dieu peut-il me voir ? « Où est Dieu ? ne peut être satisfait que par la simple affirmation que Dieu voit tout et est partout. Car il y a beaucoup de questions enfantines auxquelles il est plus sage de répondre par des déclarations qui sont au-dessus de la portée de l'esprit enfantin. Ces déclarations peuvent être simplement présentées à l'enfant comme des déclarations qu'il est trop jeune pour remettre en question ou comprendre. Il n'y a rien à gagner à essayer de ramener les sujets spirituels au niveau des capacités d'un enfant ; le temps viendra plus tard où l'enfant devra rencontrer et répondre par lui-même à toutes les grandes questions spirituelles ; le souci des parents devrait être d'éliminer tous les obstacles qui entravent le cheminement de l'enquête de l'enfant, mais non de lui donner des réponses tranchées à toutes les questions possibles ; la religion, pour valoir quelque chose, doit être une affaire personnelle, et chacun doit la découvrir par lui-même ; le parent sage s'efforcera de sauver l'enfant de la douleur du désapprentissage, en ne lui donnant que peu d'enseignement religieux formel ; il ne peut pas mener la bataille pour son enfant, mais il peut empêcher qu'il ne soit paralysé par une armure imaginaire qui l'étoufferait plutôt que de le protéger ; il peut donner quelques grands principes pour le diriger, sans l'alourdir de guides.

Mais même les idées les plus générales sur Dieu ne devraient pas être imposées à un esprit enfantin ; ils devraient venir, pour ainsi dire, par hasard ; ils doivent être présentés en réponse à une demande du cœur de l'enfant ; ils devraient être inculqués par des mots égarés et des remarques passagères ; ils doivent former l'atmosphère qui entoure habituellement l'enfant et ne pas être un « vent de doctrine » soudain. Bien sûr, tout cela est bien plus pénible que d'enseigner à un enfant un catéchisme ou un credo, mais c'est une formation bien plus élevée. Le dogme, *c'est -à-dire* la conviction pétrifiée par l'autorité, devrait être totalement exclu de l'éducation religieuse des enfants ; quelques grandes vérités axiomatiques peuvent être énoncées, mais même dans ces vérités primaires, le dogmatisme doit être évité. Le parent doit toujours veiller à faire apparaître clairement qu'il exprime ses propres convictions, mais qu'il ne les impose pas à l'enfant par son autorité. Dans la mesure où l'enfant est capable de les apprécier, les raisons de sa conviction religieuse doivent être présentées en même temps que la conviction elle-même. Ainsi l'enfant verra, en grandissant, que la religion ne peut s'apprendre par cœur, qu'elle n'est pas enfermée dans un livre, ni contenue dans des croyances ; il comprendra le fait primordial que le libre examen est le seul air dans lequel la vérité puisse respirer ; que la foi d'un homme ne peut pas être imposée à juste titre à un autre, et que chaque âme individuelle a le privilège et la responsabilité de former sa propre religion et doit soit entendre Dieu de ses propres oreilles, soit ne pas l'entendre du tout.

Nous avons remarqué que le sens moral s'éveille avant le religieux (je dois dire ma répugnance pour ces termes, quoique je les emploie par souci de clarté ; mais la morale *est* la religion, bien que la religion soit plus que la morale, et la prétendue religion qui la moralité n'est-elle pas sans valeur et haineuse). Reste alors à considérer ce que nous appellerons le deuxième côté de la religion, bien qu'il soit de loin son côté le plus important. La vraie religion consiste non seulement en sentiments envers Dieu, mais aussi en devoirs envers les hommes : les premiers, aussi nobles et bienheureux qu'ils soient, devraient, dans toute religion saine, céder la place aux seconds ; car un homme moralement bon qui ne croit pas du tout en Dieu est dans un état d'être bien plus élevé que l'homme qui croit en Dieu et qui est égoïste, cruel ou injuste. L'erreur de foi est pardonnable ; l'erreur dans la vie est fatale. L'homme bon verra sûrement Dieu, même si, pendant un certain temps, ses yeux restent retenus ; l'homme méchant, bien qu'il ait la foi la plus noble jamais connue, ne goûtera jamais la joie de Dieu, jusqu'à ce qu'il se détourne du péché et lutte pour la sainteté. La foi d'abord, puis la morale, est le cri de guerre des Églises ; la moralité avant tout, et que la foi suive en temps utile, est le mot d'ordre du théisme ; ainsi, chez nous, la partie principale de la formation religieuse de nos enfants doit être la morale ; le sentiment religieux peut être exagéré ou donner lieu à une auto-illusion ; les discours religieux peuvent être morbides et irréels ; la foi religieuse peut être erronée et doit être imparfaite ; mais la morale est un rocher qui ne peut jamais être ébranlé, un guide qui ne peut jamais induire en erreur. Que nous ayons raison ou tort dans notre croyance à propos de Dieu, que nous soyons des esprits immortels ou des organisations périssables, la pureté est plus noble que le vice, le courage que la lâcheté, la vérité que le mensonge, l'amour que la haine. Apprenons donc avant tout la moralité à nos enfants. Apprenons-leur à aimer le bien pour lui-même, sans pensée de récompense, et ils resteront bons, même si, dans l'au-delà, ils le devraient, hélas ! perdez tout espoir d'immortalité et toute foi en Dieu. L'instinct naturel d'un enfant va vers le bien ; une histoire d'héroïsme, de sacrifice de soi , de générosité, fera monter le sang avide au visage d'un enfant et éveillera une réponse rapide et un désir d'émulation. Il est donc bon de remettre entre les mains des enfants des récits d'actes nobles d'autrefois. Rien n'est plus facile que d'entraîner un enfant à ressentir le désir d'être bon pour le plaisir de l'être. Il y a quelque chose de si attrayant dans la bonté, que j'ai trouvé plus efficace de présenter aux yeux de l'enfant la noblesse du courage et du altruisme, que de descendre au châtiment des fautes correspondantes. Si un enfant a l'habitude de considérer tout mal comme quelque chose de bas et de dégradant, il recule rapidement ; toutes les mères connaissent l'ambition instinctive des enfants d'être quelque chose de supérieur et d'admirable, et cet instinct est très utile pour inculquer la vertu. Plus tard dans la vie, rien ne ruine un jeune homme comme découvrir que la morale et la religion sont souvent divorcées, et que les plus éminents professeurs de religion sont moins délicatement honorables et dignes de confiance que les « hommes du monde » aux idées nobles ; d'autre part, rien n'aura un effet plus bénéfique sur les hommes et les femmes qui entrent dans la vie, que de voir ceux qui sont les plus joyeux dans leur foi en Dieu mener la vie la plus pure et la plus irréprochable. « Faire le bien, être bon » est, comme on l'a bien dit, la règle d'or de la vie ; « faire le bien, être bons » doit être la loi gravée dans le cœur de nos enfants. Quelle que soit « l'éclipse de foi » qui attend l'Angleterre, quelles que soient les ténèbres du scepticisme le plus désespéré , quelle que soit la profondeur du désespoir le plus profond à l'égard de Dieu, il n'y a pas seulement l'espoir, mais la certitude de la résurrection de la religion, si nous tenons tous bon à travers la tempête. à l'ancre de la pure moralité, à l'accomplissement le plus fidèle de tous les devoirs envers l'homme d'amour, de tendresse, de charité et de patience. La moralité n'échoue jamais ; mais, qu'il y ait des dogmes, ils échoueront ; Qu'il y ait des croyances, elles cesseront ; qu'il y ait des églises, elles s'effondreront ; mais la moralité demeurera éternellement et durera aussi longtemps que le cercle sans fin de la Nature tournera autour du Trône éternel.

RELIGION NATURELLE CONTRE RELIGION RÉVÉLÉE.

ON a presque honte de répéter un aphorisme aussi banal que le dicton bien connu selon lequel « l'histoire se répète ». Mais en étudiant le parcours suivi par les partisans de ce qu'on appelle la « religion révélée », en voyant leur mépris de la « pure nature », leur rejet méprisant de l'idée selon laquelle n'importe quel pauvre produit naturel peut entrer en concurrence avec leur article spécial, marqué par le ciel lui-même, je me sens irrésistiblement obligé de jeter un regard en arrière sur la longue perspective de l'histoire, et là, je vois le conflit d'aujourd'hui qui fait rage, féroce et long. Je vois les mêmes rangs serrés de l'orthodoxie rassemblés par des évêques et des prêtres, déployés dans toute la splendeur du droit prescriptif, armés de puissantes armes d'autorité et de foudres d'anathèmes de l'Église. Leur cri de guerre est le même que celui qui résonne aujourd'hui à nos oreilles ; « révélation » est inscrite sur leurs banderoles et « autorité infaillible » est le mot d'ordre de leur camp. L'Église se trouve pour la première fois face à la nature et oppose sa science révélée à la science naturelle. La « simple nature » subit momentanément le pire, et Galilée, le champion de la nature, est cruellement pressé par la « vérité révélée ». J'entends des railleries méprisantes contre sa présomption d'attaquer la science révélée par ses prétendus faits naturels. N'avaient-ils pas le propre récit de Dieu sur sa création, et prétendait-il en savoir plus sur le sujet que Dieu lui-même ? Était-il présent lorsque Dieu a créé le monde, pour parler de manière si positive de sa forme ? Pourrait-il déclarer, de sa propre connaissance personnelle, qu'il a été envoyé à travers l'espace de la manière ridicule dont il a parlé, et pourrait-il, par le témoignage de sa propre vue, déclarer que Dieu s'est trompé lorsqu'il a révélé à l'homme comment Il "a posé les fondations de la terre pour qu'elle ne puisse jamais bouger ? " Mais s'il ne raisonnait qu'à partir du tout petit bout de terre qu'il connaissait, ne parlait-il pas de choses qu'il n'avait pas vues, étant en vain enflé d'orgueil dans son esprit charnel ? Était-il probable, *a priori*, que Dieu permettrait que l'humanité soit trompée pendant des milliers d'années sur un sujet aussi important ; En fait, Dieu lui pardonne ! Il tromperait l'homme lui-même en révélant par l'intermédiaire de ses saints prophètes un récit de sa création qui était totalement faux ; bien plus, continuerait l'illusion siècle après siècle, en accomplissant des miracles pour la soutenir - car quoi d'autre qu'un miracle pourrait rendre les hommes inconscients du fait qu'ils étaient précipités à travers l'espace à une vitesse si effroyable ? Il a sûrement fallu très peu de respect, ou plutôt aucun respect du tout, pour permettre que Dieu le Saint-Esprit, qui a inspiré la Bible, sache mieux que nous comment il a créé le monde. Mais, poursuit le théologien, il doit rappeler à son auditoire que, sous le prétexte spécieux d'enquêter sur la création, cet homme, ce pseudo-scientifique, blasphémait en réalité le Créateur, en contredisant sa parole révélée, et ainsi « faisant de lui un menteur ». ". C'était très bien de parler de sciences *naturelles ;* mais il demanderait à ce spéculateur présomptueux : à quoi bon Dieu nous révélait la science si les facultés naturelles de l'homme étaient suffisantes pour la découvrir par lui-même ? Ils avaient suffisamment de preuves des absurdités de la science dans laquelle la raison, non éclairée par la révélation, avait trahi les hommes dans les siècles passés. L'idée des Hindous , selon laquelle le monde reposait sur un éléphant et l'éléphant sur une tortue, était une triste preuve de l'incapacité de l'intellect naturel le plus aigu de découvrir la vérité scientifique sans l'aide de la révélation. La raison avait sa place et un très noble placeur dans la science ; mais il doit toujours s'incliner devant la révélation, et ne pas prétendre opposer ses piètres suppositions à un « ainsi dit le Seigneur ». Laissons donc la raison poursuivre son chemin avec la croyance et non l'incrédulité pour guide. Que pourrait nous dire la raison, avec tous ses pouvoirs tant vantés, sur la création lointaine du monde ? L'œil n'a pas vu ces choses des siècles passés, mais Dieu nous les a révélées par son Esprit. Une obscurité qui pourrait être ressentie envelopperait l'origine du monde sans la magnifique révélation de Moïse, selon laquelle « en six jours, Dieu créa le ciel et la terre ». Il pourrait insister sur la façon dont nos conceptions de Dieu ont été élargies et élevées, et quelle profonde crainte a rempli le cœur adorateur en contemplant la vérité révélée, que cette terre merveilleuse avec sa beauté variée, et les cieux au-dessus avec leurs innombrables étoiles, ont tous été évoqués. à partir de rien en l'espace d'une petite semaine par le décret créateur du Tout-Puissant. Que pourrait leur apporter cette pseudo-science en échange d'une telle révélation ? Était-il probable, en outre, que Dieu se serait incarné pour le bien d'un monde qui n'était qu'un parmi tant d'autres tournant autour du soleil ? Quelle irrévérence de considérer le théâtre de cet horrible sacrifice comme autre chose que le centre de l'univers, le centre des yeux angéliques, regardant depuis leurs trônes dans le ciel au-dessus ! Galilée pourrait dire que son hérésie n'affecte pas les vérités premières de notre sainte foi ; mais ce n'est là qu'une des évasions naturelles des malfaiteurs — et il est inutile de remarquer que l'erreur intellectuelle est invariablement le fruit de la culpabilité morale — car considérez tout ce que sa théorie implique. L'inspiration de l'Écriture reçoit son coup mortel ; car si elle est faillible sur un point, nous n'avons aucune raison de conclure qu'elle est infaillible sur d'autres. S'il est un fait qui nous est révélé plus clairement qu'un autre dans les Saintes Écritures, c'est bien celui de la fermeté de notre monde, dont on nous dit clairement qu'il « ne peut être ébranlé ». Il nous est clairement révélé que la terre a été créée et solidement fixée sur ses fondations ; qu'alors se forma au-dessus d'elle la vaste voûte du ciel, dans laquelle étaient placées les étoiles, et dans cette voûte fut préparée « la course » du soleil, dont il est question, comme vous vous en souviendrez, dans le Psaume 19, où saint David nous révèle que dans les cieux, Dieu a fait un tabernacle pour le soleil, qui « sort de l'extrémité du ciel et court jusqu'à son extrémité ». Le langage n'a pas de sens précis si cette déclaration inspirée peut être traduite par une affirmation selon laquelle le soleil reste stationnaire et est entouré par une terre en rotation. Cette grande vérité révélée ne peut être contredite par aucune véritable science. Les œuvres de Dieu ne peuvent pas contredire sa parole ; et si, pendant un instant, ils semblent mutuellement inconciliables , nous pouvons être sûrs que notre ignorance en est la cause, et qu'une connaissance plus approfondie éliminera finalement l'apparente incohérence. Mais il est encore plus important d'observer que certaines des doctrines cardinales de l'Église sont attaquées par cet enseignement nouveau. Comment notre bienheureux Rédempteur, après avoir accompli l'œuvre de notre salut, a-t-il pu sortir d'une terre en rotation ? Où est-il allé ? Nord, sud, est ou ouest ? Car, si je comprends bien cette nouvelle hérésie, l'espace au-dessus de nous à un moment donné est au-dessous de nous à un autre moment, et ainsi Jésus pourrait effectivement descendre lors de sa glorieuse Ascension. Où est aussi cette Main Droite de Dieu vers laquelle Il est allé, dans ce nouvel univers sans haut ni bas ? Comment pouvons-nous espérer nous lever et le rencontrer dans les airs à son retour, selon la promesse la plus sûre qui nous a été donnée par l'intermédiaire du bienheureux Paul, s'il vient, nous ne savons de quelle direction ? Comment l'éclair de sa venue peut-il briller simultanément tout autour du globe pour annoncer son approche, ou comment les gens à l'autre bout du monde peuvent-ils voir le signe du Fils de l'homme dans les cieux ? Mais je ne peux me résoudre à accumuler ces blasphèmes ; tous doivent voir que les vérités les plus glorieuses de la Bible sont liées à sa science et doivent subsister ou échouer ensemble. Et s'il en est ainsi, et si cette soi-disant science naturelle doit être autorisée à saper la science révélée, sur quoi devons-nous nous appuyer dans ce monde ou dans l'autre ? Avec la vérité absolue de la Bible, notre foi en Dieu et notre espoir d'immortalité dépendent ou s'effondrent ; toute moralité repose sur la vérité de la révélation, et ceux qui nient aujourd'hui la vérité de la science révélée altéreront demain la vérité de l'histoire révélée, de la moralité révélée, de la religion révélée. Devons-nous donc daigner accepter la science naturelle au lieu de la science révélée ; Devons-nous, les enseignants de la révélation, daigner abandonner la science révélée et devenir de simples enseignants de la nature ?

Des tonnerres d'applaudissements saluèrent le très révérend théologien alors qu'il concluait - il se trouvait être un évêque, l'ancêtre direct dans la succession apostolique régulière d'un prélat tardif qui avait hérité, entre autres qualités précieuses, de l'argument même qui clôturait le discours cité ci-dessus - et Galilée, le Cet insensé croyant aux faits et étudiant hérétique de la pure nature, se détourna avec un soupir d'essayer de les convaincre et se contenta du fait qu'il savait et qui devait sûrement s'annoncer à la longue. *E pur si muove !* N'ayez crainte, noble martyr de la science : les faits ne changent pas pour convenir aux théologies : beaucoup peuvent tomber écrasés et vaincus devant le char mastodonte de l'Église, mais « Dieu ne meurt pas avec ses enfants, ni la vérité avec ses martyrs » ; le naturel est le divin, car la Nature n'est que « Dieu masqué ». Ainsi, en regardant ce premier grand champ de bataille entre la nature et la révélation, je vois les rangs serrés se briser et s'enfuir, et l'étudiant excommunié devenir le prophète de l'avenir, Galilée le voyant, le révélateur de la vérité de Dieu.

Il est éternel que la nature doit triompher à long terme. Les théories sont très imposantes, sans doute, mais lorsqu'elles sont érigées sur une idée fausse, le fait inexorable est sûr de s'affirmer tôt ou tard, et avec une sérénité impitoyable, de mettre la poussière sur le magnifique tissu. C'est ce qui donne aux hommes de science une attitude si grave et si calme ; les théologiens se disputent avec acharnement et amèrement parce qu'ils se disputent sur *des opinions* , et l'opinion de l'un vaut celle de l'autre lorsque tous deux traitent d'intangibles ; mais l'homme de science, lorsqu'il est absolument sûr de son terrain, *peut se permettre d'attendre* , parce que le fait qu'il a découvert reste inébranlable, quelle que soit la manière dont il est attaqué, et il s'affirmera, avec le temps. Lorsque la nature et la révélation entrent alors en contact, la révélation doit aller au mur ; aucun cri ne peut le sauver ; c'est voué à l'échec ; autant essayer de bloquer la Tamise montante avec une plume, que chercher à renforcer une théologie dont les principaux dogmes sont lentement sapés par les sciences naturelles. Bien sûr, personne aujourd'hui (du moins parmi les gens instruits, car l'Almanach de Zadkiel , je crois, proteste encore sur des bases bibliques contre l'hérésie du mouvement de la terre) ne rêve de maintenir la Bible, *c'est -à -dire* la science révélée, contre la science naturelle ; tout le monde s'accorde à dire que sur les points où la science parle avec certitude, les paroles de la *Bible doivent être expliquées de manière à s'accorder avec le dicton de la nature* ; *c'est à dire.* , il est admis – bien que cet aveu soit entouré d'épais plis de circonlocutions – que la science doit façonner la révélation, et non la science de la révélation. Les tentatives désespérées pour forcer le premier chapitre de la Genèse à ressembler vaguement aux résultats avérés des recherches géologiques sont un témoignage puissant de la faiblesse consciente de la science révélée et du sentiment de tous les théologiens intelligents que le témoignage gravé au fer La plume sur les rochers ne peut être contredite ou réfutée. En fait, la science a affirmé avec tant de succès sa propre prééminence dans son propre domaine que de nombreux défenseurs de la Bible affirment haut et fort, pour cacher leur mouvement stratégique vers l'arrière, que la révélation n'était pas destinée à enseigner la science et qu'il fallait s'attendre à des erreurs scientifiques. dans un livre offert à l'humanité par la grande Origine de toute loi scientifique. Ils sont librement invités à découvrir les raisons qui leur plaisent pour expliquer les erreurs de la science révélée ; tout ce qui nous préoccupe, c'est que leur révélation ne fasse plus obstacle au progrès de la science, et ne devrait plus imposer ses chétifs anathèmes pour faire taire l'enquête sur les faits, ou pour entraver la libre recherche et la libre discussion.

Mais je conteste la révélation plus loin et j'affirme que lorsque les préceptes de *la religion naturelle* s'opposent à ceux de *la religion révélée* , alors le naturel doit à nouveau triompher du révélé. Le christianisme a si longtemps réussi à imprimer dans les cœurs humains la révélation que les impulsions naturelles sont en elles-mêmes pécheresses, que « la chair n'habite rien de bon », que l'homme est une créature déchue, complètement corrompue et instinctivement mauvaise, que cela s'est produit. que même ceux qui seraient libéraux s'ils l'osaient reculent lorsqu'il s'agit de se débarrasser de leurs béquilles de révélation et se demandent sauvagement à *quoi* ils peuvent se fier s'ils abandonnent la Bible. Leurs professeurs leur disent que s'ils abandonnent cela, ils erreront sans boussole sur les vagues d'un océan sans chemin ; et ils fixent leurs yeux avec tant de détermination sur les eaux écumantes, s'efforçant d' y discerner la trace d'un sentier et ne voyant que les reflets brisés des torches ondulantes dans leurs mains, qu'ils ne lèvent pas la tête et ne regardent pas en haut l'éternel. étoiles, guides naturels silencieux du marin déconcerté. « Faites confiance à la simple nature ! » s'exclament les prêtres, et leurs troupeaux reculent consternés, serrant leur révélation sur leur sein et s'écriant : « Sur quoi vraiment compter si cela nous est enlevé ? Seul Dieu. « Simple » Dieu en effet, qui est un très faible soutien après le renforcement des croyances et des dogmes, des Églises et des Bibles. Comme le soleil éblouit les yeux habitués à l'obscurité, comme le vent frais fait frissonner un malade dans une pièce chauffée, ainsi la lumière de Dieu éblouit ceux qui vivent au milieu des bougies des églises, et le souffle de son inspiration souffle froid sur les faibles. âmes. Mais la lumière et l'air revigorent et renforcent, et la nature est un remède plus sûr que les remèdes du charlatan.

Le « simple » Dieu est, en vérité, tout ce que nous, théistes, avons à offrir au monde en échange des certitudes de ses Bibles, Corans, Vedas et de toutes autres révélations quelles qu'elles soient. Sur les points où chacun parle avec certitude, nos lèvres sont muettes. Sur ce qu'ils affirment, nous confessons notre ignorance. Là où ils le savent, nous ne faisons que penser ou espérer. Là où ils ont toute la clarté d'un panneau indicateur, nos yeux ne peuvent qu'étudier le brouillard d'une vallée avant que le soleil levant n'ait dissipé les nuages qui s'enroulent. Ils proclament l'immortalité et sont tout à fait *au courant des* détails de notre vie future. Ils diffèrent dans les détails, il est vrai, selon que nous vivons dans une ville de joyaux , où la poussière est de la poussière d'or et les portes des perles, et passons notre temps à fréquenter des sociétés harmoniques sacrées avec un Costa archangélique dirigeant des oratorios perpétuels, ou si nous nous couchons dans des tonnelles ornées de roses avec des délices illimités, quoique non intellectuels ; mais si nous les prenons un à la fois, ils sont très satisfaisants dans l'information absolue fournie par chacun. Mais nous, nous ne pouvons que murmurer — et les lèvres de certains d'entre nous tremblent trop pour parler — « Je crois à la vie éternelle ». Nous ne prétendons pas en *savoir* quelque chose ; la croyance est intuitive, mais n'est pas démontrable ; c'est un espoir et une confiance, pas une connaissance absolue. Nous entretenons un espoir raisonnable d'immortalité ; nous discutons de sa vraisemblance à partir de considérations sur la justice et l'amour qui, comme nous le croyons, gouvernent l'univers ; nous, beaucoup d'entre nous – comme je l'avoue moi-même – y croyons avec une fermeté de conviction absolument inébranlable ; mais mis au défi de le *prouver*, nous ne pouvons pas répondre. « Ici, s'exclament triomphalement les révélationnistes , est notre avantage : nous prévoyons avec une certitude absolue une vie future et pouvons vous donner tous les détails à ce sujet. Suit alors un fouillis confus de harpes et de houris , de pâturages et de terrains de chasse ; nous recherchons la certitude et n'en trouvons aucune. Tout ce sur quoi ils s'accordent, *c'est -à-dire* une vie future, nous le trouvons imprimé dans nos propres cœurs, un diktat de la religion naturelle ; tout ce qui les différencie est contenu dans leurs diverses révélations, et comme ils se contredisent tous sur les détails révélés, nous n'en tirons aucun profit. La nature nous murmure qu'il y a une vie à venir ; la révélation babille un certain nombre de détails contradictoires, gâchant la majesté de la simple promesse et n'ajoutant rien de fiable à la somme des connaissances humaines. Et le sujet de l'immortalité est un bon échantillon de ce qui est enseigné respectivement par la nature et par la révélation ; ce qui est commun à toutes les croyances est naturel, ce qui est différent en chacune se révèle. Il en est ainsi par rapport à Dieu. L'idée de Dieu appartient également à toutes les croyances ; c'est la pierre angulaire de la religion naturelle ; la confusion commence lorsque la révélation intervient pour changer le murmure musical de la Nature en une description catégorique digne des « Questions de Mangnall ». Trinitaire, solitaire, double, innombrable, quoi qu'il soit révélé dans les divers livres sacrés du monde, sa nature est comprise, cataloguée, dogmatisée ; chaque révélation prétend être sa propre version de lui-même ; mais chacun contredit ses semblables ; sur un point seulement, ils sont tous d'accord, et c'est le point confessé par la religion naturelle : « Dieu est ».

De ces faits, je déduis deux conclusions : premièrement, que la révélation ne nous parvient pas avec une telle certitude de sa vérité que nous puissions lui faire confiance sans crainte et sans réserve ; deuxièmement, cette révélation est tout à fait superflue, puisque la religion naturelle nous donne tout ce dont nous avons besoin.

I. L'Apocalypse donne un son incertain. Il y a certains livres dans le monde qui prétendent se situer sur un terrain plus élevé que tous les autres. Ils prétendent être des révélations particulières de la volonté de Dieu et de la destinée de l'homme. Or, l'une des premières conditions d'une révélation divine est sûrement qu'elle soit sans aucun doute d'origine divine. Mais sur tous ces livres, à l'exception du Coran de Mahomet, planent beaucoup d'obscurité quant à leur origine et à leur paternité. Les « croyants » insistent sur le fait que si les preuves étaient incontestables, il n'y aurait ni place pour la foi ni mérite à croire. Ils considèrent donc que c'est un emploi digne pour l'Intelligence Suprême que de tendre des pièges à ses créatures ; et, comme il y a certains faits de la plus haute importance, impossibles à découvrir par leurs facultés naturelles, il entreprend de révéler ces faits, mais les enveloppe de tels enveloppes de mystère, de tels vêtements d'absurdité, que celles de ses créatures dont il a doté intellects et dotés d'un cerveau subtil, sont obligés de rejeter l'ensemble comme étant incroyable et déraisonnable. Que Dieu donne une révélation, mais ne la justifie pas, qu'Il parle, mais sur un ton inintelligible, que Ses dons les plus nobles de la raison s'avèrent un obstacle insurmontable à l'acceptation de sa manifestation, sont sûrement des déclarations incroyables, sont sûrement des déclarations totalement irréconciliables avec toutes les idées respectueuses de l'amour et de la sagesse du Dieu Tout-Puissant. De plus, les croyants aux diverses révélations revendiquent tous pour leurs oracles la position suprême d'exposant de la Volonté de Dieu, et chacun rejette les livres sacrés des autres nations comme des productions fallacieuses, sans aucune autorité divine. Comme ces révélations sont mutuellement destructrices, il est évident qu'une seule d'entre elles, au maximum, peut être divine, et le point suivant de l'enquête est de distinguer de laquelle il s'agit. Nous, les nations occidentales, avons immédiatement mis de côté les Vedas hindous , ou Zendavesta , pour des raisons solides ; nous rejetons leurs prétentions à être des livres inspirés parce qu'ils contiennent des erreurs ; leur science erronée, leur histoire légendaire, leurs récits miraculeux les marquent, à nos yeux impartiaux, comme l'œuvre d'hommes faillibles ; le XIXe siècle méprise les écrits anciens tandis que l'homme instruit et cultivé sourit aux imaginations grossières et aux idées imaginatives de l'enfant. Mais lorsque la plupart des chrétiens se tournent vers la Bible, ils mettent de côté toute critique ordinaire et tout bon sens. Sa science peut être absurde ; mais on lui trouve des excuses. Son histoire est peut-être fausse, mais elle est transformée en vérité. Ses merveilles surnaturelles peuvent être d'une absurdité flagrante ; mais on y croit néanmoins. Les hommes qui se moquent des visions de la « bienheureuse Marguerite » de Paray -le- Monial acquiescent à la noyade diabolique du pourceau de Gadara ; et ceux qui dédaigneraient d'enquêter sur l'histoire de la source miraculeuse de Lourdes n'auront aucune difficulté à croire l'histoire des eaux agitées par les anges de la piscine de Béthesda. Un livre qui contient des miracles est généralement mis de côté car peu fiable. Il n'y a aucune bonne raison d'exclure la Bible de cette règle générale. Les miracles sont absolument incroyables et discréditent immédiatement tout livre dans lequel ils se produisent. On les trouve dans toutes les révélations, mais jamais dans la nature ; ils sont abondants dans les écrits des hommes, mais ils ne dénaturent jamais les pages ordonnées du grand livre de Dieu, écrit de sa propre main sur la terre, les étoiles et le soleil. Pouvoirs? Oui, au-delà de notre compréhension, mais des puissances évoluant dans un ordre majestueux et une cohérence immuable. Des merveilles ? Oui, au-delà de notre imagination, mais des merveilles évoluées selon des lois immuables. La révélation est incroyable, non seulement parce qu'elle ne parvient pas à apporter la preuve de sa vérité, mais parce que les preuves de sa fausseté abondent ; il prétend être Divin, et nous le rejetons parce que nous le testons par ce que nous savons de Ses œuvres incontestables, car les hommes peuvent écrire des livres sur Lui et les appeler Ses révélations, mais le cadre de la nature ne peut être que l'œuvre de cette puissante Puissance. que l'homme appelle Dieu. L'Apocalypse le dépeint comme changeant, la nature comme immuable ; la révélation nous parle d'une perfection gâchée, d'une nature de l'imperfection qui s'améliore ; la révélation parle d'une Trinité, nature d'une puissante Force centrale ; la révélation raconte des interférences, des miracles, des séquences ininterrompues de la nature, des lois inviolables. Si nous acceptons la révélation, nous devons croire en un Dieu qui a créé l'homme droit mais qui n'a pas pu le garder tel ; Qui a entendu dans son ciel lointain les lamentations de sa terre et est descendu pour voir si les choses allaient aussi mal qu'on le rapportait ; Qui avait un visage qui apportait la mort, mais dont les parties postérieures étaient visibles à l'homme ; Qui a ordonné et accepté le sacrifice humain ; Qui était jaloux, vengeur, capricieux, vaniteux ; Qui a tenté un roi et l'a ensuite puni pour avoir cédé, a endurci le cœur d'un autre et l'a ensuite puni pour ne pas céder, a trompé un troisième et l'a ainsi entraîné à la mort. Mais la nature n'outrage pas autant notre moralité et ne piétine pas nos cœurs ; seulement nous apprenons l'existence d'une puissance et d'une sagesse indescriptibles, « ordonnant toutes choses avec puissance et douceur », et nos cœurs parlent d'un Père et d'un Ami infiniment aimant, digne de confiance et bon. Le Dieu de la Nature et le Dieu de la Révélation sont aussi opposés qu'Ormuzd et Ahriman, que les ténèbres et la lumière ; la Bible et l'univers ne sont pas écrits par la même main.

II. La révélation étant alors si peu fiable, il est satisfaisant de découvrir, en second lieu, qu'elle est parfaitement superflue.

Tout ce dont l'homme a besoin pour être guidé dans ce monde, il peut l'acquérir grâce à l'utilisation de ses facultés naturelles, et la bonne direction de sa conduite dans ce monde doit, en toute raison, être la meilleure préparation à tout ce qui se trouve au-delà de la tombe. Les révélations nous assurent que sans leurs livres, nous n'aurions pas de règles morales et que sans la Bible, les obligations morales de l'homme seraient inconnues. Leur théorie est que ce n'est que par la révélation que l'homme peut distinguer le bien du mal. En utilisant le mot « révélation » dans un sens différent, la plupart des théistes seraient d'accord avec eux et admettraient que la perception du devoir de l'homme est un rayon qui tombe sur lui en provenance de la justice de Dieu, et que la moralité de l'homme est due à l'illumination de l'inspiration. Père de la Lumière. Personnellement, je crois que Dieu enseigne la moralité à l'homme et qu'il est, en fait, l'Inspirateur de toutes les pensées et de tous les actes gracieux et nobles. Je crois que la source de toute moralité dans l'homme est l'Esprit universel habitant les esprits qu'il a formés et les poussant à la justice et, tandis qu'ils répondent à ses murmures en faisant le bien, parlant toujours avec des accents plus forts et plus clairs. Je crois également que les adeptes les plus obéissants de cette voix intérieure acquièrent une vision plus claire et plus élevée du devoir et du Saint, et deviennent ainsi de véritables prophètes de Dieu, révélateurs de sa volonté à leurs semblables. Et c'est une révélation dans un sens très réel ; c'est Dieu qui se révèle par l'action naturelle des lois morales, de même que toute science est une véritable révélation, et c'est Dieu qui se révèle par l'action naturelle des lois physiques. Car les lois sont des modes d'action, et les modes d'action révèlent la nature et le caractère de l'acteur, de sorte que toute loi, physique et morale, découverte par les chercheurs de vérité et proclamée au monde, est une révélation directe et digne de confiance de Dieu lui-même. . Mais lorsque les théistes parlent ainsi de « révélation » en utilisant le mot comme applicable à juste titre à toutes les découvertes et à tous les livres religieux ou scientifiques noblement écrits, il est évident que le mot a entièrement changé de signification et s'applique au « naturel » et non au « surnaturel ». " résultats. Nous croyons en Dieu agissant de manière naturelle à travers les facultés naturelles, tandis que les révélationnistes croient en une communication non naturelle, faite on ne sait comment, personne ne sait où, personne ne sait à qui.

Lorsqu'il s'agit de théories opposées, une once de fait l'emporte sur une once d'affirmation ; C'est pourquoi, contre l'affirmation des chrétiens selon laquelle la moralité dérive uniquement de la Bible et ne peut être découverte par les « facultés naturelles de l'homme », je cite la moralité de la religion naturelle, sans l'aide de ce qu'ils prétendent être leur « révélation » particulière.

On peut difficilement dire que Bouddha, tel qu'il a vécu 700 ans avant Jésus-Christ, a tiré sa moralité de celle de Jésus ou même qu'il a tiré un quelconque bénéfice indirect de l'enseignement chrétien, et pourtant un ecclésiastique de l'Église d'Angleterre m'a dit gravement : Il aurait dû savoir mieux que le pardon des injures et la charité étaient des vertus purement chrétiennes. Ce Bouddha païen, éclairé uniquement par la raison naturelle et un cœur pur, enseigne : « à un homme qui me fait bêtement du mal, je lui rendrai la protection de mon amour sans rancune ; plus le mal viendra de lui, plus le bien viendra de moi ; " parmi les principales vertus figurent : « réprimer la luxure et bannir le désir ; être fort sans être téméraire ; supporter l'insulte sans colère ; se mouvoir dans le monde sans y mettre le cœur ; enquêter jusqu'au fond d'une affaire ; sauver les hommes ». en les convertissant ; pour qu'ils soient les mêmes dans leur cœur et dans leur vie. "Que l'homme triomphe du mal par le bien, de la colère par l'amour, de l'avide par la libéralité, du menteur par la vérité. Car à aucun moment la haine ne cesse ; la haine cesse par l'amour ; c'est une vieille règle." Il inculque la pureté, la charité, le sacrifice de soi, la courtoisie et recommande sincèrement la recherche personnelle de la vérité : « ne croyez pas aux suppositions » – en supposant comme point de départ quelque chose de hasardeux – en comptant vos deux, vos trois et vos quatre. avant d'avoir fixé votre numéro un. Ne croyez pas à la vérité de ce à quoi vous êtes attaché par habitude, comme chaque nation croit à la supériorité de ses propres vêtements, ornements et langage. Ne croyez pas simplement parce que vous avez entendu, mais lorsque, selon votre propre conscience, vous savez qu'une chose est mauvaise, abstenez-vous-en. Il me semble que ces paroles du Bouddha ne sont surpassées par aucun enseignement révélé et contiennent une moralité tout aussi noble et élevée que le Sermon sur la Montagne, aussi « naturelles » soient-elles.

Platon, lui aussi, enseigne une noble moralité et s'élance dans des idées sur la nature divine aussi pures et élevées que celles que l'on trouve dans la Bible. Le résumé de son enseignement, cité par M. Lake dans une brochure de la série de M. Scott, est un témoignage glorieux de la valeur de la religion naturelle. "Il vaut mieux mourir que pécher. Il vaut mieux souffrir le mal que le faire. Le vrai bonheur de l'homme consiste à être uni à Dieu, et sa seule misère à être séparé de Lui. Il y a un seul Dieu, et nous Nous devons l'aimer et le servir, et nous efforcer de lui ressembler en sainteté et en justice. » Platon a également vu la grande vérité selon laquelle la souffrance n'est pas le résultat d'une puissance mauvaise, mais est une formation nécessaire au bien, et il anticipe les paroles mêmes de Paul - si tant est qu'il ne cite pas Platon - que « pour l'homme juste tout les choses concourent au bien, que ce soit dans la vie ou dans la mort. » Platon a vécu 400 ans avant Jésus-Christ, et pourtant, face à des enseignements comme le sien et ceux de Bouddha — et ils ne sont que deux parmi tant d'autres — les chrétiens nous lancent le raillerie selon laquelle nous, qui rejetons la Bible, en tirons toute notre moralité. , et que sans cette révélation unique, le monde se trouverait dans les ténèbres morales, ignorant la vérité, la justice et Dieu. Mais la lumière de la révélation de Dieu brille toujours sur le monde, même si la lumière du soleil l'éclaire avec constance comme autrefois ; "Il n'est pas donné à quelques hommes, dans l'enfance de l'humanité, de monopoliser l'inspiration et d'exclure Dieu de l'âme... Partout où un cœur bat d'amour, là où la Foi et la Raison prononcent leurs oracles, là aussi est Dieu, comme autrefois dans le cœur des voyants et des prophètes."*

C'est une menace favorite du sacerdoce pour tout esprit curieux : « Si vous abandonnez le christianisme, vous abandonnez toute certitude ; l'athéisme le plus absolu ; » et plus d'une âme timide recule, estimant que si cela est vrai, il vaut mieux se reposer là où elle est et ne plus s'enquérir. À ceux-là – et j'en rencontre beaucoup – je suggérerais une réflexion très simple : le « christianisme » donne-t-il plus de certitude que le rationalisme ? Essayez simplement de demander à votre mentor : « *de quel* christianisme dois-je accepter ? » Il balbutiera : « Oh, l'enseignement de la Bible, bien sûr. » Mais persévérez : « Comme expliqué par qui ? car tous prétendent fonder leur christianisme sur la Bible : dois-je accepter le christianisme logique défini par Pie IX, défiant l'histoire, la science, le bon sens, ou dois-je m'asseoir sous Spurgeon ? , le dénonciateur, et fuir la femme écarlate et la coupe de ses fascinations : dois-je croire au christianisme de Dean Stanley, instinctif de son propre esprit gracieux et bienveillant, cultivé et poli, pur et aimant, ou dois-je m'en éloigner comme un poison doux mais insidieux, comme m'exhorte à le faire le Dr Pusey, qui se moque de son « langage bigarré qui détruit toute précision de sens ». Par pitié, bon père, étiquetez pour moi les différents flacons de médecine chrétienne, afin que je sache lesquels guérissent l'âme, lesquels peuvent être touchés avec précaution, comme pour une application externe, et lesquels sont un poison infâme. Tout ce que le prêtre trouvera à répondre, c'est que « sous de tristes diversités d'opinions, il existe certaines vérités salvatrices communes à toutes les formes de christianisme », mais il s'opposera à ce qu'elles soient particulières et, à ce stade, se mettra en colère et refusera d'argumenter. avec quiconque montre un esprit si moqueur et si vaniteux. Il y a la même diversité dans le rationalisme que dans le christianisme, parce que la nature humaine est diverse, mais il y a aussi un lien entre tous les libres penseurs, une « grande vérité salvatrice » du rationalisme, un article de foi, à savoir que « le libre examen est le droit de toute âme humaine ; » divers sur de nombreux points, nous sommes tous d'accord sur ce point, et ce lien est si fort que nous accueillons volontiers tout penseur, quelle que soit la manière dont nous sommes en désaccord avec ses pensées, à condition seulement qu'il les pense honnêtement et laisse à tous la liberté d'avoir également leurs propres opinions. Nous sommes liés par une haine commune du dogmatisme, un amour commun pour la liberté de pensée et d'expression.

C'est probablement une énigme pour les chrétiens bons et ignorants d'où les hommes, non éclairés par la révélation, ont puisé et tirent encore leur moralité. Nous répondons : « de la simple Nature, et cela parce que la Nature et non la révélation est la véritable base de toute moralité ». Nous avons vu le manque de fiabilité de toutes les soi-disant révélations ; mais quand nous nous rabattons sur la Nature, nous sommes sur un terrain solide. Les théistes partent de leur recherche de Dieu à partir de leur axiome bien connu : « Si Dieu existe, il doit être au moins aussi bon que sa créature la plus élevée ; » et ils soutiennent que ce qu'il y a de plus élevé, de plus noble et de plus aimable dans l'homme *doit* être au-dessous, mais ne peut pas être au-dessus, de la hauteur, de la noblesse et du caractère aimable de Dieu. « De toutes les choses impossibles, la plus impossible doit sûrement être qu'un homme puisse rêver quelque chose de bon et de noble, et que cela prouve enfin que son Créateur était moins bon et moins noble qu'il ne l'avait rêvé. » Le fondement sur lequel repose notre croyance en Dieu est l'Homme, parent des Bibles et des Églises, inspirateur de toutes les bonnes pensées et bonnes actions, l'homme, le chef-d'œuvre de l'œuvre de Dieu sur terre, le manuel de toute connaissance spirituelle. Ni miraculeux ni infaillible, l'homme est néanmoins le seul témoignage digne de confiance de l'esprit divin dans les choses relatives à la raison, à la conscience et aux affections de l'homme. "** Et comme nous croyons pouvoir le glaner. quelques allusions à la gloire et à la beauté de notre Créateur à partir de la gloire et de la beauté de l'excellence humaine, c'est pourquoi nous croyons que pour chaque homme, à mesure qu'il vit jusqu'au plus haut qu'il peut percevoir, seront sûrement dévoilés de nouveaux sommets de justice, de nouvelles possibilités de croissance morale.

Frances Power Cobbe .

** *Révérend Charles Voysey* .

À tous les hommes, bons et mauvais, est ouverte la révélation naturelle de la moralité, comme en témoignent les vies humaines les plus élevées ; et ces vies nobles reçoivent toujours la marque céleste par la réponse instinctive de chaque sein humain selon laquelle elles « sont très bonnes ». C'est seulement à ceux qui vivent à la hauteur du bien qu'ils voient que Dieu donne la révélation intérieure supplémentaire, qui les conduit de plus en plus haut en moralité, vivifiant leurs facultés morales et rendant plus sensibles et plus délicates leurs susceptibilités morales. Nous ne pouvons pas, comme le font les révélationnistes , décrire toute la gamme de la perfection morale : nous « marchons par la foi et non par la vue » : pas à pas seulement le chemin nous est dévoilé, et c'est seulement lorsque nous surmontons un sommet que nous obtenons la vue. du sommet au-delà : la perspective lointaine est cachée à notre regard, et nous sommes trop occupés à accomplir le travail qui nous est donné de faire dans ce monde, pour scruter et ruminer sans cesse le monde d'au-delà de la tombe. Nous avons assez de lumière pour accomplir ici le travail de notre Père ; lorsqu'il nous appellera là-bas, il sera temps de lui demander de dévoiler notre nouvelle sphère de travail et d'y faire lever son soleil. Les enfants rebelles s'inquiètent après un bonheur imaginaire et manquent le travail et le plaisir qui sont à leurs pieds. C'est pourquoi des hommes et des femmes irritables crient que "l'homme qui est né de la femme... est plein de misère" et réclament une révélation qui leur sera apportée. assurer une vie plus heureuse : ils semblent oublier que si ce monde est plein de misère, *ils* sont mis ici pour le réparer et non pour en pleurer, et que c'est notre honte et notre condamnation que dans le monde juste de Dieu tant de péché et de malheur sont trouvés. Si les hommes essayaient de lire la nature au lieu de la révélation, s'ils étudiaient les lois naturelles et laissaient de côté les lois révélées, s'ils suivaient la moralité humaine au lieu de la morale ecclésiastique, alors il pourrait y avoir une chance d'amélioration réelle pour la race, et certains espèrent que la voix divine dans la nature pourrait être entendue au-dessus du bavardage des églises.

Et la nature nous suffit, elle nous donne toute la lumière que nous voulons et tout ce que nous sommes encore aptes à recevoir. S'il était possible que Dieu se révèle maintenant à nous tel qu'il est, l'être dont nous ne pouvons nous faire une idée de la nature, je crois que nous devrions rester aussi ignorants que nous le sommes actuellement, faute de facultés pour recevoir cette révélation : le langage divin pourrait résonner à nos oreilles, mais il serait aussi inintelligible que le rugissement du coup de tonnerre, ou le gémissement du tremblement de terre, ou le murmure du vent aux feuilles du cèdre. Dieu se révèle peu à peu par ses œuvres, par le cours des événements, par les progrès de l'humanité : s'il n'a jamais parlé du Ciel en langage humain, il parle quotidiennement dans le monde qui nous entoure à tous ceux qui ont des oreilles pour entendre, et de même que la nature sous ses formes variées est sa seule révélation de lui-même, de même l'esprit et le cœur seuls peuvent percevoir sa présence et capter les murmures de sa voix mystérieuse.

N'a encore jamais été cassé

Le silence éternel :

Jamais encore n'a été parlé

Aux accents surnaturels

La pensée de Dieu sur lui-même.

Nous tâtonnons dans l'aveuglement

Qui aspire à le contempler :

Mais en sagesse et en gentillesse

Dans l'obscurité, il le plie

Jusqu'à ce que l'âme apprenne à voir.

Donc le voile n'est pas déchiré

Qui cache le Tout-Saint,

Et aucun jeton n'est donné

Cela sat isfie entièrement

Les envies de l'homme.

Mais, sans hâte , il avance

La marche des âges,

Aux regards des chercheurs de vérité

Dérouler les pages

De la révélation de Dieu.

L'impatience indifférente,

Le temps tourne lentement ;

Inquiétant , sans vitesse ,

Est en constante évolution

De nouvelles vérités sur Dieu.

La parole humaine n'est pas interrompue

Le calme divin :

Pourtant, on parle toujours

Par le silence éternel,

Avec une distinction croissante

La pensée de Dieu sur lui-même.

SUR LA NATURE ET L'EXISTENCE DE DIEU.

C'est impossible pour ceux qui étudient les choses religieuses les plus profondes ; problèmes de notre temps pour écarter plus longtemps la question qui est à la base de tous : « Que croyez-vous au sujet de Dieu ? Nous pouvons contester les doctrines chrétiennes, l'une après l'autre ; point par point, nous pouvons être éloignés des diverses croyances de nos églises ; la raison peut nous forcer à voir des contradictions là où nous avions imaginé l'harmonie, et peut nous ouvrir les yeux sur des défauts là où nous avions rêvé de perfection ; on renonce à toute idée de révélation ; nous cherchons Dieu dans la nature seulement ; nous renonçons pour toujours à l'espoir (qui glorifiait notre ancien credo dans une beauté si séduisante) qu'un jour futur nous "verrions" vraiment Dieu, que "nos yeux verraient le roi dans sa beauté" dans ce "pays féerique qui est très au loin." Mais chaque pas que nous faisons vers une foi plus raisonnable et une lumière plus sûre de la Vérité nous rapproche de plus en plus du problème des problèmes : « Qu'est-ce que Ce que les hommes appellent Dieu ? Ce n'est que lorsque les théologiens se sont sérieusement penchés sur cette question qu'ils peuvent prétendre être appelés guides religieux ; de chacun de ceux que nous honorons comme nos principaux penseurs, nous avons droit à une réponse distincte à cette question, et le but même du présent article est de provoquer une discussion sur ce point.

Les hommes ont tendance à se détourner avec quelque impatience d'un débat sur la nature et l'existence de la Divinité, parce qu'ils considèrent que la question est métaphysique et ne mène nulle part ; un problème dont la solution dépasse nos facultés, et dont l'étude est à la fois inutile et dangereuse ; ils oublient que l'action est régie par la pensée et que nos idées sur Dieu sont donc d'une grande importance pratique. De notre réponse à la question posée ci-dessus dépend toute notre conception de la nature et de l'origine du mal et des sanctions de la morale ; C'est sur notre idée de Dieu que se tourne notre opinion sur la question très controversée de la prière et, en fait, toute notre attitude d'esprit à l'égard de la vie, ici et au-delà. La moralité consiste-t-elle dans l'obéissance à la volonté d'un Être parfaitement moral, et devons-nous viser la justice de la vie parce qu'en agissant ainsi, nous plaisons à Dieu ? Ou devons-nous mener une vie noble parce que la noblesse de vie n'est désirable que pour elle-même, et parce qu'elle répand le bonheur autour de nous et satisfait les désirs de notre propre nature ? Notre attitude mentale doit-elle être celle de s'agenouiller ou de se tenir debout ? Nos yeux doivent-ils être fixés sur le ciel ou sur la terre ? La prière adressée à Dieu est-elle raisonnable et utile, l'appel naturel d'un enfant à l'aide d'un Père céleste ? Ou est-ce au contraire un appel inutile à une force inconnue et irresponsable ? Le ressort principal de nos actions doit-il être l'idée du devoir envers Dieu, ou le sentiment de la nécessité de mettre notre être en harmonie avec les lois de l'univers ? Il me semble que ces questions sont d'une telle importance et d'une telle importance vitale qu'il n'est pas nécessaire de s'excuser pour attirer l'attention sur elles ; et en raison de leur importance pour l'humanité, je mets au défi les dirigeants du monde religieux et non religieux, les chrétiens , les théistes, les panthéistes et ceux qui ne portent pas de nom spécifique, de tester dûment les opinions qu'ils défendent chacun. Dans cette bataille, le simple fantassin peut toucher de sa lance le bouclier du chevalier, et l'insignifiance du challenger ne dispense pas le général du devoir de soulever le gant jeté à ses pieds. Je me fiche peu de la défaite personnelle, si l'issue du conflit devait introniser plus fermement la figure radieuse de la Vérité. Il y a cependant un défaut que je tiens à éviter, c'est celui de l'ambiguïté. Les orthodoxes comme les libres-penseurs se battent inutilement à cause d'une simple incompréhension du point de vue de chacun dans la controverse. Il semble donc indispensable, dans la poursuite de l'enquête suivante, que le sens des termes utilisés soit clairement distinct. Je commence donc par définir les formes techniques d'expression à employer dans mon argumentation ; les définitions peuvent être bonnes ou mauvaises, cela n'a pas d'importance ; il suffit de bien comprendre le sens dans lequel les différents termes sont utilisés. Lorsque les hommes se battent uniquement pour découvrir la vérité, la précision de leur expression leur incombe particulièrement ; et, comme il a été dit avec éloquence, « les combattants étant sincères, la vérité peut donner des lauriers au vainqueur et au vaincu : des lauriers au vainqueur parce qu'il a défendu la vérité, des lauriers encore bienvenus au vaincu, dont la défaite le couronne d'un une vérité qu'il ne connaissait pas auparavant.

Les définitions qui me paraissent absolument nécessaires sont les suivantes :

La matière est utilisée pour exprimer ce qui est tangible. *L'esprit (ou spirituel)* est utilisé pour exprimer ces forces intangibles dont nous ne prenons conscience de l'existence qu'à travers les effets qu'elles produisent.

La substance est utilisée pour exprimer ce qui existe en soi et par soi, et dont la conception n'implique pas la conception de quoi que ce soit qui le précède.

Dieu est utilisé pour représenter exclusivement cet Être investi par les orthodoxes de certains attributs physiques, intellectuels et moraux.

Une attention particulière doit être portée à cette dernière définition, car le terme « athée » est souvent injustement jeté à l'encontre de tout penseur qui ose critiquer *l'idée populaire et traditionnelle* de Dieu ; et différentes écoles, théistes et non théistes, n'utilisent que trop facilement cette vague épithète pour se faire des reproches mutuels.

Comme exemple de cette utilisation peu charitable et injuste de noms laids, toutes les écoles s'accordent pour qualifier feu M. Austin Holyoake d'« athée

», et il a lui-même accepté ce nom, bien qu'il ait clairement déclaré (comme nous le trouvons dans un rapport imprimé d'un discussion tenue au Victoria Institute) qu'il ne niait pas la possibilité de l'existence de Dieu, mais niait seulement la possibilité de l'existence de ce Dieu en qui les orthodoxes l'exhortaient à croire. Il convient donc de protester d'avance contre ce nom qui est brandi, car il entraîne actuellement tant de préjugés populaires qu'il empêche toute possibilité de discussion franche et libre. C'est simplement une pierre commode à jeter à la tête d'un adversaire dont on ne peut répondre aux arguments, une certaine manière de soulever un tumulte qui étouffe sa voix ; et, si cela a une quelconque signification sérieuse, il pourrait être utilisé à juste titre, comme je vais le montrer tout à l'heure, contre le pilier le plus orthodoxe de la foi orthodoxe.

Il est évident pour tous ceux qui prennent la peine de penser fermement qu'il ne peut y avoir qu'une seule substance éternelle et indéterminée, et que la matière et l'esprit ne doivent donc être que des manifestations variables de cette substance unique. La distinction entre la matière et l'esprit est alors simplement faite par souci de commodité et de clarté, de même que nous pouvons distinguer la perception du jugement, qui sont cependant tous deux des processus de pensée semblables. La matière est, dans ses éléments constitutifs, la même chose que l'esprit ; l'existence est une, aussi multiple soit-elle dans ses phénomènes ; la vie est une, mais multiforme dans son évolution. Tout comme la chaleur du charbon diffère du charbon lui-même, la mémoire, la perception, le jugement, l'émotion et la volonté diffèrent également du cerveau qui est l'instrument de la pensée. Mais néanmoins ils sont tous également des produits d'une seule substance, ne variant que par leurs conditions. On peut tenir pour acquis que contre ce point préliminaire de l'argumentation s'élèvera le cri du parti au « matérialisme pur et simple », car le « matérialisme » est une doctrine pour laquelle le grand public a une horreur indéfinie. Mais j'ose dire que si par matière on entend ce qui est défini ci-dessus comme substance, alors aucune personne raisonnable ne peut s'empêcher d'être matérialiste. Les orthodoxes aiment beaucoup argumenter sur ce qu'ils appellent la Grande Cause Première. « Dieu est un esprit, disent-ils, et c'est de lui que dérive la partie spirituelle de l'homme. » Bel et bien; ils ont remonté une partie de l'univers jusqu'au point où ils conçoivent qu'une seule essence universelle est possible, celle qu'ils appellent Dieu, et qui n'est que esprit. Mais j'invite ensuite leur considération à la présence de quelque chose qu'ils ne considèrent pas comme esprit, *c'est -à-dire.* , matière. Je suis leur propre plan d'argumentation étape par étape : je trace la matière, comme ils ont suivi l'esprit, d'avant en arrière, jusqu'à ce que j'atteigne un point au-delà duquel je ne peux pas aller, une seule existence, substance ou essence ; dois-je donc croire que Dieu n'est que matière ? Mais nous avons déjà vu des théistes affirmer qu'il n'est qu'esprit, et nous ne pouvons croire à deux contradictions, si logique que soit le chemin qui nous y a conduit ; nous devons donc reconnaître deux substances, existant éternellement côte à côte ; si l'existence est double, alors, aussi absurde que soit l'hypothèse, il doit y avoir deux causes premières. Ce n'est pas moi qui suis responsable d'une idée aussi anormale. Les orthodoxes échappent à ce dilemme en postulant ainsi : « Dieu, à qui doit remonter tout esprit, *a créé* la matière. » Pourquoi ne suis-je pas également fondé à supposer, s'il me plaît, que la matière a créé l'esprit ? Pourquoi devrais-je être logique dans un argument et illogique dans un autre ? Si nous en arrivons à des hypothèses, n'ai-je pas autant de droit à mon hypothèse que mon voisin à la sienne ? Pourquoi peut-il prédire la création d'une moitié de l'univers, et moi pas la création de l' autre moitié ? Si ces hypothèses sont prises en considération, alors je soutiens que la mienne est la plus raisonnable des deux, puisqu'il est possible d'imaginer la matière comme existant sans esprit, alors qu'il est totalement impossible de concevoir que l'esprit existe sans matière. Nous savons tous à quoi ressemble une pierre, et nous avons l'habitude de la considérer comme une matière sans vie ; mais qui a une idée distincte d'un esprit *pur et simple* ? Aucune conception claire n'est possible aux facultés humaines ; on ne peut concevoir l'esprit que tel qu'il se trouve dans une organisation ; L'intelligence n'a d'existence appréciable que dans la mesure où elle réside dans le cerveau et se manifeste dans les résultats. Les lignes de l'esprit et de la matière ne sont pas une, disent les orthodoxes ; ils courent à reculons côte à côte ; pourquoi alors, en suivant le cours de ces deux lignes parallèles, devrais-je tout à coup plier l'une dans l'autre ? et sur quel principe de sélection choisirai-je celui que je dois courber ? Je dois vraiment refuser d'utiliser la logique dans la mesure où elle soutient l'idée orthodoxe de Dieu, et la rejeter arbitrairement dès qu'elle entre en conflit avec cette idée. Je me retrouve alors obligé de croire qu'une seule substance existe tout autour de moi ; que l'univers est éternel, ou du moins éternel en ce qui concerne nos facultés, puisque nous ne pouvons pas, comme quelqu'un l'a dit bizarrement, « aller à l'extérieur de partout » ; qu'une Divinité ne peut pas être conçue comme étant séparée de l'univers, préexistante à l'univers, postexistante à l'univers ; que l'Ouvrier et l'Œuvre sont inextricablement liés et, en un certain sens, éternellement et indissolublement combinés. Une fois arrivé là, nous examinerons la possibilité de prouver l'existence de cette essence unique communément appelée Dieu , dans les conditions strictement définies par les orthodoxes. Après avoir démontré, comme j'espère le faire, que l'idée orthodoxe de Dieu est déraisonnable et absurde, nous nous efforcerons de découvrir si *une* idée de Dieu, digne d'être appelée idée, est réalisable dans l'état actuel de nos facultés.

Les croyants orthodoxes en Dieu sont divisés en deux camps, l'un soutenant que l'existence de Dieu est aussi démontrable que n'importe quelle proposition mathématique, tandis que l'autre affirme que son existence n'est pas démontrable à l'intellect. Je choisis le Dr McCann, un homme de réputation considérable, comme représentant de la première de ces deux écoles de pensée opposées, et j'expose la position du docteur dans ses propres mots : « Le but de l'article suivant est de prouver l'erreur de toutes ces hypothèses » (c'est -à-dire que l'existence de Dieu est un problème insoluble), « en montrant que nous ne sommes pas plus libres de nier Son existence, que nous ne le sommes de nier toute démonstration d'Euclide, seraient jugées indignes. de réfutation qui affirmerait que deux angles quelconques d'un triangle sont ensemble plus grands que deux angles droits. Nous nous contenterions de dire : « Cet homme est fou », du moins mathématiquement, et passerions à autre chose. affirmons l'existence de la Divinité pour les mêmes raisons que nous affirmons la vérité de toute proposition géométrique ; s'il peut être démontré que la première est aussi capable de démonstration que la seconde, alors il s'ensuit nécessairement que si nous sommes justifiés d'appeler l'homme un insensé qui nie cette dernière, nous sommes également fondés à traiter d'insensé celui qui dit que Dieu n'existe pas, et à refuser de lui répondre selon sa folie. Cette solution est très commode lorsque vous rencontrez un adversaire maladroit que vous ne pouvez pas faire taire par le sentiment et la déclamation. Encore : « En conclusion, nous croyons qu'il est très important de pouvoir prouver que si le mathématicien est fondé à affirmer que les trois angles d'un triangle sont égaux à deux angles droits, le chrétien est également fondé à affirmer, non seulement qu'il est obligé de croire en Dieu, mais qu'il le connaît (sic). Et que celui qui nie l'existence de la Divinité est aussi indigne d'une réfutation sérieuse que celui qui nie une démonstration mathématique. (« A Demonstration of the Existence of God », conférence donnée au Victoria Institute, 1870, pp. I et II.) Le Dr McCann prouve sa thèse très surprenante en posant comme axiomes six affirmations qui, aussi lumineuses soient-elles pour le Les traditionalistes chrétiens sont obscurs pour l' intellect sceptique . Il semble être conscient de ce défaut dans ses soi-disant axiomes, car il prouve chacun d'eux de manière minutieuse, oubliant que le simple énoncé d'un axiome doit emporter une conviction directe - qu'il suffit qu'il soit compris pour être accepté. . Mais laissons cela de côté : notre professeur, après avoir énoncé et « prouvé » ses axiomes, en tire ses conclusions ; et comme ses fondations sont fragiles, il n'est guère étonnant que sa superstructure soit incertaine. Je ne connais aucun moyen aussi efficace pour vaincre un adversaire que de soulever toutes les questions soulevées, d'assumer chaque point en litige, d'appeler les hypothèses des axiomes. puis procédez à leur raisonnement. Cela ne vaut vraiment pas la peine de critiquer le Dr McCann en détail, sa conférence n'étant qu'un amas d'erreurs et d'affirmations non prouvées. La courtoisie chrétienne lui permet de traiter de « fous » ceux qui ne sont pas d'accord avec ses hypothèses ; et comme ces termes d'injures ne sont pas considérés comme admissibles par ceux qu'il accuse d'incroyants, il y a une légère difficulté à « répondre » au Dr McCann « selon ses » mérites.

Je me contente de suggérer que ceux qui souhaitent apprendre comment un prétendu raisonnement peut passer pour un argument solide, comment des déclarations sans conséquence peuvent passer pour de la logique, feraient mieux d'étudier cette conférence. Pour ma part, j'avoue que ma « folie » n'est pas encore suffisamment prononcée pour me permettre d'accepter les conclusions du Dr McCann.

La meilleure représentation que je puisse choisir du deuxième parti orthodoxe, ceux qui admettent que l'existence de Dieu n'est pas démontrable, est le regretté Dean Mansel . Dans ses « Limites de la pensée religieuse », les Bampton Lectures de 1867, il adopte une position parfaitement inattaquable. La particularité de cette position, cependant, est que lui, le pilier de l'orthodoxie, le célèbre défenseur de la foi contre l'infidélité allemande et toutes les formes de rationalisme, considère Dieu exactement du même point de vue qu'un « athée » moderne bien connu. J'ai presque hésité parfois quel écrivain citer, tant ils sont identiques dans leur pensée. Il est probable que ni Dean Mansel ni M. Bradlaugh ne me remercieraient d'avoir mis leurs noms entre crochets ; mais je suis forcé d'admettre que les arguments utilisés par l'un pour prouver les absurdités sans fin dans lesquelles nous tombons lorsque nous essayons de comprendre la nature de Dieu, sont exactement les mêmes arguments que ceux utilisés par l'autre pour prouver que Dieu, comme le croyait par les orthodoxes, ne peut pas exister. Je cite cependant exclusivement le Doyen, car il est à la fois nouveau et agréable de se trouver abrité par la Mère l'Église au moment précis où l'on s'interroge sur ses fondements mêmes ; et aussi parce que le nom du doyen dégage une odeur si orthodoxe que son autorité dira à quel point les mêmes paroles de la part de ceux qui sont en dehors du cadre de l'orthodoxie seraient considérées avec suspicion. Néanmoins, je tiens à déclarer clairement que je n'ai jamais lu de livre plus « athée » que ces Conférences de Bampton — du moins dans sa première partie ; et si sa page de titre portait le nom d'un libre penseur bien connu, elle aurait été accueillie dans le monde religieux avec une tempête d'indignation.

La première définition établie par les orthodoxes comme caractéristique de Dieu est qu'il est un être infini. "Il n'y a qu'un seul Dieu vivant et vrai... d'une puissance *infinie* , etc." (Article de Religion, 1.) On a dit *qu'infini* ne signifiait *qu'indéfini* , mais je dois protester contre cet affaiblissement d'un terme théologique bien défini. Le terme *Infini* a toujours été compris comme signifiant bien plus qu'indéfini ; cela signifie littéralement *sans limites* : l'infini n'a aucune limitation, aucune restriction possible, aucune « circonférence ». Les gens qui ne réfléchissent pas au sens des mots qu'ils utilisent parlent très librement et familièrement de « l'infinitude » de Dieu, comme si le terme n'impliquait aucune incohérence. Niez que Dieu soit infini et vous êtes immédiatement traité d'athée, mais poussez votre adversaire à donner une définition du terme et vous constaterez généralement qu'il ne sait pas de quoi il parle. Le doyen Mansel souligne, avec sa juste habitude d'esprit, tout ce que cet attribut de Dieu implique, et il serait bien que ceux qui « croient en un Dieu infini » essayent de réaliser ce qu'ils expriment. La moitié de la bataille de la libre pensée sera gagnée lorsque les gens donneront une signification précise aux termes qu'ils utilisent. L'Infini n'a pas de limites ; alors le fini ne peut pas exister. Pourquoi? Parce que dans l'acte même de reconnaître toute existence en dehors de l'Infini, vous limitez l'Infini. En disant : « Ceci n'est pas Dieu », vous le rendez immédiatement fini, parce que vous fixez une limite à sa nature ; vous faites une distinction entre lui et autre chose, et par l'acte même vous le limitez ; ce *qui n'est pas, il* est comme un rocher qui arrête les vagues de l'océan ; en cet endroit, une limite est trouvée, et en trouvant une limite, l'Infini est détruit. Les orthodoxes pourraient rétorquer : « ce n'est qu'une question de termes » ; mais il est bon de les forcer à réaliser les dogmes qu'ils imposent à notre acceptation sous de si terribles pénalités en cas de rejet. Je sais ce qu'implique « un Dieu infini » et, comme en dehors de l'univers, je me sens obligé de nier la possibilité de son existence ; Il est sûrement juste que les orthodoxes sachent également ce que signifient les mots qu'ils utilisent à ce sujet, et abandonnent ce terme s'ils s'accrochent à un Dieu « personnel », distinct de la « création ». - En outre - et ici je cite Dean Mansel. - l' "Infini" doit être conçu comme contenant en lui-même la somme, non seulement de tous les modes d'être actuels, mais de tous les modes possibles d'être... Si un mode possible peut en être nié... il est capable de devenir plus qu'elle ne l'est actuellement, et une telle capacité constitue une limitation. (Le hiatus fait référence à l'être « absolu » de Dieu, qu'il vaut mieux considérer séparément.) « Une possibilité non réalisée est nécessairement (une relation et) une limite. L'orthodoxie est ainsi écrasée par la puissante logique de son propre champion. Dieu est infini ; alors, dans ce cas, tout ce qui existe est Dieu ; tous les phénomènes sont des modes de l'Être divin ; il n'y a littéralement rien qui ne soit Dieu. Les orthodoxes accepteront-ils cette position ? Cela les amène, il est vrai, dans le panthéisme le plus extrême, mais qu'en est-il ? Ils croient en un « Dieu infini » et sont donc nécessairement panthéistes. S'ils s'y opposent, ils doivent abandonner l'idée que leur Dieu est infini ; il n'y a pas de position intermédiaire qui leur soit ouverte ; il est infini ou fini, lequel ?

Encore une fois, Dieu est « avant toutes choses », il est le seul Être Absolu, ne dépendant de rien en dehors de lui-même ; tout ce qui n'est pas Dieu est relatif ; c'est-à-dire que Dieu existe seul et n'est pas nécessairement lié à quoi que ce soit d'autre. Les orthodoxes croient même que Dieu, à une époque antérieure (qui n'est pas une période, disent-ils, parce que le temps n'existait pas à cette époque – cependant, à cette « époque » floue, il existait), a existé seul, *c'est -à-dire* ., comme ce qu'on appelle un Être *Absolu* : cette conception est nécessaire pour tous ceux qui, d'une manière ou d'une autre, croient en un *Créateur*.

"Toi, dans ta lointaine éternité,

Tu as vécu et aimé seul."

Ainsi chante un ménestrel chrétien ; et l'un des arguments avancés en faveur d'une Trinité est qu'une pluralité de personnes est nécessaire pour que Dieu puisse aimer au « temps » où il était seul. Mais je n'entre pas dans ce point maintenant. Mais qu'implique cet Absolu ? Une simple impossibilité de création, tout comme l'Infini ; car la création implique que le relatif soit amené à l'existence, et ainsi l'Absolu soit détruit. "Ici encore, l'hypothèse panthéiste semble nous être imposée. Nous ne pouvons penser la création que comme un changement dans la condition de ce qui existe déjà, et ainsi la créature n'est concevable que comme un mode phénoménal de l'être du Créateur." Ainsi, une fois de plus, surgit le spectre redouté du panthéisme, « la morne désolation d'un désert panthéiste » ; et qui est le Moïse qui nous a conduits dans ce désert ? C'est un chef de l'orthodoxie, un dignitaire de l'Église ; c'est Dean Mansel qui tend la main vers l'univers et dit : « Ceci est ton Dieu, ô Israël ».

Les deux attributs les plus élevés de Dieu nous conduisent donc au panthéisme le plus complet ; de plus, avant de remarquer les autres attributs divins, je défierais le lecteur de faire une pause et d'essayer de réaliser cet être infini et absolu. « Qu'un homme puisse avoir conscience de l'infini est donc une supposition qui, dans les termes mêmes dans lesquels elle est exprimée, s'annihile elle-même... L'infini, s'il doit être conçu, doit être conçu. comme potentiellement tout — et en réalité rien ; car s'il y a quelque chose en général qu'il ne peut pas devenir, il est par là limité ; et s'il y a quelque chose en particulier qu'il est en réalité, il est par là exclu d'être autre chose. il faut aussi le concevoir comme réellement tout et potentiellement rien ; car une virtualité non réalisée est également une limitation si l'infini peut être « (dans le futur) « ce qu'il n'est pas » (dans le présent), « c'est par là même. possibilité désignée comme incomplète et susceptible d'une perfection plus élevée. Si elle est réellement tout, elle ne possède aucun trait caractéristique par lequel elle puisse être distinguée de quoi que ce soit d'autre et discernée comme un objet de conscience. Je pense donc que nous devons nous contenter, à l'instar du Dr Mansel, d'admettre que Dieu est, dans sa propre nature - de ce point de vue - tout à fait au-delà de la portée de nos facultés ; *pour nous, il n'existe pas*, puisqu'il est indiscernable et indiscernable. L'Église pourrait bien s'exclamer : « Sauvez-moi de mes amis ! quand une doyenne reconnaît que son Dieu est un fantôme contradictoire ; Mais curieusement, l'Église aime cela et accepte ce championnat fatal. J'aurais pu formuler cet argument entièrement dans mes propres mots, car le sujet est familier à tous ceux qui ont essayé de se faire une idée distincte de l'Être appelé « Dieu », mais j'ai préféré étayer mes propres opinions sur l'autorité d'un homme aussi orthodoxe que Dean Mansel, convaincu qu'en agissant ainsi, les orthodoxes pourraient être forcés de voir où la logique les mène. Tous ceux qui s'intéressent à ce sujet devraient étudier attentivement ses conférences ; il n'y a vraiment aucune difficulté à les suivre, si l'étudiant prend la peine de maîtriser une fois pour toutes les termes qu'il emploie. Le livre m'a été prêté il y a des années par un ecclésiastique et a fait plus que tout autre livre que je connaisse pour faire de moi ce qu'on appelle un « infidèle » ; cela prouve l'impossibilité pour nous d'avoir une idée logique, raisonnable et définie de Dieu, et le désespoir total d'essayer de réaliser son existence. Il semble nécessaire de faire ici une brève digression pour expliquer, à l'intention de ceux qui n'ont pas lu le livre que j'ai cité, comment Dean Mansel a échappé à devenir « athée ». Il est curieux que la dernière partie de ce livre soit aussi remarquable par ses hypothèses que la première partie par sa logique impitoyable. Alors qu'il devrait en toute raison dire : « nous ne pouvons rien savoir et donc ne rien croire », il dit au contraire : « nous ne pouvons rien savoir et prenons donc la Révélation pour acquise ». Un raisonneur athée nous surprend soudainement en devenant un fervent chrétien ; l'ennemi apparent des fidèles est « transformé en ange de lumière ». L'existence de Dieu « est inconcevable par la raison » et, par conséquent, « le seul motif qui peut être invoqué pour en accepter une représentation plutôt qu'une autre est que l'une est révélée et l'autre non révélée ». C'est la reconnaissance d'une *détermination préalablement formée* de croire à tout prix ; c'est un cri d'impuissance ; l'apothéose même du désespoir. Nous ne pouvons pas avoir d'histoire, alors croyons à un conte de fées ; nous ne pouvons rien découvrir, alors supposons n'importe quoi ; nous ne pouvons pas trouver la vérité, alors prenons le premier mythe qui nous tombe sous la main. Ici, je me sens obligé de me séparer du doyen et de le laisser croire, adorer et aimer ce qu'il a lui-même désigné comme indiscernable et indiscernable ; c'est peut-être un acte de foi, mais c'est une crucifixion de l'intellect ; c'est peut-être une satisfaction pour les aspirations du cœur, mais cela détrône la raison et la piétine dans la poussière.

Nous poursuivons notre étude des attributs de Dieu. Il est représenté comme la Volonté Suprême, l'Intelligence Suprême, l'Amour Suprême.

Comme la Volonté Suprême. Qu'entendons-nous par « volonté » ? Assurément, au sens habituel du terme, une volonté implique le pouvoir et l'acte de choisir. Deux voies s'offrent à nous et nous choisirons de marcher dans l'une plutôt que dans l'autre. Mais pouvons-nous penser au pouvoir de choisir en relation avec Dieu ? Des deux cours qui s'offrent à nous, l'un doit nécessairement être meilleur que l'autre, sinon ils seraient indiscernables et n'en formeraient qu'un ; la perfection implique que la voie supérieure sera toujours suivie ; que devient alors le pouvoir de choisir ? Nous choisissons parce que nous sommes imparfaits ; nous ne savons pas tout ce qui concerne la matière sur laquelle nous allons exercer notre volonté ; si nous savions tout, nous serions inévitablement conduits dans une seule direction, celle qui est la *meilleure possible* . Plus la connaissance est grande, plus la volonté est circonscrite ; plus la nature est noble, plus la voie inférieure est impossible. Spinoza souligne très clairement que la Divinité *n'aurait pas* pu faire les choses autrement qu'elles ne sont faites, parce que tout changement dans son action impliquerait un changement dans sa nature ; Dieu, avant tout, doit être lié par la nécessité. Si nous croyons en un Dieu, nous devons sûrement lui attribuer la perfection de la sagesse et la perfection de la bonté ; nous sommes alors obligés de le concevoir, si étrange que cela puisse paraître à ceux qui croient, non seulement sans voir mais aussi sans penser, comme sans volonté, parce qu'il doit toujours nécessairement suivre la voie la plus sage et la meilleure.

En tant que renseignement suprême . Encore une fois, la première question est : qu'entendons-nous par intelligence ? Au sens habituel du mot, l'intelligence implique l'exercice des diverses facultés intellectuelles et rassemble en un seul mot les idées de perception, de comparaison, de mémoire, de jugement, etc. L'énumération même de ces facultés suffit à montrer combien elles sont tout à fait inappropriées lorsqu'on les pense en relation avec Dieu. Dieu perçoit-il ce qu'il ne savait pas auparavant ? Compare-t-il un fait avec un autre ? Tire-t-il des conclusions de cette corrélation de perceptions, et juge-t-il ainsi ce qui est le mieux ? Se souvient-il, comme nous nous en souvenons, d'événements passés depuis longtemps ? La sagesse parfaite exclut de l'idée de Dieu tout ce qu'on appelle intelligence chez l'homme ; cela implique l'immuabilité, l'immobilité complète ; cela implique une connaissance de tout ce qui est connaissable ; cela inclut une connaissance de chaque fait, une connaissance qui n'a jamais été moindre dans le passé et qui ne pourra jamais l'être davantage dans le futur. La réception à tout moment d'une nouvelle pensée ou d'une nouvelle idée est impossible à la perfection, car si on pouvait y ajouter un jour dans le futur, cela serait nécessairement quelque chose de moins que parfait dans le passé.

Comme l'Amour Suprême . Nous arrivons ici au problème le plus sombre de l'existence. L'Amour, Maître du monde imprégné de part en part de douleur, de chagrin et de péché ? L'amour, ressort d'une nature dont la cruauté est parfois épouvantable ? Amour? Pensez au « martyre de l'homme ! » Amour? Suivez l'histoire de l'Église ! Amour? Étudiez les annales de la traite négrière ! Amour? Parcourez les cours et les ruelles de nos villes ! Il ne sert à rien d'essayer d'expliquer ces choses ou de les couvrir d'un voile de silence ; il vaut mieux les regarder en face et tester nos croyances par des faits inexorables. Il est insensé de conserver un point sensible qui ne peut être traité ; car un endroit qui donne de la douleur au toucher implique la présence d'une maladie : il est bien plus sage de s'y appuyer fermement et, si le danger s'y cache, d'utiliser la sonde ou le couteau. Nous n'avons pas le droit de repérer tout ce qu'il y a de plus noble et de plus juste dans l'homme, de projeter ces qualités dans l'espace et de les appeler Dieu. Nous créons seulement ainsi une figure idéale, un Homme purifié, ennobli, « magnifié ». Nous n'avons pas le droit de fermer les yeux sur les tristes *revers de la médaille* et de laisser de côté de nos conceptions du Créateur la plus grande moitié de sa création. Si nous voulons découvrir l'Ouvrier à partir de ses œuvres, nous ne devons pas choisir parmi ces œuvres ; nous devons les prendre tels qu'ils sont, « bons » et « mauvais ». Si nous voulons seulement un idéal, créons-en un par tous les moyens et appelons- *le Dieu* , si ainsi nous pouvons mieux l'atteindre, mais si nous voulons une véritable induction, nous devons tenir compte *de tous* les faits. Si Dieu doit être considéré comme l'auteur de l'univers et que nous devons le connaître à travers ses œuvres, alors nous devons faire place, dans nos conceptions de lui, à l'avalanche et au tremblement de terre, à la dent du tigre et au croc du serpent, ainsi que pour la tendresse de la femme et la force de l'homme, la gloire radieuse du soleil sur la récolte dorée et le doux clapotis des vagues d'été sur la plage de galets étincelants.*

** "Je sais que c'est habituel pour les orthodoxes de revendiquer le*

caractère moral de leur Dieu pour dire : « Tout le mal qui

existe est de l'homme; Tout ce que Dieu a fait n'est que bon. Mais

en admettant (que les faits ne corroborent pas) que l'homme est le

seul auteur du chagrin et du mal qui abondent dans le

monde, il est difficile de voir comment le Créateur peut être libre

de l'imputation. Dieu, selon l'orthodoxie, n'a-t-il pas prévu

toutes choses avec une perception infaillible que les événements

prévu doit se produire ? Cette prescience précise n'était-elle pas fondée

sur l'inflexibilité des desseins éternels de Dieu ? Comme alors,

les finalités, dans l'ordre de la nature, ont au moins précédé la

prescience et en a constitué la base, l'homme est devenu

largement l'instrument de faire du mal dans le monde

simplement parce que le Dieu de l'Église chrétienne n'a pas

choisissez d'empêcher l'homme d'être mauvais. En d'autres termes, l'homme est

tel qu'il est par le dessein ordonné de Dieu, et, par conséquent, Dieu

est responsable de toutes les souffrances, hontes et erreurs, propagée par l'action humaine. — De sorte que les excuses chrétiennes pour

Dieu, en relation avec le spectacle du mal, incombe

pièces."—Note de l'éditeur.

La Nature de Dieu, qu'est-ce que c'est ? Infini et Absolu, il échappe à notre contact ; sans volonté humaine, sans intelligence humaine, sans amour humain, où ses facultés — le mot même est un abus de langage — pourraient-elles trouver un lieu de rencontre avec les nôtres ? Est-il tout ou rien ? un ou plusieurs ? *Nous ne le savons pas. Nous ne savons rien.* Telle est la conclusion à laquelle nous pousse l'orthodoxie, avec sa prétendue foi, qui est la crédulité, avec ses prétendues preuves, qui sont des présomptions. Il définit et cartographie les perfections de la Divinité, et elles se dissolvent lorsque nous essayons de les saisir ; nulle part ces idées ne tiennent la route un instant ; nulle part cette position n'est défendable. L'orthodoxie pousse les penseurs à l'athéisme ; las de ses contradictions, ils crient : « Dieu *n'existe pas* » ; Le principal penseur de l'orthodoxie nous plonge lui-même dans l'athéisme. Aucun esprit logique et impartial ne peut échapper à l'incrédulité par la trappe ouverte par Dean Mansel : il nous a appris la raison, et nous ne pouvons pas supprimer la raison. L'"intellect serpent" - comme l'appelle l'évêque de Peterborough - s'est fermement enroulé autour de l'arbre de la connaissance, et dans ce type nous ne voyons pas, avec l'hébreu, le visage de la mort, mais, avec les religions plus anciennes, nous respectez-le comme le symbole de la vie.

Il est un autre fait, historique, encore destructeur, qui me paraît de la plus grave importance, c'est l'atténuation progressive de l'idée de Dieu devant la lumière grandissante de la vraie connaissance. Pour le sauvage, tout est divin ; il entend la voix d'un Dieu dans le coup de tonnerre, celle d'un autre dans le rugissement du tremblement de terre, il voit une divinité dans les arbres, une divinité lui sourit depuis les profondeurs claires de la rivière et du lac ; tout phénomène naturel est la demeure d'un dieu ; chaque événement est contrôlé par un dieu ; la volonté divine est à la base de chaque incident. Pour lui, le règne des dieux est une dure réalité ; s'il les offense, ils retournent contre lui les forces de la nature ; le déluge, la famine, la peste sont les ministres de la colère vengeresse des dieux. À mesure que la civilisation progresse, le nombre des divinités diminue, les pouvoirs divins se concentrent de plus en plus en un seul Être, et Dieu règne sur la terre entière, fait des nuages son char et règne au-dessus des eaux comme un roi. Les phénomènes physiques sont toujours ses agents, exerçant sa volonté parmi les enfants des hommes ; il fait pleuvoir du ciel de grosses grêles sur ses ennemis, il tue leurs troupeaux et dévaste leurs terres, mais ses élus sont en sécurité sous sa protection, même si le danger les encercle de toutes parts ; "Tu n'auras peur d'aucune terreur pendant la nuit, ni de la flèche qui vole le jour, ni de la peste qui marche dans les ténèbres, ni de la maladie qui détruit en plein midi. Mille tomberont à côté de toi, et dix mille à ta droite ; mais il ne s'approchera pas de toi... Il te défendra sous ses ailes, et tu seras en sécurité sous ses plumes. (Ps. xci., Livre de prières.) L'expérience contredit assez grossièrement cette théorie, et elle céda lentement devant la logique des faits ; elle est cependant encore plus ou moins répandue parmi nous, comme nous le voyons lorsque le siège de Paris est proclamé comme un jugement contre l'irréligion parisienne, et lorsque la nation entière s'agenouille pour reconnaître la peste du bétail comme le châtiment mérité de ses péchés ! L'étape suivante consistait à séparer le physique du moral et à admettre que la souffrance physique était indépendante de la culpabilité morale ou de la justice : les hommes écrasés sous la tour effondrée de Siloé ne se révélaient pas pour autant être plus pécheurs que leurs compatriotes. La naissance de la science sonna le glas d'un Pouvoir Suprême arbitraire et constamment interposé. La théorie selon laquelle Dieu était un faiseur de miracles s'est dissipée ; désormais, si Dieu régnait, ce devait être comme dans la nature et non de l'extérieur de la nature ; il n'imposait plus de lois à quelque chose d'extérieur à lui, les lois ne pouvaient être que l'expression nécessaire de son propre être. En outre, les lois se sont révélées immuables dans leur fonctionnement, changeant non pas en fonction de la prière, mais toujours fidèles à l'épaisseur d'un cheveu dans leur action. Lentement mais sûrement, la prière à Dieu pour l'altération des phénomènes physiques s'avère être simplement une superstition bien intentionnée ; la nature ne s'écarte pas devant nos supplications, ni ne faiblit dans son chemin devant nos supplications les plus passionnées. Le « règne de la loi » en matière physique est de plus en plus reconnu même par les théologiens. À mesure que progresse la connaissance du *naturel*, *la croyance au surnaturel recule* peu à peu ; à mesure que le royaume de la science s'étend, le royaume des interférences miraculeuses disparaît progressivement. Les effets que l'on croyait autrefois causés par l'action directe de Dieu sont maintenant considérés comme étant causés par l'application uniforme et calculable de certaines lois – lois auxquelles, une fois découvertes, il appartient implicitement à la sagesse d'obéir. Les choses pour lesquelles nous priions, nous travaillons et attendons maintenant, et si nous échouons, nous ne demandons pas à Dieu d'ajouter sa force à la nôtre, mais nous nous asseyons et élaborons nos plans avec plus de soin. Comment cela va-t-il se terminer ? L'avenir sera-t-il comme le passé, et la science va-t-elle finalement effacer la conception d'un Dieu personnel ? C'est une question qui mérite d'être réfléchie à la lumière de l'histoire. Jusqu'à présent, le surnaturel a toujours été le produit de l'ignorance humaine ; est-ce en vérité cela et rien d'autre ?

Je suis obligé, avec une certaine réticence, d'appliquer l'ensemble du raisonnement ci-dessus à chaque école de pensée, qu'elle soit nominalement chrétienne ou non chrétienne, qui considère Dieu comme un « homme magnifié ». La même logique sévère coupe toutes les voies et détruit à la fois l'hypothèse trinitaire et l'hypothèse unitaire, partout où l'idée de Dieu est celle d'un Créateur, se tenant pour ainsi dire en dehors de sa création. Le penseur libéral, quelle que soit sa position actuelle, semble infailliblement conduit aux conclusions ci-dessus, dès qu'il s'efforce de réaliser son idée de son Dieu. La Divinité doit nécessairement être cette seule et unique substance à partir de laquelle toutes choses ont évolué dans les conditions incréées et les lois éternelles de l'univers ; il doit être, comme le dit curieusement Theodore Parker, « la matérialité de la matière, aussi bien que la spiritualité de l'esprit » ; *c'est à dire.* , ceux-ci doivent tous deux être des produits de cette substance unique : une vérité qui est facilement acceptée dès que l'esprit et la matière apparaissent comme n'étant que des modes différents d'une seule essence. Ainsi, nous identifions la substance à la force compréhensive et vivifiante de la nature, et ce faisant, nous réduisons simplement à une impossibilité physique l'existence de l'Être décrit par les orthodoxes comme un Dieu possédant les attributs de la personnalité. La Divinité s'identifie à la nature, coextensive à l'univers ; mais le Dieu des orthodoxes n'existe plus ; on peut changer la signification de Dieu et utiliser ce mot pour exprimer une idée différente, mais on ne peut plus entendre par là un Être personnel au sens orthodoxe, possédant une individualité qui le sépare du reste de l'univers. Je dis que j'utilise ces arguments « avec une certaine réticence », parce que beaucoup de ceux qui ont combattu et se battent noblement et courageusement dans l'armée de la libre pensée, et à qui tous les libres penseurs doivent beaucoup d'honneur , semblent s'accrocher à une idée de la Divinité. , qui, aussi beau et poétique soit-il, n'est pas logiquement défendable, et en s'attaquant à la notion orthodoxe de Dieu, on s'attaque nécessairement aussi à toute idée d'une Divinité « personnelle ». Il y a des théistes qui ont seulement retranché le Fils et le Saint-Esprit du Jéhovah trinitaire et ont concentré la Divinité dans la personne du Père ; ils sont revenus à la vieille idée hébraïque de Dieu, le Créateur, le Soutien, en l'élargissant seulement en considérant Dieu comme l'Ami et le Père de toutes ses créatures, et non seulement de la nation juive. Il y a beaucoup de noble et d'attrayant dans cette idée, et elle servira peut-être de religion de transition pour briser le choc du passage du surnaturel au naturel. On y parvient entièrement par un processus d'abandon ; Les notions chrétiennes sont abandonnées les unes après les autres, et le Dieu en qui on croit en est le résidu. Cette école théiste n'a pas tiré son idée de Dieu d'une étude générale de la nature ou d'une quelconque induction philosophique à partir de faits ; il ne l'a gagné qu'en retirant d'une idée déjà présente dans l'esprit tout ce qu'il y a de dégradant et de révoltant dans les dogmes du Trinitarisme . Cela part, comme je l'ai remarqué ailleurs, d'un axiome très noble : « Si Dieu existe, il doit être au moins aussi bon que ses créatures les plus élevées », et ainsi est instantanément balayée l' idée augustinienne d'un Dieu. — ce monstre inventé par la dialectique théologique ; mais toujours le même axiome fait

Dieu à l'image de l'homme, et ne parvient jamais à sortir d'une représentation humaine de la Divinité. Cela part de cet axiome, et l'axiome est précédé d'un « si ». Il suppose Dieu, puis argumente assez justement sur ce que doit être son caractère. Et ce « si » est précisément le point sur lequel tourne l'argumentation de cet article.

« S'il y a un Dieu », tout le reste suit, mais *existe-t-il un Dieu* au sens où le mot est généralement utilisé ? Et j'arrive ainsi à la deuxième partie de mon problème ; Après avoir vu que « l'idée orthodoxe de Dieu est déraisonnable et absurde, existe-t-il une idée de Dieu, digne d'être appelée idée, qui soit réalisable dans l'état actuel de nos facultés ?

L'argument du design ne me semble pas satisfaisant ; soit cela va trop loin, soit pas assez loin. Pourquoi, en partant des preuves de l'adaptation, devrions-nous supposer qu'elles sont planifiées par un esprit ? Il est tout aussi facile de concevoir la matière comme existant par elle-même, avec des lois vitales inhérentes la modelant en phénomènes variés, que de concevoir un esprit intelligent modélisant directement la matière, de sorte que « les cieux déclarent la gloire de Dieu et que le firmament montre ». son travail manuel. Il est, je le sais, d'usage de se moquer de l'idée de belles formes existant sans concepteur conscient, de mettre en parallèle les adaptations de ce monde avec les adaptations des machines, puis de se demander triomphalement : « si l'on déduit de l'habileté une compétence, pourquoi attribuer l'autre au hasard ? Nous ne croyons pas au hasard ; l'action constante de la loi n'est pas le fruit du hasard ; les cristaux exquis qui se forment dans certaines conditions ne sont pas un « concours fortuit d'atomes » : la seule question est de savoir si les lois que nous laissons tous gouverner la nature sont immanentes à la nature ou le résultat d'un esprit intelligent. S'il y a un législateur, existe-t-il par lui-même, ou a-t-il, à son tour, comme l'ont demandé à maintes reprises les positivistes, les laïcs et les athées, un faiseur ? Si l'on pense un instant au vaste esprit impliqué dans l'existence d'un Créateur de l'univers, est-il possible de croire qu'un tel esprit est le résultat du hasard ? Si l'esprit de l'homme implique un esprit maître, combien plus celui de Dieu ? Bien sûr, la question semble absurde, mais elle est tout aussi pertinente que celle de l'artisan du monde. Il faut s'arrêter quelque part, et il est tout aussi logique de s'arrêter à un moment donné qu'à un autre. L'argument tiré de la conception serait précieux si nous pouvions prouver, a priori, comme M. Gillespie a tenté de le faire*, l'existence d'une divinité ; ceci étant prouvé, nous pourrions alors raisonnablement argumenter de manière déductive sur les divers signes apparents de l'esprit dans l'univers. Encore une fois, si nous autorisons le design, nous devons nous demander : « jusqu'où s'étend le design ? Si certains phénomènes sont conçus, pourquoi pas tous ? Et sinon tout, sur quel principe pouvons-nous séparer ce qui est conçu de ce qui ne l'est pas ? Si l'intellect et l'amour révèlent un dessein, que révèlent la brutalité et la haine ?

Si ces derniers ne sont pas le résultat d'une conception, comment ont-ils été introduits dans l'univers ? Je répète que cet argument implique soit trop, soit pas assez.*

*_"L'existence nécessaire de la Divinité."_

Il n'y a qu'un seul argument qui me semble avoir un véritable poids, c'est l'argument de l'instinct. L'homme a des facultés qui semblent, à l'heure actuelle, ne pas être nées de l'intellect, et il me semble contraire à la philosophie d'exclure cette catégorie de faits de notre étude de la nature. La nature de l'homme comporte certains sentiments et émotions qui, raisonnablement ou déraisonnablement, l'influencent puissamment et continuellement ; ce sont, en fait, ses forces motrices les plus puissantes, submergeant les facultés de raisonnement d'une force irrésistible ; il est vrai qu'ils ont besoin de discipline et de contrôle, mais ils n'ont pas besoin d'être détruits, et ils ne peuvent pas l'être. Les sentiments d'amour, de respect, d'adoration ne sont pas encore réductibles à des processus logiques ; ce sont des intuitions, des émotions spontanées, incompréhensibles à l'intellect vif et froid. On peut se moquer d'eux ou les nier, mais ils existent toujours malgré tout ; ils se vengent, lorsqu'on n'en tient pas compte, en ruinant les plans les mieux conçus, et ils rompent continuellement les liens avec lesquels la raison s'efforce de les attacher. Je ne prétends pas un seul instant nier que ces intuitions, à mesure que nos connaissances en psychologie s'accroissent, se réduiront à des lois strictes ; nous les appelons instincts et intuitions simplement parce que nous ne parvenons pas à les remonter jusqu'à leur source, et cette expression vague recouvre le flou de nos idées. Par conséquent, l'intuition ne doit pas être acceptée comme un guide fiable, mais elle peut suggérer une hypothèse, et cette hypothèse doit ensuite être soumise à la stricte vérification des faits observés. Nous ne sommes pas encore en mesure de dire à quoi pointe l'instinct d'adoration de l'homme, ni quelle réalité répond à son désir. Des connaissances accrues nous permettront, nous pouvons l'espérer, de nous révéler* où se trouve la véritable satisfaction de cet instinct : aussi longtemps que le désir n'est qu'un « instinct », il ne peut prétendre être logiquement défendable, ni prétendre énoncer une quelconque règle de foi. . Mais je crois néanmoins qu'il est bon de souligner que cet instinct existe chez l'homme, et qu'il existe plus fortement chez certaines des âmes les plus nobles.

*_"Existe-t-il chez l'homme un tel instinct ? Le général ne peut-il pas_

tendance à adorer une Divinité, soit partout le résultat de la

influence acquise par les prêtres sur l'esprit par le jeu des

mystérieux Inconnu et ci-après susceptible

des imaginations ? D'ailleurs, que dire de l'immense

De tous les sentiments divers qui sont ainsi actuellement « intuitifs », aucun n'est plus puissant, aucun n'est aussi dominateur que cet instinct d'adoration, ce sentiment de religion. Il est aussi naturel pour l'homme d'adorer que de manger. Il le fera, que ce soit raisonnable ou déraisonnable. Tout comme le bébé met tout dans sa bouche, l'homme persiste à adorer quelque chose. On peut dire que l'instinct du bébé ne prouve pas qu'il a raison de vouloir dévorer une boîte d'allumettes ; c'est vrai, mais cela prouve l'existence de quelque chose de mangeable ; ainsi le fétichisme, le polythéisme, le théisme ne prouvent pas que l'homme a adoré correctement, mais ne prouvent-ils pas l'existence de quelque chose d'adorable ! Bien entendu, cet argument ne prétend pas constituer une démonstration ; ce n'est rien de plus que la suggestion d'une analogie. Devons-nous constater que l'offre est corrélée à la demande dans toute la nature, et pourtant croire que ce système jusqu'ici invariable est soudainement modifié lorsque nous atteignons la partie spirituelle de l'homme ? Je ne nie pas que cet instinct soit héréditaire et qu'il soit entretenu par l'habitude. L'idée du respect de Dieu se transmet de parent à enfant ; il est entraîné dans un développement anormal et ainsi renforcé presque indéfiniment ; mais pourtant il me semble que le penchant pour l'adoration fait partie intégrante de la nature de l'homme. On a aussi parfois considéré que cet instinct trouvait sa racine dans le sentiment que l'individu n'est qu'une « partie d'un tout prodigieux » ; que le soi-disant sentiment religieux évoqué par une vue grandiose ou une nuit lumineuse sous les étoiles n'est que la prise de conscience de l'insignifiance personnelle et le respect qui s'élève dans l'âme en présence du puissant univers dont nous faisons partie. Quelles que soient la racine et la signification de cet instinct, sa force ne fait aucun doute ; il n'y a rien qui excite les passions comme la théologie ; pour la religion, les hommes se précipitent vers la mort plus facilement et avec plus de joie que pour toute autre cause ; le fanatisme religieux est la puissance la plus meurtrière, la plus terrible du monde. En étudiant l'histoire, je constate également la tendance ascendante de la race, et je remarque ce courant que M. Matthew Arnold a appelé « ce courant de tendance, et non nous-mêmes, qui conduit à la droiture ». Bien sûr, s'il existe un Dieu conscient, cette tendance est une preuve de son caractère moral, puisqu'elle serait la conséquence de ses lois ; mais ici encore un argument qui aurait de la valeur si l'existence de Dieu était déjà prouvée tombe émoussé du mur de fer de l'inconnu. La même tendance vers le haut existerait naturellement dans n'importe quel « domaine du droit », même si le droit était une force inconsciente. Car la justice n'est rien d'autre que l'obéissance à la loi, et là où il y a obéissance à la loi, les puissantes forces de la nature prêtent leur force à l'homme, et le progrès est assuré. Ce n'est qu'en obéissant à la loi que l'on peut progresser, et cette règle s'applique, bien entendu, à la morale aussi bien qu'à la physique. La justice physique est l'obéissance aux lois physiques ; la droiture morale est l'obéissance aux lois morales : tout comme les lois physiques sont découvertes par l'observation des phénomènes naturels, de même les lois morales doivent être découvertes par l'observation des phénomènes sociaux. Ce qui augmente le bonheur général est juste ; ce qui tend à détruire le bonheur général est mauvais. L'utilité est le test de la moralité. Mais une loi ne doit pas être tirée d'un seul fait ou phénomène ; les faits doivent être soigneusement rassemblés et les lois générales de la morale tirées d'une généralisation des faits. Mais ce sujet est trop vaste pour être abordé ici, et nous y faisons seulement allusion pour souligner que, bien qu'il y ait une tendance morale apparente dans le cours des événements, c'est plutôt une hypothèse téméraire que de considérer comme acquis que le pouvoir Il s'agit d'une question consciente : c'est peut-être le cas, et c'est, je pense, tout ce que nous pouvons dire justement et raisonnablement.

Encore une fois, en ce qui concerne l'Amour. J'ai protesté plus haut contre la facilité qui parle avec légèreté de l'Amour suprême tout en fermant les yeux sur la suprême agonie du monde. Mais ici, en avançant ce qui peut être dit de l'autre côté de la question, je dois remarquer qu'il existe une explication possible du chagrin et du péché qui est cohérente avec l'amour étant donné l'immortalité de l'homme et de la bête, et le gain futur peut alors l'emporter sur l'amour. la perte actuelle. Mais nous devons nous rappeler que nous ne pouvons avoir qu'un *espoir* d'immortalité ; nous n'en avons aucune démonstration, et ce n'est donc qu'une hypothèse par laquelle nous échappons à une difficulté. Nous devrions également être prêts à reconnaître qu'il y a de l'amour dans la nature, bien qu'il y ait aussi de la cruauté ; il y a le soleil aussi bien que la tempête, et nous ne devons pas fixer nos yeux uniquement sur les ténèbres et nier la lumière. Dans l'amour maternel, dans l'amour des amis, fidèle dans tous les doutes, vrai malgré le danger et la difficulté, plus fort quand il est le plus éprouvé, nous voyons des lueurs d'une beauté si divine, si surnaturelle, que nos cœurs nous murmurent une beauté si divine. cœur universel palpitant dans toute la nature, ce que, dans ces rares instants, nous ne pouvons pas croire être un rêve. Mais il semble aussi y avoir une vague idée que l'amour et les autres vertus ne pourraient exister que s'ils dérivent de l'Amour, etc. Il est vrai que nous concevons certains idéaux de vertu que nous personnifions et auxquels nous appliquons divers termes impliquant de l'affection ; nous parlons d'amour de la Vérité, de dévotion à la Liberté, etc. Ces idéaux ont cependant une existence purement subjective ; ce ne sont pas des réalités objectives ; il n'y a rien qui réponde à ces conceptions dans le monde extérieur, et nous ne prétendons pas non plus croire en leur individualité. Mais lorsque nous rassemblons tous nos idéaux, nos désirs les plus nobles, et les lions en une vaste figure idéale, que nous appelons du nom de Dieu, alors nous lui attribuons immédiatement une existence objective et nous nous plaignons de froideur et de dureté si elle est la réalité est remise en question, et nous exigeons de savoir si nous pouvons aimer une abstraction ? Les âmes les plus nobles aiment les abstractions, vivent dans leur beauté et meurent pour elles.

Il semble également y avoir une possibilité d'existence d'un esprit dans la nature, bien que nous ayons vu que l'intelligence est, à proprement parler, impossible. Il ne peut y avoir de perception, de mémoire, de comparaison ou de jugement ; mais ne peut-il pas y avoir un esprit parfait, immuable, calme et immobile ? Nos facultés nous font défaut lorsque nous essayons d'estimer la Divinité, et nous sommes trahis par des contradictions et des absurdités ; mais s'ensuit-il donc qu'il ne l'est pas ? Il me semble que nier son existence, c'est presque autant dépasser les limites de notre pouvoir de pensée que tenter de le définir. Nous prétendons connaître l'Inconnu si nous le déclarons être l'Inconnaissable. Inconnaissable pour nous à l'heure actuelle, oui ! Inconnaissable à jamais , dans d'autres étapes possibles de l'existence ? — Nous avons atteint une région dans laquelle nous ne pouvons pas pénétrer ; ici toutes les facultés humaines nous font défaut ; nous inclinons la tête devant « le seuil de l'inconnu ».

Et l'oreille de l'homme ne peut pas entendre, et l'œil de l'homme ne peut pas voir ;

Mais si nous pouvions voir et entendre cette Vision, n'était-ce pas Lui ?

Ainsi chante Alfred Tennyson, le poète de la métaphysique : « si nous pouvions voir et entendre » ; Hélas! c'est toujours un « si ».

Nous revenons au début de cet essai : quel est le résultat pratique de nos idées sur la Divinité, et comment ces idées affectent-elles la vie professionnelle quotidienne ? Quelles conclusions devons-nous tirer du fait indéniable que, même s'il existe un « Dieu personnel », sa nature et son existence dépassent nos facultés, que « les nuages et les ténèbres l'entourent », qu'il est voilé dans un silence éternel et ne se révèle-t-il pas aux hommes ? La conclusion évidente est sûrement que, s'il existe réellement, il désire se cacher des habitants de notre monde. Je le répète, si la Divinité existe, elle ne veut pas que nous connaissions son existence. Il peut y avoir, dans la nature même des choses, une impossibilité pour lui de se révéler aux hommes ; nous pouvons n'avoir aucune faculté avec laquelle l'appréhender ; Pouvons-nous révéler les étoiles et l'étendue ondulante de l'océan à la patelle aveugle sur le rocher ? Que cela soit vrai ou non, il est certain que la Divinité ne se révèle pas ; soit il ne le peut pas, soit il ne le fera pas. Et la raison – j'admets pour le moment, pour l'intérêt de l'argumentation, son existence personnelle – n'est pas loin d'être recherchée ; cela apparaît clairement sur le visage de l'histoire. Car quel a été le résultat de la théologie dans son ensemble ? Il a détourné les yeux des hommes de la terre pour les fixer sur le ciel ; il leur a ordonné de ne pas se soucier du temporel, tout en les incitant à s'accrocher à l'éternel ; il a incité des multitudes à prodiguer des sentiments fervents sur une conception formulée par les prêtres d'un Dieu incompréhensible, tout en détournant leur force des devoirs évidents que l'humanité a devant elle ; elle leur a appris à vivre pour le monde à venir, alors qu'ils devraient vivre pour le monde qui les entoure ; il a rendu les torts de la terre supportables avec l'espoir de la gloire qui sera révélée. Il serait sage en effet que la Divinité se cache, alors que même un de ses fantômes a causé un mal aussi fatal ; et jamais de progrès réels et réguliers ne seront assurés tant que les hommes n'acquiesceront pas à cette loi bienfaisante de leur nature, qui trace un cercle sévère des « limites de la pensée religieuse » et leur ordonne de concentrer leur attention sur le travail qu'ils ont à accomplir dans ce monde. au lieu d'être « sans cesse scrutant et méditant le monde d'au-delà de la tombe ». "Quelle doit être notre conception de la moralité, doit-elle se fonder sur l'obéissance à Dieu, ou doit-elle être recherchée pour elle-même et ses effets ?" Lorsque nous admettons que Dieu est au-delà de notre connaissance, la moralité devient immédiatement nécessairement fondée sur l'utilité, ou sur l'adaptation naturelle de certains sentiments et actions pour promouvoir le bien-être général de la société. Comme aucune révélation ne nous est donnée comme une « norme infaillible du bien et du mal », nous devons former notre moralité à partir de la pensée et de l'expérience. Par exemple, notre nature morale, telle qu'elle a été élevée dans la plus haute civilisation , nous dit que mentir est mauvais ; avec cette hypothèse dans notre esprit, nous étudions les faits et découvrons que le mensonge provoque la méfiance, l'anarchie et la ruine ; c'est pourquoi nous posons comme loi morale : « Ne mentez pas du tout ». La science morale doit se contenter de croître comme les autres sciences ; d'abord une hypothèse autour de laquelle regrouper nos faits, puis du raisonnement des faits rassemblés et rassemblés jusqu'à une loi solide. La morale scientifique a ce grand avantage sur la morale révélée, qu'elle repose sur un terrain ferme et inattaquable ; des faits nouveaux en modifieront les détails, mais ne pourront jamais toucher à sa méthode ; comme toutes les autres sciences, elle est à la fois positive et progressiste.

Tous les hommes ne pensent pas que mentir est faux, par exemple voyous et vieux

Spartiates. Ce n'est donc pas notre nature morale qui

nous le dit intuitivement, mais notre nature morale en tant que

instruit par les idées morales prévalant dans la société en

que nous vivons. — Note de l'éditeur.

« Notre attitude mentale est-elle d'être à genoux ou debout ? » Quand nous admettons que la Divinité nous est voilée, comment pouvons-nous prier ? Quand on voit que cette loi est inexorable, à quoi sert de protester contre son emprise absolue ? Lorsque nous sentons que tous, y compris nous-mêmes, ne sont que des modes d'être un et universels, et dans lesquels nous « vivons et nous mouvons », comment prierons-nous ce qui est proche de nous comme notre propre âme, une partie de notre être même ? nous-mêmes, indissociables de nos pensées, partageant notre conscience ? Autant se parler à haute voix que prier l'Essence universelle. Les enfants *pleurent* pour obtenir ce qu'ils veulent ; des hommes et des femmes y *travaillent*. Il y a deux points de vue sous lesquels nous pouvons considérer la prière : de l'un, elle n'est qu'un enfantillage, de l'autre, une pure impertinence. En ce qui concerne l'ordre puissant de la nature, sa marche grandiose, silencieuse et invariable, l'importunité qui s'irrite contre son progrès immuable est une marque de la plus extrême enfantillage d'esprit ; cela montre cette irrévérence totale de l'esprit qui ne peut concevoir l'idée d'une grandeur devant laquelle l'existence individuelle n'est pour rien, et cette vanité infantile qui s'imagine que ses propres plans et jouets rivalisent en importance avec les luttes des nations et les intérêts des mondes lointains. Considérant les lois de la nature comme plus sages que nos propres caprices, l'idée qui trouve son exutoire dans la prière est une grossière impertinence ; qui sommes-nous pour prendre sur nous de rappeler à la Nature son œuvre, à Dieu son devoir ? Existe-t-il une impertinence aussi extrême que la prière qui « plaide » auprès de la Divinité ? Il n'y a qu'un seul type de « prière » raisonnable, c'est l'adoration profonde et silencieuse de la grandeur, de la beauté et de l'ordre qui nous entourent, tels que révélés dans les domaines de la vie non rationnelle et dans l'humanité ; Alors que nous inclinons la tête devant les lois de l'univers et façonnons nos vies pour obéir à leur voix, nous trouvons une paix forte et calme envahir nos cœurs, une confiance parfaite dans le triomphe ultime du droit, une détermination tranquille à « faire en sorte que nos vies sont sublimes." Devant nos propres idéaux élevés, devant ces vies qui nous montrent « combien les marées de la vie divine sont montées dans le monde humain », nous nous tenons à voix basse et le visage voilé ; d'eux nous puisons la force d'imiter et osons même lutter pour exceller.

La contemplation de l'idéal est la vraie prière ; il inspire, il fortifie, il ennoblit. L'autre partie de la prière est le travail : de la contemplation au travail , de la forêt à la rue. Étudiez les lois de la nature, conformez-vous à elles, travaillez en harmonie avec elles, et le travail devient une prière et une action de grâce, une adoration de la sagesse universelle et une véritable obéissance à la loi universelle.

« Le ressort principal de nos actions doit-il être l'idée du devoir envers Dieu, ou la loyauté envers la loi et le bien-être de l'homme ? » Nous ne pouvons pas servir Dieu dans un sens réel ; nous sommes impressionnés par l'Inconnu, mais nous ne pouvons pas le *servir* . Pour le Puissant, pour l'Incompréhensible, que pouvons-nous faire ? Mais nous pouvons servir l'homme, oui, et il a besoin de notre service ; service du cerveau et des mains, service infatigable et incessant, service tout au long de la vie et jusqu'à la mort. La race à laquelle nous appartenons (nos propres familles et parents, puis la communauté dans son ensemble) a le premier droit à notre allégeance, droit dont rien ne peut nous libérer jusqu'à ce que la mort jette un voile sur notre travail.

Je peux sûrement affirmer que mon sujet n'est pas peu pratique et que nos idées sur la nature et l'existence de Dieu influencent nos vies d'une manière très réelle. Si j'ai substitué une autre base de moralité à celle sur laquelle elle repose aujourd'hui, si j'ai suggéré une autre théorie de la prière et proposé un autre motif de devoir, ces changements affectent sûrement la vie humaine tout entière. Ces théories sont niées par les orthodoxes, et ils les rejettent parce qu'elles séparent la vie humaine de ce qu'on appelle la religion révélée. Ma position n'est-elle pas justifiée, à savoir que les idées que nous avons de Dieu sont les forces dirigeantes de nos vies ? qu'il est de première importance pour le bien de l'humanité qu'une fausse théorie sur ce point soit détruite et qu'une foi plus raisonnable soit acceptée ?

Quelqu'un s'écriera-t-il : « Vous enlevez toute beauté de la vie humaine, tout espoir, toute chaleur, toute inspiration ; vous nous donnez un froid devoir d'obéissance filiale et une loi inexorable à la place de Dieu ? Toute la beauté de la vie ? N'y a-t-il donc aucune beauté dans l'idée de faire partie de la grande vie de l'univers, aucune beauté en harmonie consciente avec la nature, aucune beauté dans un service fidèle, aucune beauté dans les idéaux de toutes les vertus ? "Tout espoir?" Eh bien, je vous donne plus que de l'espoir, je vous donne une certitude : si je vous ordonne de travailler pour ce monde, c'est en sachant que ce monde vous le rendra mille fois , parce que la société deviendra plus pure, la liberté plus stable, la loi plus honorée. , une vie plus pleine et plus heureuse. Quel est votre espoir ? Un paradis dans les nuages. Je montre un paradis accessible sur terre. "Toute chaleur ?" Quoi! Vous servez chaleureusement un Dieu inconnu et invisible, en un sens l'ombre projetée de vos propres imaginations, et ne pouvez servir que froidement votre frère que vous voyez à vos côtés ? N'y a-t-il pas de chaleur pour éclaircir le sort des tristes, pour réformer les abus, pour établir une justice égale pour les riches et les pauvres ? Vous trouvez de la chaleur dans l'église, mais pas à la maison ? Chaleur à imaginer les gloires des nuages du ciel, mais aucune à créer des gloires substantielles sur terre ? "Toute inspiration ?" Si vous voulez inspirer vos sentiments, peut-être feriez-vous mieux de vous en tenir à votre Bible et à vos croyances ; si vous voulez que l'inspiration fonctionne, allez vous promener dans l'est de Londres ou dans les ruelles de Manchester. Vous êtes inspiré de tendresse lorsque vous contemplez les blessures de Jésus, mort il y a longtemps en Judée, et ne trouvez aucune inspiration dans les blessures des hommes et des femmes qui meurent dans l'Angleterre d'aujourd'hui ? Vous « avez des larmes à verser pour lui », mais aucune pour celui qui souffre à votre porte ? Sa passion suscite vos sympathies, mais vous ne voyez aucun pathétique dans la passion des pauvres ? Le devoir est plus froid que « l'obéissance filiale ? Qu'entendez-vous par obéissance filiale ? L'obéissance à votre idéal de bonté et d'amour, n'est-ce pas ? Alors, comment se passe le devoir froid ? Je vous offre des idéaux pour votre hommage : voici la Vérité pour votre Maîtresse, à l'exaltation de laquelle vous consacrerez votre intellect ; voici la liberté pour votre général, pour le triomphe duquel vous combattrez ; voici l'Amour pour votre Inspirateur, qui influencera chacune de vos pensées ; voici l'Homme pour votre Maître — non au ciel mais sur terre — au service duquel vous consacrerez toutes les facultés de votre être. Une loi inexorable à la place de Dieu ? Oui : une ferme certitude que vous ne perdrez pas votre vie, mais que vous récolterez une riche récompense à la fin ; que vous ne semez pas le malheur, mais que vous récoltez la joie ; afin que vous ne soyez pas égoïste, mais ne soyez pas couronné d'amour, et que vous ne péchiez pas, mais que vous trouviez la sécurité dans la repentance. Il est vrai que notre credo est sévère, sévère avec la belle sévérité de la Nature. Mais si nous avons raison, regardez-vous : les lois ne freinent pas leur action à cause de votre ignorance ; le feu ne cessera de brûler, parce que « vous ne saviez pas ».

Nous ne connaissons rien au-delà de la nature ; nous jugeons l'avenir par le présent et le passé ; nous nous contentons de travailler maintenant et laissons le travail à venir attendre jusqu'à ce qu'il apparaisse comme le travail à accomplir ; nous constatons que nos facultés sont suffisantes pour accomplir les tâches qui sont à notre portée, et nous ne pouvons pas perdre de temps et de force à regarder dans les ténèbres impénétrables. Il faut lutter contre les superstitions, car elles entravent l'avancement de la race, mais nous ne tomberons pas dans l'erreur des adversaires et tenterons de définir l'Indéfinissable.

EUTHANASIE.

JE vous ai déjà raconté avec quel soin ils soignent leurs malades, afin que rien ne soit laissé de côté qui puisse contribuer soit à leur santé, soit à leur bien-être. Et quant à ceux qui sont atteints de maladies incurables, ils emploient tous les moyens possibles pour les chérir et rendre leur vie aussi confortable que possible ; ils leur rendent visite souvent et s'efforcent de faire passer leur temps facilement. Mais si quelqu'un souffre d'une douleur persistante et tourmentée, sans espoir de guérison ou de soulagement, les prêtres et les magistrats viennent vers eux et les exhortent, car ils sont incapables de vaquer aux affaires de la vie, et sont devenus un fardeau pour eux-mêmes et pour tous ceux qui les entourent. et ont en réalité survécu à eux-mêmes, ils ne devraient plus chérir une maladie enracinée, mais choisir de mourir puisqu'ils ne peuvent que vivre dans une grande misère ; étant persuadés, s'ils se délivrent ainsi de la torture, ou permettent à d'autres de le faire, ils seront heureux après la mort. Puisqu'ils ne perdent ainsi aucun des plaisirs, mais seulement les ennuis de la vie, ils pensent qu'ils agissent non seulement de manière raisonnable, mais en accord avec la religion ; car ils suivent les conseils de leurs prêtres, les interprètes de la volonté de Dieu. Ceux qui sont influencés par ces convictions se meurent de faim ou prennent du laudanum. Mais personne n'est obligé de mettre fin à sa vie ainsi ; et s'ils ne peuvent pas être persuadés de le faire, les soins et la surveillance antérieurs continuent. Et bien qu'ils estiment qu'une mort volontaire, lorsqu'elle est choisie d'après une telle autorité, est très honorable , au contraire, si quelqu'un se suicide sans le concours du prêtre et du sénat, ils n'honorent pas le corps par des funérailles décentes, mais le jettent dans un fossé.*

Mémoires. Une traduction de l'Utopie, etc., de Sir Thomas

Moore, Lord Grand Chancelier d'Angleterre. Par A. Cayley le

Plus jeune, pp. 102,103. (Édition de 1808.)

En plaidant en faveur de la moralité de l'euthanasie, il ne semble pas imprudent de montrer qu'un homme aussi profondément religieux que Sir Thomas Moore considérait cette pratique si conforme à une saine moralité qu'elle en faisait l'une des coutumes de son état idéal et la plaçait sous la sanction du sacerdoce. En tant que fervent catholique romain, le grand chancelier imaginait naturellement que toute innovation bénéfique serait sûre d'obtenir le soutien du sacerdoce ; et bien que nous puissions différer de lui sur ce point, puisque notre expérience quotidienne *nous enseigne* que le prêtre peut être considéré comme un adversaire résolu de toute réforme, il n'est pas inutile de noter que le profond sentiment religieux qui distinguait cet homme vraiment bon , n'a pas reculé devant cette idée de l'euthanasie comme étant une violation de la morale, et il n'a apparemment pas non plus rêvé qu'une opposition quelconque lui serait (ou pourrait) être opposée pour des raisons religieuses. La dernière phrase de l'extrait est particulièrement importante ; En discutant de la moralité de l'euthanasie, nous ne discutons pas de la légalité morale ou de l'illégalité du suicide en général ; on peut protester contre le suicide tout en soutenant l'euthanasie, et on peut même protester contre l'un et soutenir l'autre, exactement sur le même principe, comme nous le verrons plus loin. Comme le plus grand inclut le moins, ceux qui considèrent qu'un homme a le droit de choisir s'il veut vivre ou non, et qui considèrent par conséquent tout suicide comme licite, approuveront bien entendu l'euthanasie ; mais il n'est en aucun cas nécessaire de soutenir cette doctrine parce que nous luttons pour l'autre. *Sur la question générale de la moralité du suicide, cet article n'exprime aucune opinion* . Ce n'est pas le sujet, et nous n'en parlerons pas ici. Cet essai vise simplement et uniquement à prouver qu'il existe des circonstances dans lesquelles un être humain a le droit moral de hâter l'inévitable approche de la mort. Le sujet est entouré d'un épais brouillard de préjugés populaires, et les arguments en sa faveur sont généralement rejetés sans être entendus. Je solliciterais donc la généreuse patience du lecteur, tout en lui exposant les raisons qui poussent de nombreux réformateurs religieux et sociaux à considérer comme important que l'euthanasie soit légalisée .

Dans la quatrième édition d'un essai sur l'euthanasie, par PD Williams, jun., essai qui résume puissamment ce qu'il y a à dire pour et contre la pratique en question, et qui traite l'ensemble du sujet de manière exhaustive, nous trouvons la proposition de que nous soutenons énoncé dans les termes explicites suivants :

"Que dans tous les cas de maladie désespérée et douloureuse, il devrait être du devoir reconnu du médecin, chaque fois que le patient le désire, d'administrer du chloroforme, ou tout autre anesthésique qui peut progressivement remplacer le chloroforme, de manière à détruire immédiatement la conscience et mettre le patient à une mort rapide et indolore ; toutes les précautions nécessaires étant adoptées pour empêcher tout abus de ce devoir et des moyens étant pris pour établir, au-delà de toute possibilité de doute ou de question, que le remède a été appliqué ; à la volonté expresse du patient."

Il est très important, d'emblée, de poser clairement les limites de la réforme médicale proposée. On affirme parfois inconsidérément que les partisans de l'euthanasie proposent de mettre à mort toutes les personnes atteintes de maladies incurables ; aucune affirmation ne peut être plus inexacte ou plus calculée pour induire en erreur. Nous proposons seulement que là où un trouble incurable s'accompagne d'une douleur extrême – une douleur que rien ne peut soulager sauf la mort – une douleur qui ne fait qu'empirer à mesure que l'inévitable fin approche – une douleur qui conduit presque à la folie et qui doit aboutir à la mort. torture intensifiée dans l'agonie de la mort - que la douleur devrait être immédiatement apaisée par l'administration d'un anesthésique , qui devrait non seulement produire une perte de conscience, mais devrait être suffisamment puissant pour mettre fin à une vie dans laquelle le renouvellement de la conscience ne peut être que simultané avec le renouvellement de la douleur. Tant qu'il reste dans la vie quelque douceur, la miséricorde offerte n'est pas nécessaire ; L'euthanasie est un soulagement d'une agonie insupportable, et non un extinction forcée d'une existence encore désirée . D'ailleurs, personne ne propose de la rendre obligatoire pour qui que ce soit ; il est seulement demandé que lorsque le patient demande la grâce d'une mort rapide, au lieu d'une mort prolongée, sa prière puisse être exaucée sans qu'aucun danger de sanctions de meurtre ou d'homicide involontaire ne soit infligée aux médecins et infirmières présents. Je présenterai au lecteur un cas qui est à ma connaissance, et qui peut probablement être complété par la triste expérience de presque tous les individus, dans lequel la légalité de l'euthanasie aurait été une aubaine également pour la victime et pour elle. famille. Une veuve souffrait d'un cancer du sein, et comme le cas était trop avancé pour le remède ordinaire du couteau, et que les principaux chirurgiens de Londres refusaient de risquer une opération qui pourrait hâter, mais non retarder, la mort, elle résolut, pour le bien de ses enfants orphelins, de permettre à un médecin de pratiquer une terrible opération, dans l'espoir de prolonger sa vie de quelques années. Ses détails sont trop pénibles pour être abordés inutilement ; il suffira de dire qu'elle s'effectuait au moyen de chaux vive et que l'emploi du chloroforme était impossible. Lorsque l'opération, qui dura plusieurs jours, n'était qu'à moitié terminée, les forces du malade cédèrent et le médecin fut obligé de reconnaître que même une prolongation de la vie était impossible et que l'achèvement de l'opération ne pouvait que hâter la mort. Ainsi, la patiente dut s'attarder dans une torture presque inimaginable, sachant que la douleur ne pouvait se terminer que par la mort, voyant ses proches épuisés par la surveillance et angoissés à la vue de ses souffrances, et pourtant obligés de vivre d'heure en heure, jusqu'à ce qu'enfin l'angoisse culmine avec la mort. Est-il possible de croire qu'il aurait été erroné de hâter la fin inévitable, et ainsi d'abréger l'agonie de la malade elle-même, et d'épargner également à ses infirmières des mois de mauvaise santé ultérieure. C'est dans de tels cas que l'euthanasie serait utile. Il est cependant probable que tous seront d'accord sur le fait que le bénéfice conféré par la légalisation de l'euthanasie serait, dans de nombreux cas, très grand ; mais beaucoup estiment que les objections à ce projet, pour des raisons morales, sont si importantes qu'aucun bénéfice physique ne pourrait contrebalancer le tort moral. Ces objections, autant que je puisse les comprendre, sont les suivantes :

La vie est le don de Dieu, elle est donc sacrée et ne doit être reprise que par celui qui la donne.*

* Bien entendu, ici, nous ne nous préoccupons pas des questions théologiques.

des questions touchant à l'existence ou à la non-existence de la Divinité,

et n'expriment aucune opinion à leur sujet.

L'euthanasie est une ingérence dans le cours de la nature et constitue donc un acte de rébellion contre Dieu.

La douleur est un remède spirituel infligé par Dieu et doit donc être patiemment endurée . d.

La vie est le don de Dieu, elle est donc sacrée et ne doit être reprise que par Celui qui donne la vie . Cette objection est une de ces phrases ronflantes qui s'imposent à l'auditeur insouciant et irréfléchi, en rattrapant une forme de mots qui est généralement acceptée comme un axiome indiscutable, et en y accrochant un corollaire injuste. L'homme ou la femme ordinaire, en entendant cette affirmation, répondrait probablement : « La vie sacrée ? Oui, bien sûr ; du caractère sacré de la vie dépend la sécurité de la société ; tout ce qui altère ce principe doit être à la fois mauvais et dangereux. Et pourtant, l'inconséquence de l'irréfléchi est telle que, cinq minutes après, la même personne brillera d'une admiration passionnée devant quelque acte noble, dans lequel le caractère sacré de la vie a été jeté aux vents à l'appel de l' honneur ou de l'humanité. , ou prononcera des mots de mépris indigné contre la bassesse qui considérait la vie plus sacrée que le devoir ou le principe. Que la vie soit sacrée est une proposition indéniable ; tout don naturel est sacré, *c'est à dire.* , a de la valeur et ne doit pas être détruit à la légère ; la vie, comme résumant tous les dons naturels et comme contenant en elle toutes les possibilités d'utilité et de bonheur, est la possession physique la plus sacrée que nous possédons. Mais ce *n'est pas* la chose la plus sacrée sur terre. Des martyrs tués au nom de principes qu'ils ne pouvaient sincèrement nier ; des patriotes morts pour leur pays ; des héros qui se sont sacrifiés pour le bien des autres ; la fleur même et la gloire de l'humanité se lèvent en foule pour protester que la conscience, l'honneur , l'amour, le dévouement sont plus précieux pour la race que la vie de l'individu. . La vie est sacrée, mais elle peut être consacrée à une noble cause ; la vie est sacrée, mais elle doit se plier devant le caractère sacré du principe ; la vie qui, bien que sacrée, peut être détruite, n'est rien devant les idéaux indestructibles qui exigent de toute âme noble le sacrifice du bonheur personnel, de la grandeur personnelle, oui, de la vie personnelle.

* Le mot « vie » est ici utilisé dans le sens de « vie personnelle ».

existence dans ce monde." Il n'est bien entendu pas destiné à

affirmer que la vie est réellement destructible, mais seulement que

l'existence personnelle, ou l'identité, peut être détruite. Et

Il sera donc admis de tous que la proposition selon laquelle la vie est sacrée doit être acceptée avec de nombreuses limitations : la proposition, en fait, se résume simplement à ceci : que la vie ne doit pas être volontairement abandonnée sans cause grave et suffisante. Ce que nous devons considérer est de savoir si, dans toute euthanasie proposée , des conditions telles que des considérations excessives pour le caractère sacré reconnu de la vie sont présentes. Nous soutenons que dans les cas où il est proposé de hâter la mort, ces conditions existent bel et bien.

Nous n'aborderons pas ici la question de l'endurance de la douleur comme devoir, car nous l'examinerons plus loin. Mais n'est-il pas important qu'un malade condamne ses accompagnateurs à une épuisement prolongé de leur santé et de leurs forces, afin de s'accrocher à une vie inutile aux autres et à charge pour lui-même ? L'infirmière qui s'occupe, peut-être pendant des semaines, d'un lit d'agonie pour lequel il n'y a pas d'autre remède que la mort, dont les sens sont mis à rude épreuve par une intense vigilance, dont les nerfs sont mis à rude épreuve en étant témoin d'une torture qu'elle est impuissante à soulager, est, par elle-même, -dévotion, semant dans sa propre constitution les germes d'une mauvaise santé, c'est-à-dire qu'elle raccourcit délibérément sa propre vie. Nous avons vu que nous avons le droit d'abréger la vie pour obéir à un appel du devoir, et on dira tout de suite que l'infirmière obéit à un tel appel. Mais l'infirmière a-t-elle le droit de sacrifier sa propre vie – et une atteinte à la santé est un sacrifice de vie – pour un avantage manifestement inéquivalent ? Nous avons tendance à oublier, parce que le préjudice nous est partiellement voilé, que nous touchons au caractère sacré de la vie chaque fois que nous touchons à la santé : tout cas de surmenage, de surmenage, de surmenage est, pour ainsi dire, un cas modifié d'euthanasie. Empoisonner la source de la vie est une atteinte aussi réelle au caractère sacré de la vie que freiner son cours. L'infirmière commet en réalité une euthanasie lente. Soit le patient, soit l'infirmière doit commettre un suicide héroïque pour le bien de l'autre – lequel choisira-t-il ? Faut-il sacrifier la vie, qui est un supplice pour celui qui la possède, inutile à la société et dont les limites sont déjà clairement marquées ? ou une vie forte et saine, avec toutes ses possibilités futures, sera-t-elle sapée et sacrifiée *en plus de celle qui est déjà vouée à l'échec ?* Mais, en admettant que la sublime générosité de l'infirmière ne cherche pas à équilibrer le gain avec la perte, mais se considère comme rien face à un besoin humain, alors il est sûrement temps d'insister, car permettre ce sacrifice de soi est une erreur. , et que l'accepter est un crime. S'il est admis que le fait de gâcher la vie pour un gain manifestement inéquitable est une erreur, nous ne devons pas nous aveugler sur le fait que sacrifier une vie saine pour prolonger de quelques semaines une vie condamnée est une erreur. grave erreur morale, même si elle peut être rachetée chez l'individu par la gloire d'un noble dévouement à soi-même. En laissant tout l' honneur dû à l'héroïsme de l'infirmière, que dire au patient qui accepte le sacrifice ? Que penser de la moralité d'un être humain qui, pour conserver le misérable reste de vie qui lui reste, permet à un autre d'abréger sa vie ? Si l'on honore celui qui se sacrifie pour défendre sa famille, ou qui risque sa vie pour sauver la leur, il faut sûrement blâmer celui qui, au contraire, sacrifie ceux qu'il devrait le plus estimer, pour prolonger sa propre existence désormais inutile. . La mesure de notre admiration pour l'un doit être la mesure de notre pitié pour la faiblesse et l'égoïsme de l'autre. S'il est vrai que l'homme qui meurt pour ses proches sur le champ de bataille est un héros, celui qui meurt volontairement pour eux sur son lit de maladie n'est pas moins un héros courageux. Mais on insiste sur le fait que *la vie est le don de Dieu et ne doit être reprise que par celui qui l'a donnée.* Je suppose que dans tous les sens où l'on peut supposer vrai que la vie est le don de Dieu, elle ne peut être prise que par en retour par celui qui donne, c'est-à-dire que, de même que la vie est produite conformément à certaines lois, de même elle ne peut être détruite que conformément à certaines autres lois. La vie n'est pas le don direct d'une puissance supérieure : c'est le don de l'homme à l'homme et de l'animal à l'animal, produit par l'agent volontaire, et non par Dieu, dans des conditions physiques, de la seule réalisation desquelles dépend la production de la vie. . Les conditions physiques doivent être respectées si nous désirons produire la vie, et elles doivent l'être également si nous désirons détruire la vie. Dans les deux cas, l'homme est l'agent volontaire, dans les deux cas la loi est le moyen de son action. Si donner la vie est l'œuvre de Dieu, alors la destruction de la vie est également son œuvre. Mais ce n'est pas l'intention des auteurs de cet aphorisme. S'ils me pardonnent de traduire en langage plus précis leur proposition un peu vague, ils disent qu'ils se trouvent en possession d'une certaine chose appelée vie, qui doit venir de *quelque part* ; et comme dans le langage populaire l'inconnu est toujours le divin, il doit venir de Dieu : donc cette vie ne doit leur être enlevée que par une cause qui vient aussi de *quelque part*, c'est -à-dire d'une cause inconnue, c'est -à-dire, de la volonté divine. Le chloroforme provient d'un agent visible, du médecin ou de l'infirmière, ou du moins d'une bouteille, que l'on peut prendre ou laisser tranquille selon notre choix. Si nous avalons cela, la cause de la mort est connue et n'est évidemment pas divine ; mais si nous entrons dans une maison où sévit la scarlatine, bien que nous courions alors volontairement le risque de prendre du poison tout aussi réellement que si nous avalions une dose de chloroforme, si nous mourons de l'infection, nous pouvons imaginer le maladie à envoyer de Dieu. Partout où nous pensons que l'élément de hasard entre en jeu, nous pouvons imaginer que Dieu règne directement. Nous oublions complètement que le hasard n'existe pas. Il n'y a que notre ignorance de la loi, et non une rupture dans l'ordre naturel. Si notre constitution est sensible au poison particulier auquel nous l'exposons, nous prenons la maladie. Si nous connaissions les lois de l'infection avec autant de précision que celles qui affectent le chloroforme, nous serions capables de prévoir avec la même certitude les conséquences inévitables ; et notre ignorance ne rend pas l'action de l'un ou l'autre ensemble de lois moins immuable ou plus divine. Mais dans le style de pensée « insouciant » propre à l'ignorance, le chrétien néglige le fait que l'infection est régie par des lois précises et croit que la santé et la maladie sont l'expression directe de la volonté de son Dieu, et non la volonté de Dieu. conséquence invariable d'antécédents obscurs mais probablement découvrables ; il se rend donc hardiment dans les bidonvilles de Londres pour soigner une famille frappée par la fièvre, et court sciemment et délibérément "le risque" d'être infecté - c'est -à-dire, court sciemment et délibérément le risque de prendre du poison, ou plutôt d'avoir du poison. versé dans son cadre. Il le fait, confiant que la noblesse de ses motivations rendra cet acte juste aux yeux de Dieu. Est-il plus noble de soulager les souffrances d'un étranger que de soulager les souffrances de sa famille ? ou est-il plus héroïque de mourir d'une fièvre contractée volontairement que d'une prise volontaire de chloroforme ?

L'argument selon lequel *la vie ne doit être reprise que par celui qui la donne* , empêcherait, s'il était minutieusement appliqué, toute opération dangereuse. Dans le traitement de certaines maladies, il y a des opérations qui tuent ou guérissent : la maladie doit certainement être mortelle si on la laisse tranquille ; Même si l'opération proposée peut sauver la vie, elle peut également la détruire, et ainsi prendre la vie un certain temps avant que celui qui la donne ne veuille la reprendre. Il est donc évident que de telles opérations ne devraient pas être effectuées, car elles risquent de perturber gravement les désirs de celui qui donne la vie. Encore une fois, les médecins agissent très mal lorsqu'ils autorisent la prise de certains médicaments apaisants alors que tout espoir est perdu, qu'ils refusent tant qu'il reste une chance de guérison : de quel droit ont-ils *contraint* celui qui a donné la vie à suivre ses intentions apparentes ? Dans certains cas de maladie douloureuse, il est maintenant habituel de provoquer une perte de conscience partielle ou totale par l'injection de morphine ou par l'utilisation de quelque autre anesthésique . Ainsi, j'ai connu un malade soumis à ce genre de traitement, alors qu'il mourait d'une tumeur à l' œsophage ; il fut par conséquent maintenu pendant quelques semaines avant sa mort dans un état d'inconscience presque complète, car si on lui permettait de reprendre conscience, son agonie était si insupportable qu'elle le rendait fou. Il était ainsi, même s'il respirait, pratiquement mort pendant des semaines avant sa mort. Nous ne pouvons que nous demander, face à un cas comme le sien, ce que les gens veulent dire lorsqu'ils parlent de « vie ». La vie ne comprend certainement pas seulement les fonctions animales involontaires, telles que les mouvements du cœur et des poumons ; mais conscience, pensée, sentiment, émotion. Parmi les divers éléments constitutifs de la vie humaine, ceux-là ne sont sûrement pas les plus « sacrés » que nous partageons avec la brute, aussi nécessaires soient-ils comme base sur laquelle le reste est construit. On pense donc que nous pouvons légitimement détruire tout ce qui constitue la beauté et la noblesse de la vie humaine, nous pouvons tuer la pensée, tuer la conscience, endormir l'émotion, cesser de ressentir, nous pouvons faire tout cela et nous laisser allongés sur le lit devant nous. une figure respirante, à laquelle nous avons pris toutes les possibilités de vie les plus nobles ; mais nous ne pouvons pas toucher à l'existence purement animale ; nous pouvons à juste titre contrôler l'action des nerfs et du cerveau, mais nous ne devons pas oser outrager la Divinité en contrôlant l'action du cœur et des poumons.

Nous demandons donc la légalisation de l'euthanasie, parce qu'elle est conforme à la plus haute moralité connue jusqu'ici, celle qui enseigne le devoir de sacrifice de soi pour le plus grand bien d'autrui, parce qu'elle est sanctionnée en principe par tout service rendu à titre personnel. danger et blessure, et parce que cela est déjà partiellement pratiqué par les progrès modernes de la science médicale.

L'euthanasie est une interférence avec le cours de la nature, et donc un acte de rébellion contre Dieu. En examinant cette objection, nous sommes mis en difficulté par le fait qu'on ne nous dit pas quel sens nos adversaires attachent au mot « nature » ; et nous sommes obligés une fois de plus de demander pardon d'avoir forcé ces arguments vagues et hautains à une précision de sens humiliante. La nature, au sens le plus large du terme, comprend toutes les lois naturelles : et en ce sens, il est bien entendu impossible d'intervenir du tout sur la nature. Nous vivons, bougeons et avons notre être dans la nature ; et nous ne pouvons pas plus en sortir que nous ne pouvons sortir de tout. Avec cette nature, nous ne pouvons pas interférer : nous pouvons étudier ses lois et apprendre à équilibrer une loi contre une autre, de manière à modifier les résultats ; mais cela ne peut se faire que par et à travers la nature elle-même. L'« interférence avec le cours de la nature » que vise l'objection ci-dessus ne signifie évidemment pas cette procédure impossible ; et cela ne peut alors signifier qu'une interférence avec des choses qui se dérouleraient dans un sens sans que l'action humaine ne s'en mêle, mais qui sont susceptibles d'être transformées dans une autre direction par l'action humaine. Si l'interférence avec le cours de la nature est une rébellion contre Dieu, nous nous révoltons contre Dieu chaque jour de notre vie. Chaque réalisation de la civilisation est une interférence avec la nature. Chaque confort artificiel dont nous bénéficions est une amélioration par rapport à la nature. Tout le monde déclare approuver et admirer de nombreux grands triomphes de l'art sur la nature : la jonction par des ponts de rivages que la nature avait séparés, l'assèchement des marais de la nature, le creusement de ses puits, la mise au jour de ce qu'elle a enfoui à d'immenses profondeurs. dans la terre, le détournement de ses foudres par des paratonnerres, de ses inondations par des digues, de son océan par des brise-lames. Mais saluer ces exploits et d'autres similaires, c'est reconnaître que les voies de la nature doivent être conquises et non obéies ; que ses pouvoirs sont souvent dirigés vers l'homme en position d'ennemis, à qui il doit arracher, par la force et l'ingéniosité, le peu qu'il peut pour son propre usage, et mérite d'être applaudi lorsque ce peu est plutôt plus que ce qu'on pourrait attendre de son faiblesse physique par rapport à ces puissances gigantesques. Tout éloge de la civilisation , de l'art ou de l'invention est autant de mépris de la nature ; un aveu d'imperfection, que c'est l'affaire et le mérite de l'homme de toujours s'efforcer de corriger ou d'atténuer.*

"Essai sur la nature", par John Stuart Mill.

Il est difficile de comprendre comment quiconque, contemplant le cours de la nature, peut le considérer comme l'expression d'une volonté divine, que l'homme n'a pas le droit d'améliorer. La loi naturelle est essentiellement déraisonnable et immorale : des forces gigantesques s'affrontent autour de nous de tous côtés, inintelligentes et invariables dans leur action. Avec la même impassibilité, ces forces aveugles produisent de vastes bénéfices et provoquent de vastes catastrophes. Les bénéfices sont les nôtres, si nous sommes capables de les saisir ; mais la nature ne se soucie pas de savoir si nous les prenons ou si nous les laissons tranquilles. Les catastrophes peuvent à juste titre être évitées, si nous pouvons les éviter ; mais la nature ne reste pas son meule pour nos gémissements. Même en admettant qu'une Intelligence Suprême ait donné leur être à ces forces, il est évident qu'elle n'a jamais voulu que l'homme soit leur jouet , ni leur rende hommage ; car l'homme est doté de la raison pour calculer et du génie pour prévoir ; et entre les mains de l'homme est confié le royaume de la nature (dans ce monde) à cultiver, à gouverner, à améliorer. Tant que les hommes croyaient qu'un dieu brandissait la foudre, aussi longtemps un paratonnerre serait un outrage à Jupiter ; tant qu'un dieu guidait chaque force de la nature, aussi longtemps ce serait une impiété de résister ou de s'efforcer de régler les volontés divines. C'est seulement à mesure que l'expérience prouva graduellement qu'aucune conséquence néfaste ne suivait chaque amendement de la nature, que les forces naturelles furent retirées, une à une, de la sphère de l'inconnu et du divin. Aujourd'hui, même la douleur, qui était autrefois le fléau de Dieu, est apaisée par le chloroforme, et la nature seule peut infliger la mort, quelle que soit l'agonie persistante qu'elle peut. Mais pourquoi la mort, pas plus que les autres maux, devrait-elle être entièrement abandonnée aux processus maladroits et sans aide de la nature ? — pourquoi, après avoir lutté contre la nature toute notre vie, devrions-nous la laisser régner sans opposition dans la mort ? Il existe des maux naturels que nous ne pouvons pas éviter. La douleur et la mort en font partie ; mais nous pouvons atténuer la douleur en atténuant la sensation, et nous pouvons la soulager en raccourcissant ses douleurs. La nature tue par une torture lente et prolongée ; nous pouvons le défier en choisissant une fin rapide et indolore. Ce ne sont que les restes de la vieille superstition qui font croire aux hommes que prendre la vie est la prérogative spéciale des dieux. Mais avec une merveilleuse incohérence, les opposants à l'euthanasie n'hésitent pas à « interférer avec le cours de la nature » d'une part, alors qu'ils nous interdisent d'autre part. Il est juste de prolonger la douleur par l'art, mais il est erroné de la raccourcir. Lorsqu'une personne est frappée par une maladie effrayante et incurable, on ne l'abandonne pas à la nature ; au contraire, ils freinent et contrecarrent la nature de toutes les manières possibles ; ils chérissent la vie que la nature a détruite ; ils nourrissent la force que la nature mine ; ils retardent chaque processus de décadence que la nature sème dans le cadre désordonné ; ils contestent chaque centimètre de terrain avec la nature pour préserver la vie ; et puis, quand la vie est synonyme de torture, et que nous demandons la permission d'intervenir et de l'éteindre, ils crient que nous interférons avec la nature. S'ils laissaient la nature tranquille, la maladie tuerait généralement avec une rapidité assez rapide ; mais ils ne le feront pas. Ils n'admettront la force de leur propre argument que lorsqu'il donnera raison à ce qu'ils choisissent de considérer comme juste. « Contre nature », tel est le cri avec lequel de nombreuses améliorations modernes ont été hurlées ; et elle continuera à s'élever jusqu'à ce qu'il soit généralement reconnu que le bonheur, et non la nature, est le véritable guide de la moralité, et jusqu'à ce que les hommes reconnaissent que la nature doit être attelée à son char de triomphe et plier ses puissantes forces vers accomplir la volonté humaine.

La douleur est un remède spirituel infligé par Dieu et doit donc être patiemment endurée. Est-ce que quelqu'un, à l'exception d'un ascète qui se torture lui-même, endure une douleur dont il peut se débarrasser ? Cela pourrait être considéré comme une réponse suffisante à cette objection, car le bon sens nous ordonne toujours d'éviter toute douleur possible, et l'expérience quotidienne nous apprend que les gens évitent invariablement la douleur, partout où une telle évasion est possible. L'objection devrait être la suivante : « la douleur est un remède spirituel, infligé par Dieu, dont il faut se débarrasser le plus tôt possible, mais qui doit être patiemment endurée lorsqu'elle est inévitable ». La douleur en tant que douleur n'a aucune recommandation, spirituelle ou autre ; il n'y a pas non plus le moindre mérite à une soumission volontaire et inutile à la douleur. Quant à ses avantages curatifs et éducatifs, il aigrit souvent l'humeur et endurcit le cœur ; si une personne endure une grande douleur physique ou mentale avec une patience imperturbable et en sort avec une tendresse et une douceur intactes, nous pouvons être assurés d'avoir rencontré une nature rare et belle, d'une force exceptionnelle. En règle générale, la douleur, surtout si elle est mentale, endurcit et endurcit le caractère. L'utilisation d' anesthésiques est totalement indéfendable si l'on considère la douleur physique comme un outil spécial grâce auquel Dieu cultive l'âme humaine. Si Dieu agit directement sur le corps du malade et éduque son âme en lui énervant les nerfs, de quel droit le médecin s'interpose-t-il avec son anesthésie impie , et en réduisant le malade à l'inconscience, prive-t-il Dieu de son élève et l'homme de sa leçon ? Si la douleur est une arche sacrée sur laquelle plane la gloire divine, toucher à la chose sainte doit sûrement être un acte coupable. Nous pourrions infliger des dommages spirituels incalculables en contrecarrant le plan divin d'éducation, qui était une agonie corporelle en tant qu'agent spirituel. Par conséquent, si cet argument est bon à quoi que ce soit, nous devons désormais éviter tout anesthésique , nous ne devons prendre aucune mesure pour soulager l'agonie humaine, nous ne devons pas oser interférer avec cet agent bienfaisant, mais devons laisser la nature nous torturer, elle le fera. . Mais nous nions catégoriquement que supporter inutilement la douleur soit même un mérite, et encore moins un devoir ; au contraire, nous croyons qu'il est de notre devoir de lutter autant que possible contre la douleur, de la soulager là où nous ne pouvons pas l'arrêter complètement ; et, là où une agonie continue et effrayante ne peut aboutir qu'à la mort, alors donner au malade le soulagement dont il désire, dans le sommeil qui est miséricorde. "C'est une miséricorde que Dieu lui a accordée", est une expression souvent entendue lorsque le corps déchiré repose enfin tranquille et que les traits tordus s'installent lentement dans le sourire paisible des morts. Cette miséricorde, nous demandons que l'homme soit autorisé à l'accorder à l'homme, lorsque l'habileté humaine et la tendresse humaine ont fait de leur mieux, et lorsqu'elles n'ont laissé à leur portée aucun bien plus grand qu'une mort rapide et sans douleur.

Nous ne savons pas qu'aucune objection, qui ne puisse être classée sous l'un ou l'autre de ces trois chefs, ait été formulée contre la proposition tendant à légaliser l'euthanasie . On a en effet suggéré que remettre entre les mains d'un médecin ce « pouvoir de vie et de mort » équivaudrait à offrir une tentation dangereuse à ceux qui ont un objectif particulier à gagner en écartant discrètement une personne gênante. . Mais cette objection néglige le fait que le patient lui-même doit *demander* la potion, que des précautions rigoureuses peuvent être prises pour rendre l'euthanasie impossible, sauf si le patient souhaite sincèrement, voire à plusieurs reprises, que tout médecin ou assistant, négligeant de prendre ces précautions, , serait alors, comme aujourd'hui, passible de toutes les peines de meurtre ou d'homicide involontaire ; et qu'un médecin ordinaire ne serait pas plus prêt à faire face à ces sanctions qu'il ne l'est aujourd'hui, bien qu'il ait sans aucun doute maintenant le pouvoir de mettre le patient à mort avec peu de chance d'être découvert. L'euthanasie ne rendrait pas le meurtre moins dangereux qu'il ne l'est actuellement, puisque personne ne demande qu'une infirmière puisse être autorisée à administrer à un patient une dose qui assurerait la mort, ou qu'elle puisse se soustraire à une punition sous prétexte que le le patient le désirait. Si nos adversaires prenaient la peine de découvrir ce que nous demandons avant de condamner nos propositions, cela simplifierait grandement le débat public, non seulement dans ce cas, mais dans de nombreuses réformes proposées.

Il convient également de souligner la large ligne de démarcation qui sépare l'euthanasie de ce qu'on appelle ordinairement le suicide. L'euthanasie, comme le suicide, est une mort volontairement choisie, mais il existe une différence radicale entre les motifs qui motivent un acte similaire. Ceux qui se suicident se rendent ainsi inutiles à la société pour l'avenir ; ils privent la société de leurs services et se soustraient égoïstement aux devoirs qui devraient leur incomber ; c'est pourquoi le sentiment social condamne à juste titre le suicide comme un crime contre la société. Je ne dis pas que le suicide ne peut être justifié en aucune circonstance ; Ceci n'est pas la question; mais je tiens à souligner que cela est à juste titre considéré comme un délit social. Mais le motif même qui retient le suicide pousse à l'euthanasie. Le malade qui sait qu'il est perdu pour la société, qu'il ne pourra plus jamais servir ses semblables ; qui sait aussi qu'il prive la société des services de ceux qui s'épuisent inutilement pour lui, et qu'il lui nuit encore davantage en portant atteinte à la santé de ses membres sains, se sent poussé par les instincts sociaux mêmes qui l'empêcheraient de se suicider. en bonne santé, rendre un dernier service à la société en la soulageant d'un fardeau inutile. C'est pourquoi Sir Thomas Moore, dans la citation par laquelle il a commencé cet essai, incite les *autorités sociales* de son État idéal à recommander l'euthanasie comme un devoir de citoyen fidèle, alors qu'elles condamnent systématiquement le suicide ordinaire comme un crime *de lèse-majesté*. contre l'État. La vie de l'individu est, en un sens, la propriété de la société. Le nourrisson est nourri, l'enfant est éduqué, l'homme est protégé par les autres ; et, en échange de la vie ainsi donnée, développée, préservée, la société a le droit d'exiger de ses membres un dévouement loyal et oubliant de soi au bien commun. Servir l'humanité, élever la race dont nous sommes issus, consacrer chaque talent, chaque pouvoir, chaque énergie, à l'amélioration et à l'augmentation du bonheur dans la société, tel est le devoir de chaque homme et de chaque femme. Et, quand nous avons donné tout ce que nous pouvions, quand les forces s'effondrent et que la vie échoue, quand la douleur déchire nos corps et que la pire agonie de voir nos proches souffrir dans notre angoisse torture nos esprits affaiblis, quand le seul service que nous pouvons Rendre l'homme, c'est le soulager d'un fardeau inutile et nuisible, alors nous demandons qu'il nous soit permis de mourir volontairement et sans douleur, et ainsi de couronner une vie noble de la couronne de laurier d'une mort qui se sacrifie.

SUR LA PRIÈRE.

La manie des réunions de prière s'est récemment largement accrue, et les efforts continus déployés pour

"Bougez le bras qui fait bouger le monde"

naturellement, attirez fortement votre attention sur le sujet de la prière ; à son caractère raisonnable, à son bien-fondé et à ses perspectives de succès. Si la prière à Dieu est respectueuse envers la Divinité, si elle est conforme à son immuabilité, à sa prescience, à sa sagesse et à toute sorte de confiance en sa bonté, si elle est également permise par la science à l'égard de l'homme, et approuvé par l'expérience, il ne fait alors aucun doute qu'il doit être pratiqué assidûment et qu'il doit être d'une obligation universelle. Mais s'il est à la fois inutile et absurde, s'il est interdit par la raison et désapprouvé par le bon sens, s'il affaiblit l'homme et est irrévérencieux envers l'Etre auquel il est censé s'adresser, alors ce sera bien pour tous ceux qui pratiquez -le pour reconsidérer leur position, et au moins pour essayer de donner une raison solide pour persister dans une voie qui est condamnée par l'intellect et inutile par le cœur.

La pratique de la prière est généralement fondée sur la position supposée occupée par l'homme, d'abord en tant que créature envers son Créateur, et deuxièmement en tant qu'enfant envers son Père céleste. Dans son premier aspect, il s'agit d'un simple acte d'hommage de l'inférieur au supérieur, parallèle à la courtoisie manifestée par le sujet envers le monarque ; c'est une reconnaissance de dépendance et un signe de gratitude pour les dons qui sont censés être librement accordés par Dieu à l'homme – dons que l'homme n'a rien fait pour mériter, mais qui proviennent de la générosité gratuite du donateur. Laissant de côté toute la question de Dieu en tant que Créateur, qui n'est pas le sujet en litige, nous pourrions affirmer que, puisqu'il nous a mis au monde sans notre demande, et même sans notre consentement, il a le devoir de veiller à ce que nous ayons tout ce qui est nécessaire à notre vie et à notre bonheur dans le monde dans lequel il nous a ainsi placés. Nous pourrions soutenir que les « bénédictions » censées nous être accordées, telles que la nourriture, les vêtements, etc., ne peuvent être qualifiées que de « données » par une fiction, car elles sont gagnées par notre propre labeur et ne sont jamais des « cadeaux ». de Dieu » dans un sens réel. En outre, nous pourrions plaider que nous nous trouvons « accordés » de nombreuses choses qui sont décidément l'inverse des bénédictions, et que si la gratitude est due à Dieu pour certaines choses, le contraire de la gratitude lui est dû pour d'autres ; et que si la louange est son droit pour l'un, le blâme doit être son mérite pour le second. Nous devrions ainsi être contraints à l'état d'esprit logique, mais quelque peu particulier, du sauvage, qui caresse son fétiche lorsqu'il entend ses prières, et le harcèle de bon cœur lorsqu'il ne parvient pas à l'aider. Mais, en partant du principe que la Prière est due à l'homme en raison de sa qualité de créature , il doit être clair que ce ne peut pas être une manière appropriée de manifester un sentiment d'infériorité que de dégrader l'Être à qui l'hommage est rendu. Pourtant, la prière est essentiellement dégradante pour Dieu, et le caractère qui lui est attribué de « celui qui entend et répond à la prière » est une conception des plus abaissantes de la Divinité. Pour que Dieu entende et réponde à la prière, cela signifie que la prière change son action, l'obligeant à faire ce qu'il se serait autrement abstenu de faire ; cela signifie que l'homme est plus sage que Dieu et est capable de l'instruire dans son devoir ; et cela signifie que Dieu est moins aimant qu'il ne devrait l'être, et n'accordera pas à sa créature ce qui est bon pour elle, à moins qu'il ne soit importuné de le donner. On nous dit que Dieu est immuable, « le même hier, aujourd'hui et éternellement » ; "Dieu n'est pas un homme pour mentir, ni un fils d'homme pour se repentir." Si cela est vrai – et l'immuabilité du but doit sûrement être une caractéristique nécessaire d'un Être tout à fait sage et tout bon – comment la prière peut-elle être autre chose qu'une inquiétude enfantine contre l'inévitable ? L'Immuable a planifié un certain plan d'action et l'exécute régulièrement ; dans une sérénité sans passion, il continue son chemin ; alors l'homme fait irruption avec ses faibles cris et ses réprimandes irritables , et détourne réellement Dieu de son dessein et change le cours de sa providence. Si la prière ne fait pas cela, elle ne fait rien du tout ; soit cela change la pensée de Dieu, soit cela ne change pas. Si c'est le cas, Dieu est à la disposition des caprices de l'homme ; si ce n'est pas le cas, il est parfaitement inutile et pourrait tout aussi bien être laissé de côté. La parabole racontée par le Christ sur le juge injuste (Luc XVIII, 1-8) est une représentation très extraordinaire de Dieu : « Parce que cette veuve me trouble , je la vengerai, de peur que par sa venue continuelle elle ne me fatigue.... Et Dieu ne vengera-t-il pas ses propres élus, qui crient vers lui jour et nuit ? » En vérité, l'image de la justice divine n'est pas attrayante ! Le juge fait son devoir, non pas parce que c'est son devoir, non pas parce que la veuve a besoin de son aide, non pas parce que sa cause est juste, mais « de peur que par sa venue continuelle elle ne le fatigue ». Il n'y a qu'une seule morale à en tirer, à savoir que Dieu ne se souciera pas de ses « élus », parce qu'ils sont « les siens » ; qu'il ne les gardera pas, parce que c'est son devoir ; mais que, s'ils lui crient jour et nuit, il s'occupera d'eux, parce que le cri continu le fatigue, et il désire le faire taire. De la même manière, Dieu l'immuable change au son de la prière, non pas parce que le changement sera meilleur ou plus sage, mais parce que le cri de l'homme le « fatigue », et il se taira s'il obtient sa demande. L'idée est sûrement aussi dégradante qu'elle peut l'être ; cela met Dieu au niveau du parent humain imprudent, qui se laisse gouverner par les clameurs de ses enfants, et accorde n'importe quelle faveur à l'enfant gâté, pour peu que l'enfant soit suffisamment ennuyeux dans sa persistance irritable.

La prière est-elle conforme à la *prescience* de Dieu ? C'est l'un des attributs attribués à Dieu qu'il sait tout avant que cela n'arrive et que l'avenir est tracé devant lui aussi clairement que le passé. Si tel est le cas, est-il plus raisonnable de prier pour les choses du futur que pour celles du passé ? Personne n'est complètement irrationnel au point de prier Dieu, en termes simples, de changer les choses qui ont disparu ou de modifier les archives du passé. Pourtant, est-il plus rationnel de lui demander de changer les choses à venir et de modifier le thème du futur déjà écrit ? En réalité, les yeux de l'homme étant aveuglés, il considère son Dieu comme lui-même, et là où il ne peut pas *voir*, il peut se permettre d'*espérer*. Mais il n'y a aucune excuse à la logique inexorable qui nous transperce d'une corne ou de l'autre de ce dilemme, quels que soient nos efforts pour y échapper ; ou bien Dieu connaît l'avenir, ou bien il ne le connaît pas ; s'il le sait, il ne peut pas être modifié, il ne sert donc à rien de prier à ce sujet, tout étant déjà réglé ; s'il ne le sait pas, il n'est pas Dieu, il n'est pas plus sage que l'homme. Mais ensuite, affirment certains chrétiens, il a prévu à l'avance qu'il donnerait cette bénédiction en réponse à la prière, et il connaît d'avance la prière ainsi que sa réponse. Alors, après tout, il est prédéterminé si nous devons prier ou non dans un cas donné, et nous n'avons qu'à suivre la voie dans laquelle nous sommes poussés par un destin irrésistible ; la question est donc au-delà de toute discussion, et le pouvoir de prier ou de ne pas prier ne réside pas en nous ; s'il y a une bénédiction qui nous est réservée et qui a besoin du bras de la prière pour la cueillir de l'arbre auquel elle est suspendue, nous prierons inévitablement pour elle au bon moment, et ainsi - dans son effort pour échapper à une difficulté - le En priant, Christian s'est retrouvé dans une situation pire, car la prescience absolue implique un déterminisme complet et exclut toute responsabilité humaine, quelle qu'elle soit.

La prière est-elle conforme à la *sagesse* de Dieu ? Après tout, que signifie la prière, énoncée avec audace ? Cela signifie que l'homme pense qu'il sait mieux que Dieu, et donc il dit à Dieu ce qui devrait arriver. Existe-t-il une vanité aussi intolérable que celle qui prétend se courber dans la poussière devant celui qui a créé et qui soutient les mondes infinis qui composent l'univers, et qui se met ensuite à corriger l'ordre de celui qui a tracé les orbites de l'univers ? les planètes, et qui a mesuré la règle des soleils ? La sagesse finie instruisant la sagesse infinie ; la raison mortelle fixant le cours de la raison immortelle ; une faible intelligence guidant l'intelligence suprême ; homme instruisant Dieu. Tout cela est impliqué dans le fait de la prière, et tout homme qui a prié et qui croit en Dieu doit se jeter dans une humiliation passionnée devant la sagesse qu'il a insultée et contestée, et demander pardon pour la présomption insolente qui a osé la prier. mettre la main sur le gouvernail du Suprême et rêver que l'homme pourrait être plus sage que Dieu. Au moins, ceux qui croient en Dieu pourraient être assez humbles pour reconnaître sa supériorité sur eux-mêmes, et s'ils exigent que des hommages lui soient rendus par leurs frères, ils devraient aussi le reconnaître comme plus sage et plus élevé qu'eux-mêmes.

La prière est-elle compatible avec *la confiance en la bonté* de Dieu ? La prière est certainement un refus évident de faire confiance et une proclamation selon laquelle nous pensons que nous pourrions faire mieux pour nous-mêmes que ce que Dieu fera pour nous. Si Dieu est « bon et aimant envers tous les hommes », il est évident que, sans qu'aucune pression ne soit exercée sur lui, il fera pour chacun la meilleure chose qui puisse être faite. Le peuple de Madagascar est plus sage, en cette matière, que les gens qui se pressent dans nos églises et nos chapelles, car ils disent, s'adressant au bon Esprit : « Nous n'avons pas besoin de te prier, car toi, sans nos prières, tu nous donneras toutes choses. ce sera bon pour nous ; » puis ils se tournent vers le mauvais Esprit, disant qu'ils doivent *le prier* de peur que, s'ils ne le font pas, il ne leur fasse du mal et ne leur envoie des troubles. La prière implique que Dieu juge tous les bons dons et les retiendra à moins qu'ils ne soient arrachés de ses mains réticentes ; il nie qu'il aime ses créatures et qu'il soit bon envers tous. En plus de cela, cela implique également que nous ne lui ferons pas confiance pour juger de ce qui est le mieux pour nous ; au contraire, nous préférons juger par nous-mêmes et suivre notre propre voie. Si un problème survient, on prie contre lui et on supplie Dieu « de retirer sa main lourde ». Qu'est-ce que cela signifie, sinon que lorsque Dieu envoie du chagrin, l'homme crie de joie, et lorsque Dieu juge qu'il est préférable que son enfant pleure, l'enfant exige des raisons de sourire ? Si les gens faisaient confiance à Dieu, comme ils prétendent lui faire confiance, si les phrases du dimanche étaient la pratique de la semaine, si les hommes croyaient que les voies de Dieu étaient plus élevées que les voies de l'homme, et ses pensées que leurs pensées, alors aucune prière ne monterait jamais. de la terre au « Trône de la grâce », et l'homme accueillerait la joie et le chagrin, la paix et les soins, la richesse et la pauvreté, comme les sages accueillent l'ordre de la nature, lorsque la pluie descend pour gonfler les graines pour la récolte et que le soleil brille. sur terre pour faire briller le grain doré.

Mais, disent les chrétiens en prière, même si la prière n'est pas défendable comme un hommage de la créature au Créateur, en ce sens qu'elle abaisse notre idée de Dieu, elle doit sûrement être naturelle comme le cri instinctif de l'enfant au Père céleste ; puis viennent les arguments tirés de la famille et du foyer, et le besoin de communion entre parent et enfant. En fait, si l'on prend l'analogie, aussi imparfaite soit-elle, trouvons-nous beaucoup de prière, comme de l'enfant au parent, dans les foyers les meilleurs et les plus heureux ; *N'est-ce pas là la mesure exacte de l'imperfection de la relation ?* Plus le parent est sage et gentil, moins l'enfant demandera ; au contraire, il apprend par l'expérience à faire confiance à la sagesse ancienne et à se contenter de l'amour qui donne toujours, non sollicité, toutes les bonnes choses. Tout au plus, la simple expression du souhait de l'enfant suffit, si l'enfant désire quelque chose à quoi les parents n'ont pas pensé ; et même cette simple déclaration d'un souhait est encore le résultat d' *une imperfection, c'est -à-dire.* , le manque de connaissance de la part du parent sur l'esprit et le cœur de l'enfant. Dans ce cas, il n'y a ni plaidoyer, ni exhortation ; une seule demande et une seule réponse suffisent ; il n'y a rien qui corresponde à l'idée du prophète de prier Dieu et de « ne lui donner aucun repos » jusqu'à ce qu'il accède à la requête. Dans un foyer bien ordonné, l'enfant qui persistait à insister sur sa demande serait réprimandé pour son manque de confiance et pour sa présomption d'autosuffisance ; et pourtant *c'est* l'analogie sur laquelle est construite la prière à Dieu, et de cette façon les « instincts naturels » sont entraînés, afin de soutenir des désirs surnaturels et artificiels.

Laissant la prière, dans la mesure où elle affecte la relation de l'homme avec Dieu, regardons-la dans la relation de l'homme avec les choses qui l'entourent, et demandons-nous si elle est permise par nos connaissances scientifiques et approuvée par l'expérience et par l'histoire. La principale leçon de la science est que tout fonctionne selon la loi, que nous vivons dans un domaine de loi et que *rien* ne se produit par hasard. Toute science est bâtie sur cette idée ; la science n'est possible que si cette règle primaire est correcte ; la science n'est que l'expérience codifiée de la race, la séquence observée d'aujourd'hui et tracée pour guider demain, l'enseignement du passé mis en place pour l'amélioration de l'avenir. Mais toute cette accumulation et cette corrélation de faits deviennent inutiles si les lois peuvent être enfreintes, c'est-à-dire si cette séquence de phénomènes observée peut être soudainement interrompue par l'interposition d'une force inconnue et incalculable, agissant de manière spasmodique et guidée par aucun ordre d'action détectable. . La science est impossible si ces « événements providentiels » peuvent avoir lieu à tout moment. Un médecin, en rédigeant sa prescription, sélectionne les médicaments que l'expérience a indiqués comme étant le remède approprié à la maladie dont souffre son patient . Ces médicaments ont un certain effet sur les tissus du corps humain, et le médecin compte sur la production de cet effet ; mais si la prière doit intervenir comme facteur, à quoi sert la science du médecin ? Ici est soudainement introduit – pour parler au sens figuré – un nouveau médicament au pouvoir inconnu, et l'effet du médicament et de la prière ne peut en aucun cas être calculé. La prescription est soit efficace, soit non efficace ; si elle est efficace, la prière est inutile, car la guérison aurait lieu sans elle ; si elle n'est pas efficace et que la prière comble le déficit, alors la science médicale n'est pas nécessaire, car l'impuissance des médicaments peut toujours être compensée par la puissance de la prière. Cet argument peut être utilisé pour toutes les sciences. Une prière est faite pour un navire qui prend la mer. Le navire est équipé pour les périls qu'il rencontre, ou il est inapte. S'il est installé, il arrive en toute sécurité sans prière ; si, bien qu'inutilisable, il arrive, gardé par la prière, alors la prière devient un facteur dans les calculs du constructeur naval, et les bois sains et les rivets solides perdent une importance secondaire. Si l'on prétend que parler ainsi, c'est utiliser injustement la prière, car il est de notre devoir de prendre tous les moyens appropriés pour assurer notre sécurité, qu'est-ce que cela, sinon de dire qu'après tout, la prière n'est qu'une fiction, et que même si nous plions nos genoux devant Dieu et feignons de compter sur *lui* pour notre sécurité, nous comptons en réalité sur les solides poutres du constructeur de navires et sur l'habileté du capitaine ?

La science enseigne également que tous les phénomènes sont le résultat de phénomènes antérieurs et qu'une séquence ininterrompue de causes et d'effets s'étend plus loin que nos pauvres pensées ne peuvent atteindre. Dans une harmonie majestueuse, toute la Nature se meut, évoluant maillon après maillon de la chaîne sans fin, chaque maillon étant fermement lié à son prédécesseur et offrant, à son tour, le même soutien à son successeur. On prie dans les églises par beau temps ; mais la pluie et le soleil ne se succèdent pas par hasard, ils obéissent à une loi immuable. Modifier le temps d'aujourd'hui signifie modifier le temps d'innombrables hiers, qui se sont évanouis les uns après les autres, « dans l'azur infini du passé ». Le temps d'aujourd'hui est le résultat de toutes ces phases de température passées depuis longtemps et, à moins qu'elles ne soient modifiées, aucun changement n'est possible. possible aujourd'hui. La prière qui circule dans les églises anglaises devrait en réalité être la suivante : « Ô Dieu, nous te prions de changer tout ce que tu as fait dans le passé ; nous, aujourd'hui , dans ce petit coin de ton monde, sommes mécontents de tes ordres. Nous désirons donc de toi que, pour plaire à notre imagination, tu déroules le récit du passé et que tu changes tout son ordre, en remodelant son histoire pour qu'il soit à notre convenance ici aujourd'hui. Il est difficile de dire ce qui est le pire, l'orgueil qui juge ses propres besoins insignifiants dignes d'une telle complaisance de la Divinité, ou l'ignorance qui oublie les absurdités impliquées dans la demande qu'elle fait. Mais après tout, c'est l'ignorance qui est en cause : ces Prières ont été écrites alors que la science était à peine née ; à cette époque, Dieu était la cause immédiate de chaque phénomène, envoyant la pluie du ciel quand cela lui plaisait, tonnant du ciel contre ses ennemis, déversant des grêlons du ciel pour tuer ses ennemis, ouvrant et fermant les fenêtres du ciel pour punir un méchant roi ou pour faire plaisir à un prophète en colère. À cette époque, le ciel était très proche de la terre : si près que lorsqu'il s'ouvrait, Etienne mourant pouvait voir et reconnaître la forme et les traits du Fils de l'homme ; si près que, de peur que l'homme ne construise une tour qui l'atteigne, Dieu dut lui-même descendre et déconcerter les bâtisseurs. Toutes ces choses étaient vraies pour les écrivains dont les paroles sont répétées dans les églises anglaises du XIXe siècle, et ils croyaient naturellement que ce que Dieu avait fait autrefois, il pouvait aussi l'accomplir entre eux. Mais la connaissance a brisé l'édifice féerique que l'imagination avait suscité ; L'astronomie a construit des tours - non pas de Babel - d'où les hommes pouvaient jauger le ciel et constater que, à travers des mondes éthérés illimités, d'innombrables mondes roulaient, et que là où le trône de Dieu aurait dû être vu, les soleils et les planètes couraient dans leurs rondes incessantes. De plus en plus loin, l'ancien Dieu qui habitait parmi les hommes a été repoussé, jusqu'à ce qu'aujourd'hui, enfin, il n'y ait plus de place pour des solutions divines spasmodiques, mais l'ordre puissant de la nature continue sans interruption, dans un silence ininterrompu par la voix et non perturbé par des volontés miraculeuses. , lié par une chaîne dorée de lois inviolables. Les chrétiens les plus instruits et les plus réfléchis reconnaissent aujourd'hui que la prière n'a pas sa place lorsqu'il s'agit de « l'ordre naturel » ; mais il est sûrement temps qu'ils fassent entendre clairement leur voix, afin d'effacer du Livre de prières ces notions obsolètes, nées d'une ignorance désormais dépassée par le monde. Rares sont ceux *qui croient* vraiment au pouvoir de la prière sur le temps, mais les gens continuent par simple force d'habitude, répétant, comme des perroquets, des phrases qui ont perdu leur sens, parce qu'elles sont trop indolentes pour y réfléchir, ou trop enchaînées par l'habitude. tester la prière du dimanche selon le standard de la semaine. Lorsque les gens commenceront à *réfléchir* à ce qu'ils répètent avec tant de désinvolture, la bataille de la libre pensée sera gagnée.

Cependant, beaucoup de gens sérieux, tout en reconnaissant le fait que la prière ne doit pas être utilisée en cas de pluie, de beau temps, etc., pensent néanmoins qu'elle peut être utilisée à juste titre pour obtenir des « bénéfices spirituels ». Cette idée n'est-elle pas aussi le produit de l'ignorance ? Quand les hommes ne connaissaient rien aux lois naturelles, ils pensaient pouvoir tirer des bénéfices naturels de la prière ; maintenant que les gens ne connaissent rien aux lois « spirituelles », ils pensent qu'ils peuvent tirer des bénéfices « spirituels » de la prière. Dans chaque cas, la prière naît de l'ignorance. Est-il vraiment plus raisonnable d'attendre de la prière une force spirituelle miraculeuse que d'espérer redonner de la vigueur , par la prière, à des bras affaiblis par la fièvre ? La croissance, lente et régulière, est la loi de la nature ; aucun saut brusque n'est possible ; et aucune prière ne donnera cette stature spirituelle qui ne se développe que par un effort continu et par « une patiente persévérance dans le bien ». L'esprit — et c'est probablement ce que l'on entend généralement par le mot « esprit » — a ses propres lois, selon lesquelles il grandit et se fortifie ; il est façonné , formé, développé, comme l'est le corps, par le jeu des circonstances qui l'entourent et par l' organisation avec laquelle il vient au monde et qu'il a héritée d'une longue race d'ancêtres. Ici aussi, une loi inexorable entoure tout, et dans l'esprit, comme dans la matière, le « règne de la loi » embrasse tout, s'impose.

La prière est-elle approuvée par l'expérience ? Il semble nécessaire ici de se référer à l'expérience de quelques-uns, qui disent avoir trouvé dans la prière la force de faire face à un ennui qu'ils redoutaient, ou d'accomplir un devoir pour lequel leurs propres capacités étaient insuffisantes. Cela semble très probable, mais la raison n'est pas loin d'être recherchée, et comme l'explication de l'augmentation de la force peut être purement naturelle, il semble inutile de rechercher une cause surnaturelle. La prière, lorsqu'elle est sincère et sincère, semble exercer une sorte d'action réflexe sur la personne qui prie, la requête ne transperçant pas le ciel, mais retombant sur la terre. Un devoir doit être accompli ou un problème doit être affronté ; la personne affectée prie pour obtenir de l'aide, et par la concentration intense de ses pensées et par la passion de son désir, elle acquiert naturellement une force qu'elle n'avait pas, lorsqu'elle était moins profondément et moins sérieuse. Encore une fois, la conviction intérieure qu'une force olivine est à ses côtés, nerfe son cœur et renforce son courage : le soldat combat avec un courage décuplé lorsqu'il est sûr que l'endurance fera de la victoire une certitude. Mais tout cela ne prouve pas que Dieu entend la prière et y répond ; s'il en était ainsi, cela prouverait également que la Vierge Mère, et tous les saints, ainsi que Bouddha, Brahma et Vishnu, étaient également des auditeurs et des exaucés de la prière. Dans tous les cas, l'adorateur sincère gagne en force et en réconfort, et trouve la même « réponse » à sa prière. Pourtant, personne ne prétendra sûrement que tous ces dieux sont des Dieux « qui entendent les prières et qui y répondent » ? Cette réponse imaginaire n'est pas une preuve de la véracité de la croyance de l'adorateur, mais est seulement une preuve *de sa conviction de sa véracité* ; non pas la solidité de la croyance, mais la sincérité de la conviction, est prouvée par l'éclat et l'ardeur qui succèdent à l'acte de prière. Toutes les énergies endormies sont réveillées ; toute la force de l'âme est déployée ; le fidèle est réchauffé par le feu venant de son propre cœur et est ravi de l'électricité qui réside dans son propre corps. Jusqu'à présent, la prière est exaucée, tout comme toute conviction forte, aussi erronée soit-elle, confère une force et une vigueur accrues à celui qui la possède. Mais, à part cela, la prière ne s'avère pas efficace lorsqu'elle est testée par l'expérience. Combien de prières sont montées vers le Père céleste de la part de ses enfants submergés par la mer, noyés dans les flots et encerclés par le feu ? Combien d'appels passionnés de patriotes et de martyrs, d'exilés et d'esclaves ? Combien de cris d'angoisse à côté des lits des mourants et des tombes fraîches des nouveaux morts ? En vain les lamentations de la femme pour son mari, les supplications de la mère pour son enfant unique ; aucune voix n'a répondu : « Ne pleure pas » ; aucun commandement n'a répondu : « Lève-toi ; » les Prières se sont retombées sur les cœurs brisés, pauvres oiseaux aux ailes blanches qui ont tenté de voler vers le ciel, mais qui sont seulement retombés sur terre, la poitrine meurtrie et saignante à force de heurter les barres de fer d'un destin impitoyable et implacable. La prière a si continuellement échoué à obtenir une réponse que, malgré la clarté et la force des promesses bibliques à son sujet, les chrétiens se sont trouvés obligés d'en limiter l'étendue et de dire que Dieu juge si elle le fera ou non . Il serait bénéfique pour l'adorateur d'accéder à la requête, et si la prière est erronée, il retiendra, par miséricorde, la bénédiction implorée. Bien sûr, cela empêche la prière d'être testée par l'expérience, car chaque fois qu'une prière reste sans réponse, la réponse est prête : "ce n'était pas selon la volonté de Dieu". Cela signifie que nous ne pouvons en aucun cas tester la valeur de la prière ; nous devons accepter sa valeur entièrement comme une question de foi ; nous devons prier parce qu'il nous est demandé de le faire et remplir une forme inutile qui ne donne aucun résultat tangible. Dans cette position mélancolique, nous sommes atterris par un appel à l'expérience, par lequel nous sommes mis au défi de tester la valeur de la prière.

La réponse de l'histoire est encore plus catégorique. Les âges de la prière sont les âges sombres du monde. Lorsque le savoir était anéanti et que la superstition était endémique, lorsque la sagesse était appelée sorcellerie et que les prêtres dirigeaient l'Europe, alors la prière s'élevait toujours vers Dieu depuis les innombrables monastères où les hommes se transformaient en moines et depuis les couvents où les femmes se ratatinaient en moines. des religieuses. Le son de la cloche qui appelait à la prière n'était jamais silencieux, et le temps nécessaire au travail était perdu dans la prière, et dans l'effort de servir Dieu, le service de l'homme était négligé et méprisé.

Il y a un fait évident qui met en relief l'absurdité de la prière. Deux personnes prient pour des choses exactement opposées ; à qui les prières doivent-elles être exaucées ? Deux armées demandent la victoire ; lequel doit être couronné ? Entre nous, maintenant, l'Église est divisée en deux camps opposés, et tandis que les ritualistes font appel à Dieu pour sa protection, les évangéliques réclament également son aide. À quoi doit-il prêter l'oreille ? à quelle prière doit-il répondre ? Tous deux font appel à ses promesses ; tous deux insistent sur le fait que son honneur leur est promis par la parole qu'il a donnée ; mais il est tout simplement impossible qu'il exauce la prière des deux, parce que la prière de l'un est la contradiction directe de la prière de l'autre.

Encore une fois, aucun des croyants en la prière ne semble considérer que, s'il était vrai que la prière est une arme si puissante, s'il était vrai que par la prière l'homme peut vaincre Dieu, ce serait alors une folie de prier. Prier serait une chose aussi dangereuse que de mettre une épée de cavalerie entre les mains d'un enfant juste assez fort pour la soulever, mais incapable de la contrôler, ni de comprendre le danger de ses coups. Qui peut dire à lui-même et aux autres tous les résultats qui pourraient découler d'une prière accordée, une prière faite en toute honnêteté, mais dans l'ignorance et la myopie ? Si les prières apportaient réellement des réponses, il serait extrêmement imprudent de prier, aussi méchamment imprudent que si un homme, pour étancher une soif d'un instant, perçait un trou dans un réservoir d'eau qui surplombe une ville.

Mais, malgré tous les arguments, malgré tout ce que la raison peut pousser et ce que la logique peut prouver, il est probable que beaucoup s'accrocheront encore à la pratique de la prière, avides du soulagement qu'elle procure aux sentiments du cœur, même si il peut fort bien être condamné par le jugement de l'intellect. Ils semblent penser qu'ils perdront une grande inspiration pour le travail s'ils abandonnent la « communion avec Dieu », et qu'ils perdront la lueur d' ardeur qu'ils croient avoir captée dans la prière. Mais on peut certainement leur faire valoir à juste titre qu'aucun bien réel ne peut résulter de la poursuite d'une pratique qu'il est impossible de défendre lorsqu'elle est soigneusement analysée . La prière est comme un stimulant artificiel qui excite, mais ne renforce pas, et donne un éclat factice, suivi d'une dépression plus profonde. Ceux qui ont le plus prié ont souvent déclaré que « les périodes de bénédiction particulière » sont généralement suivies par « les tentations spéciales de Satan ». La réaction fait suite à l'excitation irréelle, et l'âme qui volait dans le ciel rampe sur la terre. Pour le patient qui est faible et déprimé à la suite d'une longue maladie, l'air clair du matin semble froid et froid, et il aspire à la chaleur des stimulants artificiels auxquels il s'est habitué ; mais il est préférable pour lui de retrouver la santé grâce aux brises matinales et le stimulant du soleil clair et joyeux, plutôt que de céder à l'envie qui est une relique de sa maladie. Si ceux qui trouvent dans la communion avec Dieu une douceur qui leur manque lorsqu'ils communient avec leurs frères, si ceux qui cultivent la dépendance de Dieu apprendraient la véritable dépendance de l'homme à l'égard de l'homme, si ceux qui aspirent à l'invisible concentreraient leurs énergies sur le visible - alors ils trouveraient bientôt une douceur dans le travail qui compenserait la langueur de la prière, et ils apprendraient à puiser dans la joie de servir les hommes et dans la force sereine d'une vie sérieuse, une chaleur d'inspiration, une passion de ferveur , une source d'énergie inépuisable, à côté de laquelle toute l'ardeur donnée par la prière semblerait terne et sans nerf, à la lueur de laquelle la chaleur imaginaire de la communion divine apparaîtrait comme le clair de lune pâle et froid dans la gloire du soleil levant.

RATIONALISME CONSTRUCTIF.

C'est une plainte courante contre l'école de pensée rationaliste qu'elle peut détruire mais ne peut pas construire ; qu'ils détruisent, mais ne bâtissent pas ; qu'ils ne sont armés que de la hache et de l'épée, et non de la truelle et du fil de maçon. « Nous en avons assez des négations », est un cri commun ; "donne-nous quelque chose de positif." Une grande partie de ce sentiment est insensée et déraisonnable ; la négation de l'erreur, là où l'erreur est suprême, est nécessaire avant que l'affirmation de la vérité puisse devenir possible. Avant qu'un terrain puisse être semé en blé, il faut qu'il soit débarrassé des mauvaises herbes qui l'infestent ; Avant qu'une maison solide puisse être construite à la place d'une ruine en ruine, les anciens décombres doivent être emportés et les murs pourris doivent être complètement démolis. La critique destructrice est nécessaire et saine ; le lourd bélier de la science doit tonner contre les murs des églises ; les flèches rapides de la logique doivent pleuvoir sur l'armée en robe noire ; les pointes acérées de l'ironie doivent percer le justaucorps de cuir de la superstition. Mais la destruction du christianisme orthodoxe étant accomplie, il reste encore beaucoup à faire pour le rationaliste. Il doit élaborer un code qui remplacera le code de Moïse et de Jésus ; il doit fonder une morale qui remplacera la morale de la Bible ; il doit construire un idéal qui soit aussi attractif que l'idéal des Églises ; il doit proclamer des lois qui supplanteront la révélation : en un mot, il doit édifier la religion de l'humanité.

Alors que le rationaliste regarde à l'étranger les armées rivales de la foi et de la raison, il reconnaît progressivement le fait que sa nouvelle religion, si elle doit servir de lien d'union, doit se tenir sur un terrain stable, à l'écart des armées en guerre. Autour de l'idée de Dieu fait rage le vacarme le plus brûlant de la bataille. La vieille croyance populaire et traditionnelle est blessée à mort et expire lentement. Les subtilités philosophiques du métaphysicien sont hors de portée des gens occupés principalement à un travail commun. La nouvelle école des théistes, croyants en un « Dieu spirituel personnel », se dresse sur une pente glissante, sur laquelle il n'y a pas de point d'appui ferme. Elle étend simplement sur les abîmes de la pensée un voile sentimental d'imaginations poétiques, et s'incline devant un homme béatifié et céleste, dont elle a sculpté l'image dans le marbre-pensée de ses aspirations les plus sublimes . Si l'idée de Dieu est ainsi combattue, donc changeante, donc incertaine, il est clair que la nouvelle religion ne peut pas trouver son fondement sur ce terrain changeant et controversé. Pendant que les théologiens se disputent au sujet de Dieu, des hommes simples regardent avec mélancolie les idoles brisées pour trouver l'idéal auquel s'accrocher. La nouvelle religion, étudiant donc les différentes phases de l'idée de Dieu, s'empare de son élément permanent, sa ressemblance idéalisée avec l'homme, son incarnation de la plus haute humanité ; et, saisissant cette pensée, il se tourne vers les hommes et dit : « En aimant Dieu, vous n'aimez que votre propre moi le plus élevé ; en vous conformant à l'image divine, vous ne faites que vous conformer à vos propres idéaux les plus élevés ; le Dieu inconnu que vous avez ignoré par ignorance. adorez-le, je vous le déclare ; en servant votre famille, vos voisins , votre pays, vous servez ce Dieu inconnu ; ce Dieu est l'humanité, la race à laquelle vous appartenez est le Dieu voilé que toutes les générations ont adoré dans le ciel ; , alors qu'il parcourait le monde autour d'eux sous toutes les formes humaines ; celui-ci est le seul Dieu, le Dieu qui se manifeste dans la chair : "-

"Il n'y a pas de Dieu, ô fils, si tu n'en es aucun."

les travaux des hommes dans ce canal de dévotion à l'humanité, afin que le résultat pratique du nouveau motif soit atteint. le pouvoir peut être un flux constant de travail d'amour et d'énergie pour l'homme, travail qui commence dans la famille et s'étend, dans des cercles toujours plus larges, à toute la race.

Cette transformation de la figure centrale transforme nécessairement aussi toute l'idée de religion, qui doit prendre sa couleur à partir de ce centre . La révélation céleste n'étant plus possible, sa place doit être suppléée par l'étude sur terre : les lois révélées n'étant plus accessibles, il devient du devoir de l'Humanitaire de découvrir les lois naturelles. Ce devoir est d'autant plus encourageant que l'échec manifeste des lois révélées, comme en témoigne le christianisme populaire. « Loi », dans la bouche du croyant en révélation, signifie un commandement émis par Dieu ; les « lois de la nature » sont les règles établies par Dieu, selon lesquelles toutes choses bougent ; ce sont les ordres du Créateur de la Nature, les fils de contrôle du mécanisme, tenus par la main de Dieu. Mais « loi », dans la bouche des rationalistes, ne signifie rien d'autre que la séquence invariable d'événements observée et enregistrée. Ainsi il est dit « une pierre tombe au sol en obéissance à la loi de la gravitation ». Par « loi de la gravitation », le chrétien voudrait dire que Dieu a ordonné que toutes les pierres *tombent* ainsi. Le rationaliste voudrait simplement dire que toutes les pierres *tombent* ainsi, et qu'il appelle cette séquence invariable la « loi de la gravitation ». L'obéissance aux lois de la Nature remplace, dans la religion de l'Humanité, l'obéissance aux lois de Dieu. Comme il n'existe aucune révélation inspirée de ces lois, l'étudiant doit les vérifier soigneusement et patiemment, soit par observation directe, soit le plus souvent, dans les livres de ceux qui ont consacré leur vie à l'élucidation du code de la Nature. Les livres scientifiques remplaceront en fait la Bible, et par l'étude des lois de la santé, à la fois physique, morale et mentale, le rationaliste déterminera les conditions qui l'entourent et auxquelles il doit se conformer s'il désire conserver ses propriétés physiques. , vigueur morale et mentale . Cette différence dans l'autorité à laquelle on obéit conduit naturellement à la différence de moralité entre le chrétien orthodoxe et le rationaliste. La moralité chrétienne consiste en l'obéissance à la volonté de Dieu, telle que révélée dans la Bible. La grande difficulté concernant cette obéissance est que la volonté de Jéhovah, telle qu'elle a été révélée aux Juifs à différentes époques, varie tellement d'âge en âge que le chrétien le plus zélé doit manquer d'obéir à tous les ordres contradictoires précédés d'un « Ainsi dit ». le Seigneur." Bien entendu, Dieu n'ordonnerait jamais à quiconque de faire une chose qui était directement mauvaise, mais Dieu a dit clairement : « Tu ne permettras pas qu'une sorcière vive ; » et Dieu a sanctionné l'esclavage, et Dieu a ordonné la persécution en raison de convictions religieuses : il est vrai que les chrétiens prétendent que toutes ces lois sont obsolètes, mais qu'est-ce que cela sinon reconnaître que la morale révélée est obsolète, *c'est-à-dire* qu'elle n'a jamais été révélée du tout par Dieu. . Car un ordre de persécuter doit être soit bon, soit mauvais : s'il est juste, c'est le devoir des chrétiens d'y obéir et de relever une fois de plus les enjeux de Smithfield pour les hérétiques et les incroyants ; si c'est faux, cela ne peut jamais provenir de Dieu et doit lui être attribué de manière blasphématoire. En Dieu, les chrétiens nous disent qu'il n'y a ni changement, ni ombre de changement ; alors ce qui lui plaisait dans les siècles passés lui plairait encore, et ce qu'il a ordonné hier serait juste aujourd'hui. Ainsi, la moralité révélée échoue-t-elle fatalement lorsqu'elle est mise à l'épreuve, et il devient impossible de savoir à quelle « volonté de Dieu » particulière il désire que nous obéissions. Maintenant, une fois de plus, le rationaliste expérimente les avantages de sa nouvelle force motrice ; il doit servir l'humanité et n'est pas gêné par les difficultés liées au fait de « plaire à Dieu ». Ce n'est pas le plaisir de Dieu, mais le bien de l'homme, qui constitue la base de sa moralité. La moralité révélée est comme un vêtement d'enfant dans lequel on devrait essayer de forcer les membres d'un homme adulte ; c'est la moralité du passé stéréotypée à l'usage d'aujourd'hui, et elle est maladroite, archaïque, à moitié illisible à cause de l'âge. La moralité rationnelle, en revanche, croît avec la croissance de ceux qui suivent ses préceptes ; ses erreurs sont corrigées par une expérience plus large, ses omissions sont comblées par les arguments irréfragables de la nécessité. Elle est fondée sur les besoins de l'homme ; son bonheur est son seul objet ; non seulement son bonheur physique, non seulement la satisfaction des désirs du corps d'aisance et de confort, mais la satisfaction aussi de tous les désirs de ses facultés intellectuelles et morales, l'amour de la vérité, l'amour de la beauté, l'amour de la justice. . Une morale fondée sur cette base ne peut jamais être renversée ; Elle offre un test sûr pour décider de la moralité ou de l'immoralité d'une action donnée : « Est-elle utile à l'homme ? tend-elle à promouvoir le bonheur humain ? La volonté de Dieu est douteuse et toujours contestable, et par conséquent elle ne pourra jamais constituer le fondement d'un système universel de moralité, d'un code qui unirait tous les hommes dans l'obéissance. Un code qui unira tous les hommes doit nécessairement être fondé sur les intérêts humains qui sont communs à tous les hommes. Un tel code est utilitaire. Car le bonheur de l'homme est sur terre et peut être connu et compris ; la promotion de ce bonheur est un objectif intelligible ; le test de moralité peut être appliqué par chacun ; c'est un système que tout le monde peut comprendre, et que le bon sens de chacun doit approuver, car par lui l'homme vit pour l'homme, l'homme travaille pour l'homme, les efforts de chacun sont dirigés vers le bien de tous, et seulement dans le bonheur de tous. le tout peut rendre parfait et complet le bonheur de chaque partie.

Il existe une idée fausse très répandue concernant l'utilitarisme : « l'utilité » est censée inclure uniquement les choses matérielles qui sont utiles au corps et qui tendent à augmenter le confort physique. Mais l'utilité inclut tout l'art ; pour les cultures artistiques le goût et le raffinement de la nature. Elle ajoute ainsi mille charmes à la vie, approfondit, adoucit, purifie le bonheur humain. L'utilité inclut toute étude, car l'étude éveille et entraîne les facultés intellectuelles, et augmente donc les sources de bonheur possibles à l'homme. L'utilité inclut toute la science ; car la science est la véritable providence de l'homme, prévoyant les dangers qui le menacent et le protégeant contre leur choc. La science conduit l'homme à ces hauteurs intellectuelles où rester un moment et respirer l'air pur et pur après avoir vécu dans l'atmosphère trouble des labeurs et des soucis quotidiens est comme le rafraîchissement du vent pur de la montagne pour l'habitant fatigué des rues bondées de la ville. .. L'utilité inclut tout l'amour et la recherche de la vérité ; car la découverte d'une vérité est le plaisir le plus vif dont soit susceptible l'esprit le plus noble. Cela inclut toutes les vertus les plus sublimes ; car le sacrifice de soi et le dévouement donnent les formes de bonheur les plus pures que l'on puisse trouver sur terre. En un mot, l'utilité inclut tout ce qui est *utile* à l'édification d'une virilité et d'une féminité plus grandes, plus sages, plus pures, plus vraies, plus tendres que celles que nous avons aujourd'hui.

Telle est la base de la morale qui doit supplanter la morale surnaturelle des Églises ; une morale qui est : pour cette vie et pour ce monde, puisque nous avons cette vie, et sommes dans ce monde ; une morale qui cherche à assurer le bonheur humain de ce côté-ci de la tombe, au lieu d'en rêver de l'autre côté ; une morale qui s'efforce de sculpter ici des cieux solides, au lieu de les voir dans des pays lointains, nuageux, blancs, doux et beaux, mais toujours seulement des nuages.

L'un des grands avantages de cette philosophie humanitaire est qu'elle s'efforce de former les hommes au altruisme, au lieu de suivre le plan chrétien populaire consistant à faire de soi la pensée centrale. Le Soi est invoqué à chaque étape du Nouveau Testament : s'il nous est demandé de nous réjouir sous la persécution, c'est parce que « votre récompense est grande dans le ciel » ; s'il est poussé à prier, c'est parce que « ton Père, qui voit dans le secret, te récompensera lui-même ouvertement » ; si être charitable, c'est qu'au jugement il apportera un royaume en récompense ; si nous devons renoncer à notre maison ou à nos richesses, c'est parce que nous recevrons « le centuple dans cette vie présente, et dans le monde à venir la vie éternelle » ; même celui qui donne une tasse d'eau froide « ne perdra en aucun cas sa récompense ». Il s'agit d'un système de pots-de-vin, mêlant la pensée de la douleur personnelle à chaque effort d'amélioration humaine et de bonheur humain, et favorisant et encourageant ainsi directement l'égoïsme et le dorant du nom de religion et de piété. La moralité humanitaire, d'autre part, tout en utilisant le besoin naturel et légitime de bonheur individuel comme force motrice, s'efforce de habituer chacun à rechercher et à travailler au bonheur de tous, faisant de ce bonheur général le but de la vie. Ainsi, il affaiblit progressivement les tendances égoïstes et encourage le social, soutenant toujours le noble idéal par la contemplation même de sa beauté transformant ses adeptes à son image. « Vivre pour autrui » , telle est la devise du code utilitaire ; et en vivant ainsi, on atteint réellement la vie la plus complète et la plus heureuse pour soi ; Les liens qui unissent les hommes sont si serrés que le bonheur et le malheur réagissent les uns sur les autres, et à mesure que le niveau général du bonheur s'élève de plus en plus haut, les rouages de la vie sociale tournent de plus en plus facilement, avec moins de frictions. moins de jarre, et donc avec un confort accru pour chaque membre. Alors que le christianisme développe l'égoïsme par son cri continu « Sauve-toi toi-même », l'utilitarisme développe progressivement le altruisme par le murmure plus noble : « Sauve les autres, et ce faisant, tu seras toi-même sauvé. » Délivré de toute peur avilissante d'un pouvoir inconnaissable et impénétrable, l'utilitarisme travaille d'un seul cœur et d'un seul œil pour le bonheur de l'humanité, frappant du sceau du « mauvais » tout acte dont la répétition générale serait nuisible à la société. ou dont la tendance est préjudiciable et scelle comme « juste » tout acte qui illumine la vie humaine et rend le bonheur général plus parfait et plus largement répandu. À mesure que la moralité s'élèvera de plus en plus haut, le jugement humain deviendra plus aigu et plus pur, et dans les temps à venir, bien des actes maintenant approuvés de tous côtés seront probablement considérés comme nuisibles et seront donc marqués comme immoraux, tandis que, de l'autre côté, D'un autre côté, les actes qui sont maintenant considérés comme mauvais, parce que « offensants pour Dieu », seront considérés comme bénéfiques à l'homme et seront donc acceptés par tous comme moraux. Ainsi, la moralité utilitaire ne peut jamais être un obstacle au progrès, car elle deviendra plus élevée et plus noble à mesure que l'homme s'élève. La moralité révélée est comme un jalon sur la route de la marche du monde : elle marque le chemin parcouru par le monde lorsque ses tables de lois ont été établies pour la première fois à sa place : comme jalon, elle est utile, intéressante et instructive, et personne ne voudrait le détruire ; mais si la borne kilométrique est retirée de son poteau pour marquer la distance et posée en travers de la route comme une barrière que personne ne devra franchir dans les jours à venir, alors il devient nécessaire pour les pionniers du progrès de la tailler en pièces afin que les hommes puissent poursuivre leur chemin sans contrôle, et cette moralité révélée se trouve maintenant sur le chemin ascendant du monde, et doit être brisée en morceaux avec le marteau de la logique et la hache du bon sens, afin que nous puissions grimper toujours plus haut sur la montagne du progrès. , dont le sommet est caché dans un nuage éternel.

Et que nous dit le rationalisme constructif, lorsque nous nous trouvons face au puissant destructeur de tous les êtres vivants ? "Votre croyance est peut-être assez bonne pour vivre", disent les objecteurs, "mais est-il bon de mourir ?" Une croyance qui est bonne dans la vie doit nécessairement l'être dans la mort, et jamais encore la vie d'un héros n'a été fermée par une mort lâche. Qu'est-ce qui peut mieux adoucir le lit du mourant que de savoir que le monde est d'autant plus heureux qu'il vit, qu'il le laisse meilleur qu'il ne l'a trouvé, qu'il a contribué à le relever et à le purifier ? Quel oreiller plus facile pour reposer la tête mourante que le souvenir d'une vie utile ? Le rationaliste n'a aucune peur à l'approche de son lit de mort ; aucune lueur sinistre provenant d'un enfer de l'autre côté ne s'éclaire autour de lui alors que sa respiration commence à s'essouffler ; aucun Dieu en colère ne le désapprouve depuis le grand trône blanc ; aucun diable ne se tient à ses côtés pour l'entraîner dans l'abîme ; tranquillement, paisiblement, heureux, sans peur et sans effroi, il quitte la vie. Aussi calmement que l'enfant fatigué s'endort dans les bras de sa mère et sombre dans une inconscience sans rêves, le rationaliste se couche aussi calmement dans les bras de sa puissante mère et sombre dans une inconscience sans rêves sur son sein.

Pour le rationaliste, l'avenir de la race remplace dans la pensée l'avenir de l'individu ; pour cela il pense, pour cela il projette, pour cela il travaille . Un paradis sur terre pour ceux qui viendront après lui, telle est son inspiration à l'effort et au dévouement. Il recherche le sourire de l'homme au lieu du sourire de Dieu, et trouve dans la pensée d'une humanité plus heureuse l'aiguillon que les chrétiens recherchent dans la pensée de plaire à Dieu. Ses espoirs pour l'avenir s'étendent largement devant lui, mais c'est un avenir dont hériteront ses enfants dans ce même monde dans lequel il vit lui-même ; une vie plus libre et plus complète, une connaissance plus large, une culture approfondie et plus raffinée - tout cela doit être l'héritage des générations à venir, et il lui appartient de rendre cet héritage plus riche par chaque pensée plus grande et chaque action plus noble qu'il peut accomplir pour... jour.

Plaçons côte à côte les dogmes du christianisme et la force motrice du rationalisme, et voyons lequel de ces deux est celui qui façonne le plus la vie de l'homme. Le christianisme a un Dieu au ciel, tout-puissant et infiniment sage, qui, dans les siècles passés, a créé l'univers et a prédestiné tout ce qui devait arriver dans les temps à venir ; qui a créé l'homme et la femme avec un serpent pour les tenter, et qui leur a créé l'occasion de tomber ; qui, ayant saisi l'occasion, les a forcés à la saisir. On dit qu'Adam et Ève étaient des agents libres, mais ils n'étaient rien de tel, car l'agneau a été immolé dès la fondation du monde : le sacrifice a été offert avant que le péché ne soit commis ; et le sacrifice étant fait, le péché en était la conséquence nécessaire. Si Adam avait été libre, il n'aurait peut-être pas péché, et alors il n'y aurait eu qu'un agneau tué et aucun péché pour lequel il aurait pu expier ; mais Dieu, ayant pourvu au Sauveur , était obligé de pourvoir au pécheur, et c'est pourquoi il a créé l'arbre de la connaissance et a envoyé le tentateur pour piéger les parents de l'humanité. Ils tombèrent, selon la prédestination de Dieu, et devinrent ainsi maudits, puis le Rédempteur en attente fut révélé, et « le plan divin » fut achevé. Maudits pour un péché dans lequel ils n'ont aucune part, les enfants d'Adam naissent avec une nature mauvaise, et étant méchants, ils agissent mal et sombrent ainsi de plus en plus bas ; à leurs pieds s'ouvre un gouffre sans fond, et le chemin qui y mène est large, facile et agréable ; au-dessus de leurs têtes brille un ciel luxueux, et le chemin est étroit, escarpé et accidenté. Leur nature – donnée par Dieu à tous – les entraîne vers le bas ; le Saint-Esprit — que Dieu a donné à certains — les entraîne vers le haut : l'immortalité est leur héritage, et « rares sont ceux qui trouvent » le bonheur immortel, tandis que « nombreux sont ceux qui entrent » par la porte de l'enfer vers un malheur immortel ; une séparation, amère au-delà de toute amertume terrestre de séparation, est réservée à tous, car, au grand jour du jugement, « l'un sera pris et l'autre laissé », et il n'y aura pas de famille dont certains membres seront séparés. ne soit pas perdu à jamais . La vie éternelle, pour la grande majorité, signifie un tourment éternel, et ils doivent être « salés de feu », brûlant mais jamais brûlés, consommant toujours mais jamais consumés. Tous les efforts humains doivent être tournés vers l'accès au paradis, vers l'évitement de l'enfer. "Qu'est-ce que cela profitera à un homme s'il gagne le monde entier et perd sa propre âme?" Toute vie doit être un effort « pour entrer par la porte étroite, car beaucoup chercheront à entrer et ne le pourront pas » ; la pauvreté, l'oppression, la misère, qu'importe ? « la légère affliction qui n'est que pour un instant produit un poids de gloire bien plus excessif et éternel ». Ainsi ce monde est oublié au profit d'un autre, écrasé hors de vue sous la grandeur écrasante de l'éternité ; l'aiguillon de l'effort humain est émoussé par l'importance infinitésimale du temps par rapport à l'éternité ; un mauvais gouvernement, de mauvaises lois, l'injustice, la tyrannie, le paupérisme, la misère, toutes ces choses ne doivent pas nous émouvoir, car « nous cherchons un pays meilleur, c'est-à-dire un pays céleste » ; nous sommes « des étrangers et des pèlerins » ; "Ici, nous n'avons pas de ville continue, mais nous en cherchons une à venir" ; « notre citoyenneté est au ciel », et là aussi se trouve notre maison. Il est vrai que les chrétiens ne mettent pas en pratique dans leur vie quotidienne ces phrases et pensées de leur credo, mais dans la mesure où ils ne le font pas, ils sont d'autant moins chrétiens et d'autant plus imprégnés de l'esprit du rationalisme. Rationalistes, ils sont en grande majorité six jours par semaine et ne sont chrétiens que le dimanche. Sortir de ces rêves du vieux monde et entrer dans le rationalisme, c'est comme sortir en plein air après une serre. Le rationalisme élimine le Dieu terrible de l'orthodoxie, la chute, le serpent, le Sauveur , l'enfer, le diable. « Travaillez, peinez, luttez », crie-t-il à l'homme ; "Les maux qui vous entourent ne sont pas le fait de Dieu, ni les effets de sa malédiction ; ils proviennent de votre propre ignorance, et peuvent tous être éliminés par votre propre étude et vos propres efforts. Le salut ? Oui, vous avez besoin de sauveurs , mais les sauveurs doivent vous sauver des malheurs terrestres et non de la colère de Dieu ; sauvez-vous vous-mêmes, par la pensée, par la sagesse, par le sérieux, oui, vous avez besoin de rédemption, mais la rédemption que vous voulez est du vice, de l'ignorance, de l'ignorance. pauvreté, et doit être accompli par l'effort humain. La prière ? oui, vous avez besoin de prier, mais la prière que vous voulez est un travail qui exige le résultat ; s'étend largement devant vous, capable de vous payer mille fois pour tout ce que vous faites pour cela. La vie est entre vos mains, pleine de toutes les possibilités glorieuses ; rejetez vos rêves de paradis et faites du paradis ici, laissez de côté les visions de la vie à venir ; , et rends belle la vie qui est."

Plein d'espoir, plein de joie, fort pour travailler , patient pour endurer, puissant pour vaincre, le nouveau credo joyeux avance dans le triste monde chrétien gris ; à son contact, les visages des hommes s'adoucissent et se purifient, et les yeux des femmes sourient au lieu de pleurer ; enfin, enfin, l'héritier se lève pour prendre les siens, et la négation de la souveraineté usurpée du Dieu populaire et traditionnel sur le monde se transforme en affirmation de la monarchie légitime de l'homme.

LES BEAUTÉS DU LIVRE DE PRIÈRES.

PRIÈRE DU MATIN.

"L'HABITUDE est une seconde nature", dit un vieux sage, ce doit donc être par habitude qu'il est devenu naturel aux membres de l'Église de répéter placidement, semaine après semaine, les mêmes contradictions et absurdités palpables. Un homme d'affaires sensé et astucieux range ses papiers le samedi soir et semble enfermer son esprit avec eux dans son bureau ; il est certain qu'il

"Va dimanche à l'église,

Et s'assoit parmi ses garçons ;

Il entend le curé prier et prêcher,"

et pourtant il ne découvre jamais que ses garçons répètent les réponses les plus contradictoires, tandis que le pasteur énonce comme axiomes les propositions les plus surprenantes.

Lorsque le silence préliminaire de l'église est rompu par les « phrases », les premiers mots qui tombent des lèvres du pasteur sont une déclaration distincte des conditions du salut : « Quand le méchant se détourne de la méchanceté qu'il a commise et fait ce qui est licite et juste, il sauvera son âme en vie ; » et nous sommes en outre instruits quant à nos péchés, que « si nous confessons nos péchés, il est fidèle et juste pour nous les pardonner et pour nous purifier de toute injustice ». Ces déclarations très claires occupent un terrain élevé et compréhensible. Dieu est censé désirer que l'homme soit juste, et est donc naturellement satisfait lorsque « le méchant abandonne sa voie et l'injuste son chemin ». Nous procédons alors à la confession de nos péchés, et après que Mme A., dont les yeux s'égarent après le bonnet de son voisin , ait avoué qu'elle se trompe et s'égare comme une brebis perdue, et que Mme B., qui réfléchit à un moyen pour redonner un aspect neuf à une vieille robe, a avoué plaintivement qu'elle suivait les desseins de son propre cœur ; et Squire C, au visage rubiconde et aux larges épaules, a fait remarquer sonorement qu'il n'y a pas de santé en lui, et son fils, au visage joyeux, a reconnu joyeusement qu'il était un misérable pécheur - après ces aveux très appropriés et raisonnables. à un être divin qui « voit le cœur », et peut donc être supposé les prendre pour ce qu'ils valent, ont été dûment parcourus, nous sommes quelque peu perplexes d'entendre le pasteur annoncer que Dieu « pardonne et absout tous ceux qui vraiment repentez-vous *et croyez sincèrement à son saint Évangile.* « Quel est cet ajout soudain aux conditions de salut précédemment déclarées ? On nous avait dit que si nous confessions nos péchés, la fidélité et la justice de Dieu lui permettraient de nous pardonner ; ici, nous l'avons dûment fait, et sûrement le langage est suffisamment fort ; nous sommes pourtant soudainement appelés à croire un « saint Évangile » comme préalable au pardon. Mais nous ne sommes pas encore, pour utiliser une expression familière, sortis du bois ; car tandis que nous méditons d'un air maussade sur cette infraction de notre contrat, le temps passe sans que l'on s'en aperçoive, et, comme c'est un jour de fête, nous sommes surpris par une voix sévère transmettant la joyeuse nouvelle : « Celui qui sera sauvé, *avant toutes choses* , il Il est nécessaire qu'il ait la foi catholique. Cette foi, sauf si chacun la garde entière et intacte, sans aucun doute il périra éternellement. "Avant tout ?" avant le repentir ? avant de nous détourner de notre méchanceté ? avant de faire ce qui est licite et juste ? Et quelle est cette « Foi » que nous devons garder entière et intacte si nous voulons sauver nos âmes en vie ? Un fouillis ahurissant de triolets et d'unités, mêlés dans une confusion inextricable. Mais comme celui qui « veut être sauvé doit ainsi penser à la Trinité », nous essaierons de démêler le fil du salut. "Le Père est Dieu, le Fils est Dieu et le Saint-Esprit est Dieu", dit le curé. "Ce ne sont pas trois Dieux, mais un seul Dieu", crient les gens. Nous sommes obligés « de reconnaître que chaque personne est Dieu et Seigneur », réitère le curé. "La religion catholique nous interdit de dire qu'il y a trois Dieux ou trois Seigneurs", s'obstine le peuple. Puis, après quelques détails plutôt intrusifs sur les relations familiales (et très complexes) du Père avec le Fils, et des deux avec le Saint-Esprit, on nous dit que « ainsi » – pourquoi ainsi ? – « il y a un seul Père, pas un seul. trois Pères, un Fils, pas trois Fils, un Saint-Esprit, pas trois Saint-Esprit. » Dans la mesure où nous avons pu suivre le sens, ou plutôt le non-sens, des phrases précédentes, personne n'a rien dit de trois Pères, de trois Fils ou de trois Saints-Esprits. L'article défini *the* avait été utilisé dans chaque cas avec un nom singulier. Nous imaginons que la clause a dû être insérée à cause de toutes les idées quant au sens ; de chiffres devaient avoir été à ce moment-là si désespérément perdus par la congrégation, qu'il devint nécessaire de remarquer que « le Père » signifiait un Père, et non trois. La liste des conditions nécessaires au salut n'est pas encore complète, car "en outre, pour le salut éternel, il est nécessaire qu'il croie correctement à l'Incarnation de notre Seigneur Jésus-Christ". Ainsi donc, s'il est vrai que le méchant qui se détourne de ses péchés sauvera son âme en vie, nous constatons que notre pécheur doit aussi croire à l'Évangile, doit accepter des affirmations arithmétiques contradictoires, doit penser à la Trinité d'une manière qui rend la pensée une impossibilité ridicule, et doit croire *correctement* tous les détails de la méthode par laquelle un être divin est devenu un être humain. Si un pécheur se hasarde à sortir de l'église après la première phrase, et que d'ivrogne il devient sobre, de menteur il devient véridique, de débauché il devient chaste et s'imagine bêtement qu'il fait ainsi la volonté de Dieu et qu'il sauve ainsi son âme vivante, il se réveillera certainement, selon le Symbole d'Athanase , de son agréable illusion pour se retrouver dans le feu éternel. En tant que sceptiques, nous ne devons émettre aucune opinion sur ce qui est juste, le credo ou le texte ; nous suggérons seulement que les deux ne peuvent pas être corrects, et qu'il serait plus satisfaisant si l'Église, dans sa sagesse, prenait une décision vénérable sur ce qui est la bonne voie, et qu'elle s'y maintienne ensuite. Après tout cela, nous ne sommes nullement surpris d'apprendre lors d'une collecte que le salut dépend d'un tout nouveau support, à savoir la connaissance que nous avons de Dieu. Combien de choses supplémentaires pourraient être nécessaires au salut, il est impossible de le dire à ce stade, mais l'office de la prière du matin, en tout cas, ne nous en donne pas davantage. Il serait cependant téméraire de conclure que nous avons tout accompli, car l'Église en a encore dispersés dans son Livre de prières ; la fin de tout ce double jeu, c'est que nous ne pouvons jamais être sûrs d'avoir réellement rempli toutes les conditions ; une triste expérience nous enseigne que lorsque l'Église dit : « faites ceci et cela et vous serez sauvé », elle murmure cependant dans sa barbe : « à condition que vous fassiez aussi tout le reste ».

Nous ne parvenons pas non plus à voir le caractère raisonnable du cri constant « pour l'amour de Jésus-Christ » ou « par Jésus-Christ ». Nous demandons que nous puissions mener « une vie pieuse, juste et sobre » *pour Lui* ; mais c'est exactement ce qu'on nous dit que Dieu souhaite déjà, alors pourquoi devrait-on lui demander de l'accorder pour le bien de quelqu'un d' autre, comme s'il ne voulait pas que nous soyons justes, et qu'il ne pouvait être persuadé de nous permettre de l'être qu'en un fils préféré ? De la même manière, nous devons parvenir à la « joie éternelle » de Dieu, à travers Jésus, qui est d'ailleurs une autre de ces conditions inépuisables du salut. Nous demandons à être défendus contre nos ennemis « par la puissance de Jésus-Christ », comme si Dieu lui-même n'était pas assez fort pour cette tâche ; et Dieu est exhorté à envoyer son Esprit salutaire pour « l' honneur de notre avocat et médiateur », bien que cet avocat même ait dit à ses disciples que Dieu donnerait toujours cet esprit à ceux qui le demandaient. Pour le critique extérieur, ces références continuelles à Jésus, comme si Dieu refusait tous les bons dons, semblent très déshonorantes pour le « Père céleste ».

Est-il nécessaire de presser Dieu avec véhémence pour qu'il se dépêche ? "Ô Dieu, dépêche-toi pour nous sauver. Ô Seigneur, dépêche-toi pour nous secourir." Dieu ne fera-t-il pas, de son propre gré, les choses au meilleur moment possible ? et de plus, est-il possible à un être divin de se hâter ?

Il sera peut-être considéré comme hypercritique de s'opposer aux versets : « Donne la paix à notre temps, ô Seigneur, car il n'y en a pas d'autre que ne combat pour nous que toi seul, ô Dieu. » Que veulent-ils de plus qu'un renfort tout-puissant ? « Aucun autre ? » Eh bien, nous aurions dû imaginer que Dieu et quelqu'un d'autre étaient vraiment plus que ce dont nous avions besoin. En tout cas, cela semble très c'est insultant de dire à Dieu : « S'il vous plaît, donnez-nous la paix, puisque nous ne pouvons compter sur aucune aide autre que la vôtre ».

Nous n'avons rien à dire des prières pour la famille royale, sinon qu'elles ne donnent pas de résultats très attrayants, et qu'elles ont dû beaucoup édifier George IV. s'entendre parler de lui-même comme d'un « roi très religieux et gracieux ». Jamais on n'a sûrement jamais autant prié pour une famille, mais *cui bono ?* Si les « évêques, curés et toutes les congrégations » plaisent vraiment à Dieu, il est à peu près la seule personne à qui ils parviennent à plaire, car les évêques abusent du clergé, et le clergé abuse des évêques, et les congrégations abusent des deux. Concernant la dernière prière, nous devons noter l'échec extrême de la pétition visant à accorder à l'Église la connaissance de la vérité, et nous ne pouvons nous empêcher de nous demander pourquoi, s'ils désirent réellement connaître la vérité, ils désapprouvent si invariablement et s'efforcent d'écraser tout ce qui est sérieux. recherche de la vérité, tous les efforts pour une lumière plus claire. De toutes les choses qui peuvent arriver à l'Église, la connaissance de la vérité serait pour elle la moins « utile », car elle s'évanouirait devant le soleil de la vérité comme on dit que les fantômes volent au chant du coq qui annonce l'aube.

Une critique de l'office de la prière du matin n'est guère complète sans quelques mots sur les cantiques chargés d'être chantés quotidiennement par les fidèles à la gloire de Dieu. Il serait en effet difficile d'imaginer quelque chose de plus ridiculement absurde que cela, venant de la bouche de nos congrégations. La *Venite* (Ps. xcv.) est la première à laquelle nous sommes appelés à participer, et le premier choc survient lorsque nous nous surprenons à chanter : « L'Éternel est un grand Dieu et un *grand roi au-dessus de tous les dieux* ». "Surtout les dieux !" à quelle terrible hérésie nous sommes-nous engagés involontairement ? N'y a-t-il pas qu'un seul Dieu — ou, du moins, il peut y en avoir trois — mais, s'il y en a trois, ils sont coégaux, et aucun n'est au-dessus de l'autre ; qui sont ces « tous les dieux » dont « le Seigneur » est « le roi d'en haut » ? Nous nous souvenons un instant que lorsque ce psaume fut écrit, on croyait que les dieux des nations autour d'Israël avaient une existence réelle et que, par conséquent, il n'y avait aucune incohérence dans la bouche de l'hébreu de se réjouir que son dieu national régnait au-dessus. les dieux des autres peuples. Cette explication est raisonnable, mais elle n'explique pas pourquoi nous, qui ne croyons pas en cette multiplicité de divinités, devrions prétendre le contraire. Notre équanimité n'est pas restaurée par la phrase suivante : « Dans sa main sont tous les coins de la terre » ; mais la terre est un globe et n'a pas de coins. Un souvenir brumeux flotte dans notre esprit d' Irène affirmant qu'il y avait quatre évangiles parce qu'il y avait quatre coins de la terre et quatre vents qui soufflaient ; mais depuis son époque, les choses ont changé et les coins ont été aplanis. Est-il tout à fait honnête de dire à la louange de Dieu une chose que nous savons être fausse, et devons-nous ne pas être scientifiques parce que nous sommes dévots ? Nous entendons alors parler de nos pères qui ont passé quarante ans dans le désert, bien que nous sachions qu'ils n'y étaient pas du tout, à moins que les gens - généralement considérés comme d'aimables fous - n'aient raison, qui affirment que la nation anglaise descend des dix pays perdus. tribus d'Israël. Pourquoi devrions-nous prétendre à Dieu que nous sommes juifs, alors que lui et nous savons parfaitement que nous ne sommes rien de tel ? Nous arrivons au *Te Deum* , qui aurait été composé par saint Ambroise pour le baptême de saint Augustin : « Chérubin et séraphin crient continuellement vers toi. Mettant de côté la lassitude manifeste envers Dieu et les crieurs de la répétition incessante de ces paroles, et l'idée dégradante de Dieu impliquée dans la pensée que cela lui fait plaisir d'être perpétuellement assuré de sa sainteté, comme si c'était le cas. question douteuse, on ne peut s'empêcher de se demander : « Qui sont ces chérubins et ces séraphins ? Selon la Bible, ce sont des créatures à six ailes, qui se couvrent le visage de deux ailes et leurs pieds de deux autres, et volent avec la paire restante : on peut les voir sur les images de l'arche, se tenant en équilibre sur leurs pieds. couvrant leurs ailes et s'empêchant de tomber en se stabilisant avec une autre paire. "Seigneur Dieu de Sabaoth " ou des "Armées" ; est-ce un nom raisonnable pour celui qui est censé être un « Dieu de paix » ? Les idées juives les plus anciennes et les idées chrétiennes de Dieu entrent ici en collision directe : selon l'une, « le Seigneur est un homme de guerre » (Ex. XV.), tandis que l'autre le représente comme « le Père éternel, le Prince de la paix ». " (Ésaïe. ix.). Le *Te Deum* change à mi-chemin de l'objet de son chant et s'adresse au Fils plutôt qu'au Père. La question de savoir dans quelle mesure cela est permis est très controversée, car il est certain que dans les premiers âges du christianisme, la prière était adressée *uniquement* au Père et que l'un des Pères* réprimande sévèrement ceux qui prient le Fils, car ils privent ainsi le Père. de l' honneur qui lui est dû seul. Comment cela peut-il se produire, lorsque le Père et le Fils ne font qu'un, nous n'avons pas la prétention de l'expliquer. Viennent ensuite ces curieux détails concernant le Christ que nous aborderons plus tard en traitant du Symbole des Apôtres. Nous nous retrouvons actuellement à demander d'être gardés « ce jour sans péché » ; pourtant, nous sommes parfaitement conscients, à tout moment, que Dieu ne fera rien de tel et que tous les chrétiens croient qu'ils pèchent chaque jour. Pourquoi l'Église apprend-elle à ses enfants à chanter cela le matin, puis prépare-t-elle une « confession » pour le soir, à moins qu'elle ne soit parfaitement sûre que Dieu ne prêtera aucune attention à sa prière ? La réitération fastidieuse du *Bénédicte* est si parfaitement reconnue qu'elle est très rarement entendue dans l'église, tandis que le *Benedictus* (Luc 1 .) est exposé à la même accusation d'irréalité que le *Venite* , à savoir qu'il s'agit d'un chant pour Juifs uniquement.

Origène.

Bien d'autres défauts et absurdités pourraient être signalés et défigurer la prière du matin, même si l'idée même de la prière reste intacte. Les prières du Livre de prières déshonorent Dieu à cause de leur enfantillage, de leur irréalité, de leur folie, de leur conflit avec la saine connaissance. Même si la prière peut être raisonnable, ces prières sont déraisonnables ; même si la prière peut être respectueuse, ces prières sont irrévérencieuses ; même si la prière peut être sincère, ces prières ne sont pas sincères. Ce sont des fragments d'une époque antérieure transplantés dans le présent, et ils sont aussi ridicules que le seraient les hommes qui se promènent aujourd'hui dans nos rues, vêtus de l' armure du Moyen Âge, des âges des Ténèbres et de la Prière.

PRIÈRE DU SOIR.

L'Église, dans sa sagesse, craignant que les vanités et les impossibilités étranges dont nous avons parlé, le...

"Joyaux qui ornent l'épouse du Roi éternel et glorieux",

ne doit pas être suffisamment appréciée et admirée par ses enfants, si elle est présentée à leur adoration une seule fois par jour, a désigné à l'usage des fidèles un office de prière du soir, qui, dans ses principales caractéristiques, est identique à celui qui doit être être « dit ou chanté » chaque matin. Les phrases, le discours, la confession, l'absolution, le Notre Père et les versets sont tous exactement reproduits, et les Psaumes et les Leçons suivent en temps voulu, variant de jour en jour. Prendre le Psautier dans son intégralité et l'analyser serait une tâche trop longue pour notre propre patience ou pour celle de nos lecteurs. C'est pourquoi nous ne retiendrons que quelques absurdités saillantes et nous demanderons pourquoi des hommes et des femmes anglais devraient chanter. des phrases qui n'ont aucune beauté pour les recommander, et aucun sens pour les honorer. Nous n'insisterons pas sur le caractère pittoresque d'une congrégation debout et chantant gravement : « Si jamais vos pots sont chauffés par des épines, que l'indignation le tourmente, comme une chose crue » (Ps. lviii.) ; nous ne demanderons pas ce que veut dire l'ecclésiastique lorsqu'il lit à sa congrégation : « Même si vous avez un privilège parmi les pots, vous serez néanmoins comme les ailes d'une colombe. (Ps. lxviii.) Ce sont des passages isolés, qu'une plume pourrait effacer, en conservant la majeure partie du Psautier : nous allons plus loin et le contestons dans son ensemble, affirmant qu'il est ridiculement inapproprié comme recueil de chants pour personnes sensées. , même si ces personnes désirent prier ou louer Dieu. Nos restrictions s'adressent ici non pas à la prière en tant que prière, mais simplement à cette forme particulière de prière. En premier lieu, le Psautier n'est écrit que pour une seule nation ; il est plein d'allusions locales et de références à l'histoire israélite qui ne sont raisonnables que dans la bouche d'un juif. Avec quel sens une congrégation anglaise peut-elle chanter tous les 15 soirs du mois un psaume tel que le lxxviii., racontant toutes les merveilles des plaies et de l'exode, ou le lendemain implorer Dieu de les aider, car " les païens sont entrés dans ton héritage ; ton saint temple a-t-il profané et fait de Jérusalem un monceau de pierres ? » (Ps. lxxix.) Y a-t-il un quelconque respect pour Dieu en lui disant que « nous sommes devenus une honte ouverte pour nos ennemis, un mépris et une dérision pour ceux qui nous entourent » (v. 4), alors que, comme un c'est un simple fait, les haut-parleurs ne sont plus rien de tel ? Peut-on penser qu'il est conforme au respect de Dieu de faire ces affirmations extraordinaires en le priant, puis de fonder sur elles les appels les plus urgents à son aide immédiate ? car nous voyons l'assemblée procéder : « Aide-nous, ô Dieu de notre salut, pour la gloire de ton nom ; ô délivre-nous et sois miséricordieux envers nos péchés à cause de ton nom... Ô que la vengeance du sang de ton serviteur qui est révélée ouvertement aux païens sous nos yeux. Ô que les soupirs douloureux des prisonniers viennent devant toi selon la grandeur de ta puissance, préserve ceux qui sont destinés à mourir » (w. 9, 10, 11) . Maintenant, en toute sobriété, qu'est-ce que cela signifie ? Est-ce adressé à Dieu ou non ? Si tel est le cas, est-il juste et approprié de lui adresser des paroles absolument fausses et de réclamer d'urgence une aide qui n'est pas nécessaire et qu'il ne peut pas lui donner ? Si tel n'est pas le cas, est-il décent de chanter ou de lire solennellement des phrases apparemment adressées à Dieu, mais qui ne sont en réalité pas destinées à être remarquées par lui, des phrases qui utilisent son nom comme si un appel à lui était sérieusement lancé ? Il ne peut pas être sain de jongler ainsi avec les mots et de faire des prières émotionnelles totalement dénuées de sens. Certaines personnes pieuses parlent très librement de la méchanceté du blasphème, mais ce genre de jeu avec Dieu, dans des lamentations dénuées de réalité, des appels sans réponse, n'est-ce pas un blasphème bien plus réel dans la bouche de quiconque croit en Lui en tant qu'auditeur de prière, que le soi-disant blasphème de ceux qui affirment distinctement que pour eux le « Dieu » populaire et traditionnel est un fantôme et qu'ils ne voient aucune raison de croire en son existence ? En passant de cet aspect plus grave de l'utilisation du Psautier comme recueil de chants pour la congrégation, nous remarquons combien de nombreux psaumes nous paraîtraient purement comiques si l'habitude de notre vie ne nous avait pas habitués à les répéter d'une manière semblable à celle d'un perroquet. manière, sans attacher le moindre sens aux mots si facilement récités. "Chaque nuit, je lave mon lit et j'arrose mon canapé de mes larmes" (Ps. VI), est chanté innocemment par une jeune fille riante et un jeune joyeux, dont le courant lumineux de la vie n'est pas obscurci par l'ombre du chagrin. "Amenez au Seigneur, ô puissants, amenez de jeunes béliers au Seigneur" (Ps. xxix.), est solennellement lu par le clergé de la campagne, qui serait au-delà de toute mesure étonné si ses instructions étaient respectées. Ensuite, nous voyons la congrégation faire l'affirmation certainement fausse : « Moab est mon lavoir ; sur Edom je jetterai mon soulier ; Philistie, sois heureuse de moi » (Ps. lx.). À un autre moment, ils crient : « Oh, applaudissez, vous tous, peuple » (Psaume xlvii.) ; ils parlent de processions qui n'existent pas : « Les chanteurs marchent devant, les ménestrels suivent, au milieu sont les demoiselles qui jouent des tambourins » (Ps. lxviii.). Une autre phase de ce Psautier, qui est offensante plutôt que comique, est l'habitude de jurer et de maudire qui l'imprègne ; nous trouvons des chrétiens à qui il est demandé d'aimer leurs ennemis et de bénir ceux qui les maudissent, déversant les malédictions les plus effrayantes et affichant la haine la plus téméraire : « Le juste se réjouira quand il verra la vengeance ; il se lavera. ses pas dans le sang des impies » (Ps. lviii.). « Qu'ils tombent d'une méchanceté dans une autre, et qu'ils n'entrent pas dans ta justice » (Ps. lxix.). Une belle prière, vraiment, pour un homme qui prie pour son frère, un Dieu saint qui est censé désirer la justice chez l'homme. Puis il y a cette imprécation effrayante du Psaume cix., trop long pour être cité, où la colère vindicative et cruelle non seulement maudit le délinquant lui-même, mais se transmet à ses enfants : « Qu'il n'y ait personne pour le plaindre, ni pour avoir compassion de lui. sur ses enfants sans père. Bien sûr, les gens ne pensent pas vraiment à ces choses terribles qu'ils répètent jour après jour ; l'humanité est trop noble pour vouloir faire descendre du ciel de telles malédictions ; le peuple a dépassé le mauvais esprit de cette époque cruelle où le Psautier a été écrit, et son cœur est devenu plus aimant ; mais il n'est sûrement pas bien que les hommes et les femmes se tiennent à un niveau inférieur dans leurs prières que dans leur vie ; certes, les moments qui devraient être les plus nobles ne doivent pas être passés à utiliser un langage dont les locuteurs auraient honte dans leur vie quotidienne ; il ne faut certainement pas que le culte de l'Idéal soit dégradé au-dessous de la pratique du Réel, ni que la notion de Dieu soit moins élevée que la vie de l'homme. En faisant de leur culte une irréalité, en étant loin d'être vrais dans leurs sentiments religieux, en utilisant des mots qu'ils ne pensent pas et en prétendant des émotions qu'ils ne ressentent pas, les gens s'entraînent au manque de sincérité et perdent cette rare et belle vertu d'instinct et de honnêteté totale. Lorsque la prière ne fait pas écho à l'aspiration du cœur, alors se développe l'habitude de ne pas faire du mot le véritable représentant de la pensée, de ne pas faire du sentiment la mesure de l'expression. Une grande partie des clichés du jour, une grande partie du manque de sincérité sociale, une grande partie de l'irréalité qui prévaut, peuvent être imputées à ce crime des Églises, qui consiste à faire prononcer aux hommes des paroles qui n'ont aucun sens pour celui qui parle, et à leur apprendre à être faux dans les moments qui devraient être les plus vrais et les plus purs. À un autre moment, nous pourrions mettre en cause la prière dans son ensemble ; nous pourrions argumenter contre cela, soit par opposition à l'immuabilité et à la sagesse de Dieu, si l'on croit à un Dieu qui entend la prière et qui répond à la prière, soit comme étant totalement futile et prouvé sans valeur par l'expérience. Mais ici nous plaidons seulement pour la sincérité dans la prière, partout où la prière est pratiquée ; nous insistons seulement pour qu'au moins la prière soit sincère et que les lèvres obéissent au cœur.

Exactement la même objection s'applique aux « Cantiques », qui, dans la bouche moderne, sont absolument dénués de sens. Quelle signification a le « chant de la bienheureuse Vierge Marie » venant d'une congrégation anglaise ordinaire ; Pourquoi les Anglais devraient-ils parler de Dieu promettant sa miséricorde « à nos ancêtres, Abraham, et à sa postérité pour toujours », alors qu'Abraham n'est pas du tout leur ancêtre ? Pourquoi devraient-ils demander à Dieu de les laisser « partir en paix », alors qu'ils n'ont pas le moindre désir de partir, et pourquoi devraient-ils lui affirmer qu'ils « ont vu ton salut », alors qu'ils n'ont rien vu de tel ? ? Pour *Gloria,* perpétuellement récurrente , on ne peut s'empêcher de se demander ce que cela signifie ; quand était « le commencement », et est-ce le « cela » qui était à cette époque, la « gloire » qui est souhaitée au Père, au Fils et au Saint-Esprit ; en outre, à quoi bon lui souhaiter, ou à eux, la gloire, si lui, ou eux, l'ont toujours eu et l'auront toujours ? Lorsque nous avons entendu une congrégation réciter le Credo, nous nous sommes parfois demandé quel sens ils y attachaient. "Le créateur du ciel et de la terre." Les gens essaient-ils parfois de ramener l'esprit à l'époque précédant cette « création » et de se rendre compte de l'époque où rien n'existait ? Est-il possible d'imaginer que des choses naissent, que « quelque chose » émerge d'où « rien » n'existait auparavant ? Et puis Jésus, le Fils unique, conçu du Saint-Esprit, qui procède de lui-même, et donc fils, non du « Père », mais de cet esprit qui n'existe que dans et par « le Père et le Fils ». Encore une fois, comment un « esprit » peut-il concevoir un corps matériel ? Si tout cela est miraculeux, pourquoi chercher à compromettre la nature en faisant ce genre de pseudo-père ? Il serait sûrement plus simple de lui laisser un miracle complet et de laisser la Vierge rester la mère solitaire. Sauf pour que l'histoire corresponde mieux à la mythologie grecque plus ancienne, il n'est pas nécessaire d'introduire un parrain dans l'affaire ; un enfant sans père n'est pas plus remarquable qu'une mère qui reste vierge. Cette tentative de rationalité ne fait que rendre l'ensemble plus outrageusement contre nature et suscite des critiques qu'il vaudrait mieux éviter. Un Dieu qui a souffert, qui a été crucifié, qui est mort, qui a été enterré, qui est ressuscité et qui est monté, est pour nous une énigme complète. Lui, l'impassible, pourrait-il souffrir ? Lui, l'intangible, pourrait-il être crucifié ? Lui, l'immortel, pourrait-il mourir ? Lui, l'omniprésent, pourrait-il être enterré dans un endroit de la terre, s'en relever et monter vers un endroit où il n'était pas l'instant précédent ? Quel genre de Dieu est-ce qui doit « revenir » à un endroit où il n'est pas maintenant ? Si la réponse est que tout cela se réfère à la virilité de Jésus, alors nous nous demandons : « Christ est-il divisé ? s'il est un seul Dieu avec le Père, alors tout ce qu'il a fait a été fait par le Père autant que par lui-même ; s'Il l'a fait seulement en tant qu'homme, alors Dieu n'est pas venu du ciel pour sauver les hommes ; alors ce n'est pas du tout un sacrifice divin ; alors, un homme simple ne peut pas avoir fait l'expiation pour le péché du monde. Et où est « la main droite » du Dieu Tout-Puissant ? Jésus est-il assis à la droite d'un esprit pur, qui n'a ni corps ni parties ? et, puisqu'il est un avec Dieu, est-il assis à sa droite ? De telles questions sont qualifiées de blasphématoires ; mais nous rejetons l'accusation de blasphème sur ceux qui tentent de nous contraindre à réciter un credo si absurde. Nous refusons de répéter des mots qui ne nous transmettent aucun sens, et ce n'est pas notre faute, si une enquête sur le sens produit des dilemmes si gênants pour les orthodoxes. Nous sommes également tenus de croire en « la » Sainte Église catholique, mais nous ne connaissons pas un tel organisme. Catholique signifie universel, et il n'y a pas d'Église universelle : croire en ce qui n'existe pas serait en effet une foi sans vue. Il y a l'Église orthodoxe, mais elle est anathématisée par l'Église romaine ; il y a l'Église romaine, mais elle est la « putain écarlate de Babylone » aux yeux du protestant ; il y a les sectes protestantes, mais elles sont nombreuses et non une, une multiformité en désunion. On nous demande de reconnaître une « communion des saints », et nous voyons ceux qui se disent saints s'excommunier les uns les autres ; dans un « pardon des péchés », mais la nature ne nous dit aucun pardon, et nous trouvons la souffrance consécutive au mépris de la loi ; dans une « résurrection du corps », mais nous savons que le corps se dégrade, que ses gaz et ses sucs se transmuent dans l'alambic de la Nature en de nouveaux modes d'existence ; dans une « vie éternelle », où le voile obscur de l'ignorance enveloppe « l'Au-delà du tombeau ». Seuls les irréfléchis peuvent répéter le credo ; seuls les ignorants ne peuvent pas voir les impossibilités auxquelles il prétend croire.

Les deux collectes, qui sont différentes dans la prière du soir de celles utilisées dans l'office du matin, n'appellent aucune remarque particulière, sinon qu'elles - comme toutes les prières - ne font aucune différence pratique dans la vie humaine. Le chrétien fervent n'est pas plus protégé contre « tous les périls et dangers de cette nuit », que ne l'est l'athée le plus insouciant ; Avec sagesse aussi, le chrétien, après avoir fait sa prière, fait le tour de sa maison avec précaution et examine les verrous et les barres, conscient que ces défenses banales sont plus susceptibles d'être efficaces contre les cambrioleurs que le bras protecteur du Très-Haut.

Le reste du service est le même que celui utilisé le matin, n'appelle donc aucune autre remarque. Si seulement les gens prenaient la peine de *réfléchir* à leur religion ; si seulement ils pouvaient être amenés, ou même provoqués, à essayer de réaliser ce en quoi ils disent croire, alors les fondements de la religion populaire seraient rapidement ébranlés, et la bannière de la Libre-Pensée flotterait bientôt fièrement sur les ruines en ruine de ce qui était autrefois une église.

LA LITAINE.

La Litanie a un défaut qui parcourt tout le Livre de Prières, cette « vaine répétition » qui, selon l'Évangile, a été dénoncée par Jésus de Nazareth ; le refrain de « Bon Dieu, délivre-nous » et « Nous Te supplions de nous exaucer, bon Dieu », revient avec une réitération lassante et est répété de manière monotone par la congrégation, dont peu d'entre eux, probablement, sauraient d'après ce qu'ils demandaient. délivrance, si l'ecclésiastique s'arrêtait et posait une question aussi inattendue. Les Dieux le Père, le Fils et le Saint-Esprit sont séparément suppliés d'avoir pitié des misérables pécheurs qui les prient, puis il est demandé à la Trinité dans son ensemble de faire de même. Dans quelle mesure cette séparation est-elle compatible avec l'unité de la Divinité, et si en priant le Fils nous prions ou non implicitement le Père, et *vice versa* , seuls peuvent nous le dire ceux qui comprennent le « mystère du Saint Trinité." Ce préambule terminé, le reste de la litanie s'adresse à « Dieu le Fils », qui est le « Bon Dieu » invoqué partout, malgré ses reproches au jeune homme qui s'agenouillait près de lui, l'appelant « Bon Maître » ; "Pourquoi m'appelles -tu bon ?" Divers dogmes sont évoqués dans les versets suivants, auxquels peu de personnes instruites conservent aujourd'hui la moindre croyance. Combien se soucient réellement d'être délivrés « des ruses et des assauts du diable », ou croient même à l'existence du diable ? Il fait partie de ces fantômes qu'on ne trouve que dans l'obscurité et qui s'effacent lorsque le soleil se lève. Combien croient à la « damnation éternelle » du même verset, ou se considèrent réellement exposés au moindre danger ? Personne qui croyait en l'enfer ne pouvait prier pour en être délivré avec un accent insouciant, car la moindre chance de cette terrible catastrophe forcerait un cri de terreur chez les auditeurs les plus légers. Est-il cohérent de demander au Christ de nous délivrer de sa colère ? s'il aimait les hommes au point de mourir pour eux, il semble qu'un grand changement ait dû se produire dans son esprit depuis qu'il est monté au ciel, s'il a vraiment besoin d'être pressé si instamment de ne pas « se venger » et d'épargner. nous et délivre-nous de sa colère. Qu'est-ce qui est juste, la colère ou l'amour ? car ils ne sont pas compatibles ; et Dieu aime-t-il vraiment voir les gens s'accroupir devant Lui de cette façon, louant Sa miséricorde alors qu'ils tremblent de peur qu'Il ne « se déchaîne » sur eux ? Si nous étions enclins à l'hypercritique, nous pourrions suggérer que la prière pour être délivré de « tout manque de charité » donne une triste preuve de l'insuffisance de la prière ; la réponse peut être lue chaque semaine dans le *Church Times* et le *Rock* , plus particulièrement dans les contributions cléricales. Les autres pétitions sont également curieusement inefficaces : « de toute fausse doctrine, de toute hérésie et de tout schisme », est si manifestement acceptée sur le Trône de la Grâce en ces jours de rationalisation . Jésus est alors abjuré pour délivrer ses pétitionnaires par le souvenir de ses jours sur terre, et nous obtenons l'ancienne idée d'un Dieu incarné, si commune à toutes les religions orientales, et la curieuse image d'un Dieu qui est né, circoncis, baptisé . jeûne, est tenté, souffre, meurt, est enterré, se lève , monte. Comment Dieu peut faire tout cela reste un mystère, mais ces dieux souffrants puis conquérants sont familiers à tous les lecteurs de mythologies ; nous apprenons en outre que Dieu le Saint-Esprit peut venir là où il n'était pas auparavant, bien qu'il soit le Dieu infini et qu'il soit donc omniprésent. En vérité, il faut que notre foi soit grande. Ayant été suffisamment délivrée, la congrégation procède à un certain nombre de requêtes supplémentaires, dont la première est, malheureusement, un aussi grand échec que les précédentes, car elle prie pour que l'Église soit guidée « dans la bonne voie » ; et vu la multiplicité des Églises, dont chacune va obstinément dans sa voie particulière, il est évident qu'elles ne peuvent pas toutes avoir raison, puisqu'elles sont toutes différentes. Viennent ensuite des prières pour la famille royale et le gouvernement, ainsi qu'une demande générale de « bénir et garder tout ton peuple » ; une demande qui est systématiquement ignorée. En ces jours d'« armements gonflés », il est au moins agréable de rêver dans l'église que soient données « à toutes les nations l'unité, la paix et la concorde ». La « pure affection » avec laquelle la Parole de Dieu est reçue est également parfaitement imaginaire ; ceux qui n'y croient pas critiquent et ergotent ; ceux qui y croient s'endorment dessus. La dernière partie de ces versets semble conçue simplement pour prier pour tout le monde, et ceci étant accompli de manière satisfaisante, nous rencontrons une autre trace d'un credo ancien : « Agneau de Dieu, qui enlève les péchés du monde » ; c'est un fragment du culte du soleil, faisant allusion au dieu solaire, quand, entrant dans le signe de l'Agneau, il emporte tout le froid et l'obscurité des mois d'hiver et donne la vie au monde. Le reste de la Litanie est du même caractère douloureusement servile que les parties antérieures ; Dieu semble être considéré comme un tyran féroce, désireux d'exercer sa fureur sur l'humanité, et retenu uniquement par des supplications incessantes. Tous les maux possibles semblent s'abattre sur la congrégation, et, si l'on fermait les yeux, on pourrait imaginer un groupe de Covenantaires, ou Huguenots, au visage triste, fatigué et hagard, au lieu de la foule à la mode qui remplit les bancs ; et quand on les entend demander qu'ils ne soient « blessés par aucune persécution », on est enclin à marmonner sombrement : « Vous êtes tous en sécurité, mère l'Église, et vous êtes le persécuteur, pas le persécuté. Le service se termine avec le même discours irréel sur les afflictions et les infirmités, à tel point qu'on aurait presque envie d'entendre quelque chose du style d'observation d'une infirmière en colère envers un enfant ennuyeux : « Si vous n'arrêtez pas de pleurer cette minute, je vous donnerai tu es quelque chose pour lequel pleurer. Si seulement les hommes pouvaient être aussi réels à l'intérieur de l'Église qu'à l'extérieur ; s'ils voulaient penser et penser ce qu'ils disent, ce pitoyable burlesque cesserait bientôt, et ils n'offriraient plus ce sacrifice de lèvres menteuses, qui sont, dit-on, « une abomination au Seigneur ».

PRIÈRES ET ACTION DE REMERCIEMENTS À PLUSIEURS OCCASIONS.

Ces prières spéciales sont peut-être, dans l'ensemble, les plus enfantines de toutes les prières enfantines du livre de l'Église devant nous. Une prière "pour la pluie" ; une prière « pour le beau temps » : il est presque trop tard pour argumenter sérieusement contre de telles prières, sauf que les gens sans instruction croient encore que Dieu règle le temps, jour après jour, et peut être influencé dans ses arrangements par la prière de certains. critique météo ci-dessous. Pourtant, c'est un fait littéral que les signaux de tempête retentissent avant la tempête qui approche et préparent les gens à son arrivée, de sorte que lorsqu'elle traverse nos mers, les navires sont en sécurité au port, qui autrement auraient coulé sous sa fureur ; la météorologie progresse de jour en jour et devient de plus en plus parfaite, mais cette science — comme toutes les autres sciences — serait impossible si Dieu pouvait être influencé par la prière ; un signal de tempête serait inutile si la prière pouvait arrêter la tempête, et ne serait pas fiable si une prière pouvait soudainement, au milieu de l'océan, arrêter le cours de la tempête. La science n'est possible que lorsqu'il est admis que « Dieu agit selon des lois », *c'est-à-dire* que son œuvre n'a pas besoin d'être prise en compte. Les lois du temps sont aussi immuables que toutes les autres lois naturelles, car les lois ne sont rien d'autre que la séquence vérifiée des événements ; ce n'est que lorsque cette séquence s'est révélée invariable par une longue observation qu'elle reçoit le titre de « loi ». Comme le temps d'aujourd'hui est le résultat du temps d'innombrables années passées, la seule façon dont les prières pour le changement peuvent être efficaces est que Dieu change tout le temps du passé et laisse ainsi de nouvelles causes apporter de nouveaux résultats ; mais cela semble pour le moins une prière assez vaste, et pourrait, par l'esprit charnel, être considérée comme quelque peu présomptueuse. Dans les prières « en temps de disette et de famine », nous retrouvons la vieille notion barbare selon laquelle les péchés moraux des hommes sont punis par des « visites physiques de Dieu » et que la bénédiction de Dieu donnera beaucoup à la place de la mort : si les hommes travaillent dur, ils obtiendront plus que s'ils priaient dur, et même il y a longtemps, en Éden, Dieu ne pouvait pas faire pousser ses plantes, parce qu'« il n'y avait pas d'homme pour cultiver la terre » ; du moins, c'est ce que dit la Bible. La prière « en temps de guerre » est d'une beauté saisissante, suppliant le Père de Tout de réduire l'orgueil, d'apaiser la méchanceté et de confondre les projets de certains de ses enfants au profit des autres. Le souverain « le plus religieux et le plus gracieux » recommandé aux soins de Dieu est connu pour être un roi tel que George IV, mais pourtant le clergé et le peuple continuaient jour après jour à parler ainsi de lui à un Dieu qui « sonde les cœurs ». " Un vieux livre de prières suranné remarque à propos de cette prière adressée à la Haute Cour du Parlement que « le droit de disposer du cœur des législateurs vient de Dieu » et que « l'incrédulité et l'ignorance ont dû faire des progrès effrayants là où ce principe n'est pas reconnu ». ". Nous craignons que, ces derniers temps, l'incrédulité et l'ignorance de ce genre *aient* fait des progrès très considérables. Les actions de grâces cohabitent avec les prières thématiques et sont donc sujettes aux mêmes critiques. Aucune de ces prières ou louanges ne peut être défendue par la raison ou par l'argument ; la raison nous montre leur totale folie et leur complète inutilité. Est-il sage de s'obstiner à imposer aux gens des paroles qui ont perdu tout leur sens et que les gens, s'ils se donnent la peine d'y penser, reconnaissent aussitôt comme fausses ? Tout danger dans le progrès réside dans l'entretien obstiné de choses qui ont survécu à leur âge ; tout comme un ruisseau qui coule paisiblement, répandant l'abondance et la fertilité dans son cours, et devenant naturellement plus large et plus plein, s'il est trop endigué, finira par éclater à travers le barrage et se précipitera comme un torrent, apportant destruction et ruine. dans son cours; de même, une réforme graduelle et douce des anciennes habitudes changera tout ce qui doit être changé, sans altérations brusques, permettant au courant de la pensée de s'élargir et de se remplir davantage ; mais si toute réforme est retardée, si tout changement est interdit, si le barrage des préjugés, des coutumes, des habitudes barre le courant trop longtemps, alors la pensée le précipite dans le fracas de la révolution, et bien des choses se perdent dans le flot. torrent tourbillonnant qui aurait pu rester longtemps et embellir la vie humaine. Peu de choses appellent plus fortement à la Réforme que notre Réforme, jusqu'ici tant vantée.

LE SERVICE DE COMMUNION.

AUCUNE doctrine, peut-être, n'a fait autant pour provoquer la désunion dans l'Église que la doctrine de la communion enchâssée dans la Cène du Seigneur. Fête de l'amour en idée, elle a été avant tout une fête de haine en réalité, et les luttes les plus féroces ont été menées à propos de ce « dernier héritage du Rédempteur ». Jusqu'à la Réforme, c'était le service central de l'Église universelle, orientale comme occidentale : c'était la liturgie, distinguée de tout autre office par ce nom distinctif. Autour de ce rite tournaient tous les autres services, comme les jours de la semaine autour du jour du Seigneur ; lors de sa bonne exécution, tout ce que la richesse pouvait apporter de beauté et de splendeur était prodigué ; L'encens le plus doux, la musique la plus harmonieuse, les vêtements les plus riches, les vases rarement ornés de joyaux , la pompe des processions, la majesté des cérémonies, tout apportait leur gloire et leur beauté pour rendre magnifique l'accueil du Dieu actuel. Dans les Églises réformées, la fête était dépouillée de sa grandeur ; c'est redevenu la simple « Cène du Seigneur », non pas un sacrifice commémoratif, mais seulement un rite commémoratif ; pas de venue du Seigneur aux hommes, mais seulement un signe de l'union par la foi du croyant avec le Sauveur . À l'heure actuelle, la vieille lutte fait rage, même au sein de l'Église réformée d'Angleterre ; l'un s'accroche encore à la croyance ancienne d'une présence réelle du Christ dans les éléments eux-mêmes, ou en connexion indissoluble avec eux, et, par conséquent, célèbre le service avec une grande partie de la pompe antique ; tandis que l'autre rejette furieusement cette soi-disant idolâtrie et rend le service aussi dépouillé et aussi simple que possible. Les deux partis peuvent revendiquer certaines parties du Bureau de Communion comme défendant leurs vues particulières, car le service anglais a subi de nombreux bricolages de haut en bas et conserve les marques des modifications qui ont été apportées par chacun.

Pour ceux qui sont extérieurs à l'Église, cette fonction présente un attrait particulier, car elle constitue, d'une manière particulière, un lien entre le passé et le présent, et elle est pleine de traces de l'ancienne religion du monde, ce culte catholique du soleil dont le christianisme est le symbole. un renouveau modernisé . Du Credo de Nicée, dans lequel Jésus est décrit comme « Dieu de Dieu, Lumière de Lumière, Dieu véritable de Dieu véritable, Engendré et non créé, Étant d'une seule substance avec le Père, Par qui toutes choses ont été faites » - à partir de ce point, nous respirons pleinement l'atmosphère du monde ancien et nous nous retrouvons engagés dans l'adoration de cette Lumière de Lumière qui, étant l'image du Dieu invisible, le premier-né de toute créature, a été adorée pendant des siècles comme incarnée dans Mithra, en Christna , en Osiris, en Christ. Nous rendons grâce pour « la rédemption du monde par la mort et la passion du « Soleil- Sauveur , qui a souffert pour nous sur la Croix », qui gisait dans les ténèbres et dans l'ombre de la mort ; nous louons Celui qui remplit le ciel et la terre de sa gloire, et qui est ressuscité comme « l'Agneau pascal » et qui a « emporté le péché du monde », emportant dans le signe de l'Agneau les ténèbres et la tristesse de l'hiver ; nous nous souvenons du Saint-Esprit, le vent frais du printemps, qui, « comme s'il s'agissait d'un vent puissant », est venu nous faire sortir « des ténèbres » vers « la claire lumière » du soleil ; puis nous voyons le prêtre, le visage tourné vers le soleil levant, prendre le pain et le vin, symboles du Dieu, et les bénir pour la nourriture des hommes, ces symboles étant changés en la substance même de la divinité, car ne sont-ils pas, en vérité, de lui seul ? "Comme il est naturel que l'œuvre éternelle du soleil, chaque jour renouvelée, s'exprime dans des vers tels que

"Sa chaleur est transformée en pain,

En vin généreux sa lumière.

Et en imaginant le soleil comme une personne, le changement en « chair » et en « sang » devient inévitable ; tandis que le fait que les forces solaires soient réellement transformées en nourriture, sans perdre leur caractère solaire, trouve son expression dans les doctrines de la transsubstantiation et de la présence réelle. » (« Clés des Credo », page 91.) Après cette union avec la Divinité. , en participant à lui-même, nous louons une fois de plus « l'Agneau de Dieu qui enlève les péchés du monde » et qui est « très haut dans la gloire de Dieu le Père ». La ressemblance est plus proche dans les églises. où l'on retrouve une grande partie de la cérémonie (bien que perceptible dans tous, puisque cette ressemblance est stéréotypée dans les formules elles-mêmes ; mais dans les représentations plus élaborées, les anciens rites sont plus clairement apparents) dans la tête tonsurée du prêtre, dans les soleils souvent brodés sur dans les vêtements et sur la nappe d'autel, dans les rayons qui entourent le monogramme sacré sur les vases, dans la croix imprimée sur le pain et marquant chaque ustensile, dans les cierges allumés, dans la vigne ciselée sur le calice, dans tout cela , et dans bien d'autres symboles, nous lisons toute l'histoire du Dieu-Soleil, écrite en hiéroglyphes aussi facilement déchiffrables par les initiés que l'est le témoignage des rochers par le géologue .

Mais en passant par ce côté antiquaire du Bureau, nous l'examinerons comme un service adapté à l'usage actuel de personnes instruites et réfléchies. La Rubrique qui précède l'Office est une de ces malheureuses règles qui sont obsolètes quant à leur pratique, et pourtant qui, de par leur conservation, semblent aux curés naïfs être destinées à être appliquées, par lesquelles lesdits curés tombent dans les griffes de la loi et je souffre cruellement. "Un mauvais foie manifeste et notoire" ne doit pas être autorisé à venir à la Table du Seigneur, et cette expression semble être expliquée dans l'Exhortation de l'Office, où l'on lit : "si l'un d'entre vous est un blasphémateur de Dieu, un Celui qui entrave ou calomnie sa parole, est adultère, ou est dans la méchanceté, ou dans l'envie, ou dans tout autre crime grave, repentez-vous de vos péchés, ou bien ne venez pas à cette sainte Table de peur qu'après avoir pris ce saint sacrement, Le diable entre en vous, comme il est entré en Judas, et vous remplit de toutes les iniquités, et vous mène à la destruction du corps et de l'âme. Dans un cas récent, le sacrement a été refusé à quelqu'un qui ne croyait pas au diable et qui calomniait la parole de Dieu, pour ces mêmes raisons, et il semblerait que ce soit un acte de charité chrétienne que de le nier ; car dire qu'une partie de la parole de Dieu est "contraire à la religion et à la décence" serait certainement la calomnier, si les mots ont un sens, et les gens qui ne croient pas au diable ne devraient guère participer à un rite après lequel le le diable y entrera avec des conséquences si mélancoliques. Il semblerait plus cohérent soit de modifier les formules, soit de les exécuter ; Il est vrai qu'un ecclésiastique a écrit que la responsabilité incombait au récipiendaire indigne qui « n'a fait qu'augmenter » sa « damnation », mais il n'est guère agréable de penser que l'ecclésiastique devrait se lever pour inviter les gens à la table du Seigneur et, en les remettant froidement à l'un d'eux. de ceux qui acceptent le corps du Christ disent : « Le Corps de notre Seigneur Jésus-Christ, préserve ton corps et ton âme pour la vie éternelle », alors qu'il veut dire, dans le langage délicat utilisé par l'ecclésiastique mentionné ci-dessus, « Le Corps de notre Seigneur Jésus-Christ damne ton corps et ton âme jusqu'à la mort éternelle. Personne d'autre qu'un ecclésiastique ne pourrait rêver d'un procédé aussi offensant et, pour ceux qui le croient, si terriblement horrible.

Les dix commandements qui sont au premier plan du service sont très déplacés en ce qui concerne certains d'entre eux, sans parler du manque de véracité de l'affirmation selon laquelle « Dieu a prononcé ces paroles », etc. Dans la seconde, il nous est interdit de faire une image taillée ou une ressemblance avec quoi que ce soit , commandement qui détruirait tout art, et auquel aucun membre de la congrégation ne peut avoir la moindre idée d'obéir. Les Juifs, qui ont fabriqué les chérubins sur l'arche sur laquelle Dieu était assis, sont généralement censés n'avoir pas désobéi à ce commandement, car les chérubins ne ressemblaient à rien dans le ciel, la terre ou l'eau : ils étaient, comme les licornes, des créatures. inconnu et introuvable. Pourtant, en opposition directe à ce commandement, Salomon fit des bœufs d'airain pour soutenir sa mer d'airain (1 Rois VII. 25,29) et des lions sur les marches de son trône d'ivoire (Rois X. 19,20) et Dieu lui-même, dit-il, J'ai ordonné à Moïse de fabriquer un serpent d'airain. Dieu est décrit, dans ce même commandement, comme un « Dieu jaloux » – ce qui est décidément immoral et désagréable, qui châtie « les péchés des pères sur les enfants, jusqu'à la troisième et la quatrième génération de ceux qui me haïssent » ; la justice en est si évidente qu'aucun commentaire n'est nécessaire. Le quatrième commandement en est un autre auquel personne ne songe à prêter attention ; en premier lieu, nous n'observons pas du tout le septième jour, et en second lieu, notre serviteur, notre servante et notre bétail font toutes sortes de travaux le jour que nous observons comme sabbat. De plus, qui croit aujourd'hui qu'« en six jours le Seigneur a fait le ciel et la terre, là mer et tout ce qu'ils contiennent, et qu'il s'est reposé le septième jour » ; la géologie, l'astronomie, l'ethnologie nous ont appris le contraire, et, parmi ceux qui répètent la réponse à ce commandement dans une église de Londres, il n'y en a probablement pas un seul qui croit que cela est vrai. Le cinquième commandement est également hors de propos, car les enfants dévoués ne vivent pas plus longtemps que l'indignation. Les autres concernent de simples devoirs moraux, imposés par toutes les croyances de la même manière, et se remarquent par leurs omissions et non par leurs commissions : l'insertion du commandement bouddhiste contre l'ivresse, par exemple, serait une amélioration, bien qu'un tel commandement ne soit naturellement pas que l'on retrouve dans le cas d'un peuple aussi grossier et sensuel que les anciens Juifs. Les prières alternatives pour la Reine, qui suivent ensuite, valent seulement la peine d'être notées, parce que la première consacre la doctrine du droit divin, qui est morte et enterrée depuis longtemps, sauf dans l'église ; et l'autre dit « que le cœur des rois est dans ta règle et ta gouvernance », et suggère l'idée que, s'il en est ainsi, il vaut mieux être hors de cette « règle et de cette gouvernance », les effets sur le cœur des rois. n'ayant pas été particulièrement attractif. Le Symbole de Nicée vient ensuite, et est ouvert aux objections formulées auparavant contre le Symbole des Apôtres ; les dernières clauses relatives au Saint-Esprit sont historiquement intéressantes, puisque le « et le Fils » forme le *Filioque* qui a séparé la chrétienté orientale de la chrétienté occidentale ;*

** Un récit court mais très graphique de la honte*

transaction par laquelle la clause Filioque était, pour ainsi dire,

introduit clandestinement dans le Credo de Nicée, se trouve dans le premier

dix ou douze pages du pamphlet en shillings écrit par

Edmond S. Fouldes , BD, intitulé « Le Credo de l'Église, ou

le Credo de la Couronne »…. prévoit également clairement que le

L'Église de Rome soutenait autrefois que le Saint-Esprit procédait uniquement

du Père, car le Dominus ne peut y faire référence qu'au

Père.

« Qui, avec le Père et le Fils ensemble » devrait être « adoré et glorifié », serait plus vrai que « l'est », puisque le Saint-Esprit est malheureusement ignoré par la chrétienté moderne et n'a qu'une très petite part dans l'une ou l'autre des prières. ou des hymnes : pourtant il est l'époux de la vierge Marie, et le Père de Jésus-Christ ; il est donc une personne très importante, bien que déroutante, dans la Divinité, étant le Père de celui dont il procède lui-même : c'est un mystère et ne peut être compris que par la foi. Les textes qui suivent sont remarquables par leur ingénieuse sélection : « Qui fait la guerre », etc. (Cor. ix. 7) ; « Si nous avons semé » , etc. (Je cor. ix. 9) ; "Savez-vous", etc. (I Cor. ix. 13) ; « Celui qui sème peu », etc. (2 Cor. ix. 6) ; « Que celui qui est instruit » (Gal. VI, 6). l'égoïsme omniprésent des motivations ne vaut également rien : donnez maintenant afin que vous puissiez obtenir plus tard ; "Ne détourne jamais ta face d'un pauvre, *et alors la face du Seigneur ne se détournera pas de toi ;*" « Celui qui a pitié des pauvres prête au Seigneur : *et voyez, ce qu'il expose , il lui sera remboursé ; »* « Si tu as beaucoup, donne abondamment ; si tu as peu, fais ta diligence pour donner de ce peu ; *car ainsi tu as récolté une bonne récompense au jour de la nécessité . »** Pas de don gratuit et heureux ici ; aucune aide volontaire et joyeuse à un frère plus pauvre, car il a besoin de ce que je peux lui donner ; aucune offre de tasse d'eau froide n'est offerte, simplement parce que celui qui a soif est là et veut se rafraîchir ; toujours le murmure haineux vient : « tu ne perdras en aucun cas ta récompense. » Ces offrandes de temps sont ensuite présentées à Dieu en étant placées « sur la Sainte Table », et nous recevons ensuite une autre prière pour la reine, les rois chrétiens, les autorités, les évêques et le peuple en général, se terminant par des remerciements pour les morts, et non par un sujet joyeux pour bénir Dieu pour, s'il y a une chance d'être présent, toute personne en deuil dont le cœur est blessé par la perte d'un être cher. A ce stade, le service est censé se terminer, alors qu'aucune célébration de la Sainte Communion n'est prévue, et nous trouvons ici deux Exhortations, ou avis de célébration, dont la première nous avons déjà cité** : dans la seconde, nous ne pouvons pas aider à remarquer la position indigne dans laquelle Dieu est placé ; c'est une « chose douloureuse et méchante » de ne pas venir à un riche festin lorsqu'on y est invité, c'est pourquoi nous devons craindre qu'en nous retirant de cette sainte Cène, nous « ne provoquions l'indignation de Dieu contre » nous. « Considérez vous-mêmes quel grand tort vous faites à Dieu : » quelle expression très curieuse. Dieu est-il donc à la merci de l'homme ? Assurément donc, de tous les êtres vivants, le sort de Dieu doit être le plus triste, si son bonheur et sa gloire sont entre les mains de chaque homme et de chaque femme ; plus sa connaissance est grande, plus grande est la misère, et comme sa connaissance est parfaite et que la grande majorité du genre humain ne le connaît et ne se soucie pas de lui, sa misère doit être complète.

** Comme si le clergé, à de très rares exceptions près, n'était pas*

suffisamment pourvu par les dîmes, &c, sans avoir

mendier comme un bouddhiste ou un catholique romain

Tout étant prêt, le prêtre commence par une autre Exhortation, quelque peu menaçante : « Le danger est donc grand si nous le recevons indignement. Car alors nous sommes coupables du Corps et du Sang du Christ notre Sauveur ; nous mangeons et buvons. notre propre damnation, sans tenir compte du Corps du Seigneur ; nous attisons la colère de Dieu contre nous ; nous le provoquons à nous tourmenter de diverses maladies et de diverses sortes de mort. (Nous ne pouvons certainement pas être confrontés à plus d'un type de mort à la fois, et nous ne pouvons pas mourir plusieurs fois, même après la communion.) On se demande presque pourquoi quelqu'un accepte cette invitation très menaçante, même si des avantages sont promis à " rencontrer les participants. Le parti de la Haute Église a en effet le droit de parler beaucoup de la présence réelle, puisque le pain et le vin ordinaires n'ont aucune de ces terribles pénalités attachées au fait de manger et de boire, et qu'il a fallu qu'un changement curieux se soit produit en eux avant que toutes ces terribles conséquences puissent se produire. résulter. Que se passerait-il si du pain et du vin consacrés étaient laissés par erreur et qu'un étranger entrant dans la sacristie les mangeait sans le savoir ? On pense à Anne Askew, qui, à qui on disait qu'une souris mangeant une miette tombée de l'Hostie serait infailliblement damnée, répondit : « Hélas, pauvre souris ! Suit ensuite une confession des plus effrayantes, digne seulement des lèvres de quelque lâche suppliant accroupi aux pieds d'un monarque oriental ; il est merveilleux que des Anglais et des Anglais libres puissent formuler sur leurs lèvres des phrases d'une telle humiliation, même pour un Dieu ; la virilité dans la religion : est cruellement nécessaire, à moins, en effet, que Dieu ne soit quelque chose de plus petit que l'homme et ne se contente de la dégradation douloureuse aux yeux humains. La prière de consécration est le point central de l'ordonnance ; autrefois, ils priaient pour la descente du Saint-Esprit sur les éléments, "car tout ce que le Saint-Esprit touche est sanctifié et pur" - on n'explique pas comment le Saint-Esprit, étant omniprésent, parvient à éviter de toucher à tout - et maintenant le Le prêtre demande qu'en recevant le pain et le vin, nous puissions « participer » au Corps et au Sang du Christ, et répète les mots « Ceci est mon Corps », « Ceci est mon Sang », en posant alternativement sa main sur le pain et le sang. le vin : maintenant, si cela signifie quelque chose, si ce n'est pas une simple moquerie, cela signifie qu'après la consécration, le pain et le vin sont autres qu'avant ; si cela ne veut pas dire cela, toute la prière n'est qu'une farce, un acte à peine décent dans les circonstances. Mais de chair et de sang ! Mettant de côté l'extrême répugnance de l'idée, la grossièreté de l'acte, le désagrément total de manger de la chair et de boire du sang, tout cela est devenu non dégoûtant par l'habitude et la mode, et dont le dégoût peut à peine être réalisé par aucun croyant. — en mettant tout cela de côté, y a-t-il du changement dans le pain et le vin ? Examinez-le ; analysez -le ; testez-le de toutes les manières ; néanmoins, il répond à celui qui pose la question : « du pain et du vin ». Nos sens sont-ils trompés ? Essayez ensuite cent personnes différentes ; tout le monde ne peut pas être trompé de la même manière. À moins que tout résultat de l'expérience ne soit incertain, nous avons affaire ici à du pain et du vin, et à rien d'autre. "Mais il faut la foi." Ah oui! Voilà le secret : pas de chair ni de sang sans foi ; pas de miracle sans crédulité. Les prêtres qui font des miracles ne réussissent que parmi les gens crédules ; les miracles ne peuvent être reçus que par ceux qui pensent qu'il est moins probable que la nature parle faussement que que l'homme trompe ; ceux qui croient à ce changement par la consécration ne peuvent être touchés par l'argumentation ; ils ont fermé les yeux pour ne pas voir, leurs oreilles pour ne pas entendre ; aucune connaissance ne peut les atteindre, car ils ont fermé les portes par lesquelles elle pouvait entrer, ils sont littéralement morts dans leur superstition, ensevelis sous la pierre de leur foi. La réception du Corps et du Sang du Christ étant terminée, le peuple s'étant agenouillé pour manger et boire, comme il convient de manger et de boire le Christ (Jean VI, 57), le Notre Père est dit pour la seconde fois, une prière et suit l'action de grâce, limitée à « nous et toute ton Église entière », car l'esprit est le même que celui de la prière du Christ : « Je ne prie pas pour le monde, mais pour ceux que tu m'as donnés » (Jean XVII, 9).), puis le service se termine par le *Gloria in Excelsis* et la Bénédiction. Tel est le « devoir et le service impérieux » offerts par l'Église à Dieu, dont l'acte central doit être soit une farce, soit un mensonge, et donc insultant pour le Dieu à qui il est offert. Considéré comme un service rendu à Dieu, l'ensemble de l'Office de communion est répréhensible au plus haut degré ; considéré comme une survivance antiquaire, il est très intéressant et instructif ; il est sûrement temps qu'il soit remis à sa juste place et que sa véritable origine soit reconnue . Le temps est révolu pour ces cérémoniaux barbares, quoique poétiques ; la « chair et le sang », qui étaient une figure audacieuse pour la chaleur et la lumière du soleil, deviennent grossiers lorsqu'ils sont associés en pensée à un être humain ; les cérémonies qui convenaient à l'enfance du monde n'ont pas leur place dans sa virilité, de même que le jeu qui est gracieux chez l'enfant serait méprisable chez l'homme ; ces rites sont les vêtements de bébé du monde et ne peuvent pas être étirés pour s'adapter aux membres robustes de son âge plus mûr , ils ne peuvent pas ajouter de grâce à sa forme ou de dignité à sa démarche plus grave.

LES OFFICES DU BAPTÊME.

À toutes fins de critique, les offices du « Baptême public des enfants, à utiliser dans l'Église », du « Baptême privé des enfants dans les maisons », et du « Baptême de ceux qui sont d'un âge plus mûr et capables de répondre par eux-mêmes, " peuvent être traités comme une seule et même chose, l'idée directrice de chaque service étant identique ; cette idée est avancée clairement et distinctement dans la préface de l'Office : « Bien-aimés, d'autant que tous les hommes sont conçus et nés dans le péché ; et que notre Sauveur le Christ dit : Nul ne peut entrer dans le royaume de Dieu s'il n'est régénéré. et né de nouveau d'eau et du Saint-Esprit ; je vous supplie d'invoquer Dieu le Père, par notre Seigneur Jésus-Christ, pour que, par sa généreuse miséricorde, il accorde à cet Enfant ce que par nature il ne peut pas avoir. Selon la doctrine de l'Église, le baptême est donc absolument nécessaire au salut : « *Nul ne peut entrer ... s'il ne naît... de nouveau d'eau* » ; ainsi le sort de la condamnation s'abat sur toute la race humaine, à l'exception de ce fragment qui jaillit des fonts chrétiens ; il n'y a aucune évasion possible ici ; aucune exception n'est faite en faveur des peuples païens ; aucune pitié n'est accordée à ceux qui n'ont aucune possibilité de baptême ; nul ne peut entrer sans passer par « la cuve de régénération ». Existe-t-il des mots trop forts pour dénoncer une doctrine si honteuse, une injustice si flagrante ? Un enfant naît au monde ; ce n'est pas sa faute s'il est conçu dans le péché ; ce n'est pas sa faute s'il est né dans le péché ; son consentement n'a pas été demandé avant qu'il soit introduit dans le monde ; aucune offre ne lui fut faite qu'il pût refuser de ce terrible cadeau d'une vie condamnée ; il est jeté, à son insu, sans sa volonté, dans un monde gisant sous la malédiction de Dieu, enfant de colère et héritier de la damnation. "Par nature, il *ne peut pas* en avoir." Alors pourquoi Dieu devrait-il être en colère contre lui parce qu'il ne l'a pas fait ? L'ensemble de l'arrangement est l'œuvre de Dieu lui-même. Il a prédestiné la naissance ; il a donné la vie; le nourrisson, sans défense et inconscient, gît là, ouvrage de ses propres mains ; bon ou mauvais, il en est responsable ; héritier de l'amour ou de la colère, il en a fait ce qu'il est ; c'est tout autant son œuvre que le récipient inconscient est l'œuvre du potier ; aussi raisonnablement Dieu peut-il être en colère contre l'enfant que le potier jure contre l'argile qu'il a maladroitement moulée : si le récipient est mauvais, blâmez le potier ; si la créature est mauvaise, blâmez le Créateur. La congrégation prie pour que Dieu « de sa généreuse miséricorde », « pour tes miséricordes infinies », sauve l'enfant, « afin que lui, délivré de ta colère », soit béni. Ce n'est pas une question de miséricorde dont nous avons affaire ici ; c'est une simple question de justice, et rien de plus ; Si Dieu, pour son propre « bon plaisir », ou dans la poursuite des desseins de son infinie sagesse, a placé ce malheureux enfant dans une position si terrible, il est lié par tous les liens de la justice, par toutes les revendications sacrées du droit, délivrer la victime innocente et la placer là où elle aura une bonne chance de bien-être. "Il est certain par la Parole de Dieu", dit la Rubrique, "que les enfants *baptisés*, mourant avant de commettre un péché réel, sont sans aucun doute sauvés." Et ceux qui ne sont pas baptisés ? La Sainte Église Romaine les envoie dans un lieu joyeux appelé Limbo, et les âmes des bébés errent dans un crépuscule glacial, maudites par l'immortalité, exclues à jamais des joies du Paradis. De nombreux lecteurs se souviendront du poème pathétique de Lowell sur ce sujet et de l'horrible baptême ; ils sauront également dans quelles voies détournées d'indécence argumentative l'Église s'est engagée en décidant du sort des enfants non baptisés ; comment, lorsque des mères sont mortes en couches, les enfants à naître ont été baptisés pour les sauver du terrible destin prononcé sur eux. eux par leur Père céleste, avant même qu'ils aient vu la lumière ; — comment il a été dit que dans les cas où la mère et l'enfant ne peuvent pas être sauvés tous deux, la mère devrait être sacrifiée afin que l'enfant ne meure pas sans être baptisé. Nous ne pouvons entrer dans les détails de ces arguments ; ils ne conviennent qu'aux chrétiens orthodoxes, dans les pages desquels ils peuvent lire ceux qui en font la liste. En vérité, le Seigneur est un Dieu jaloux, qui châtie les péchés des pères sur les enfants, puisque les enfants à naître sont condamnés pour la mort prématurée de leur mère, et les enfants non baptisés pour la négligence de leurs parents ou de leurs nourrices. Bien entendu, la majorité des ecclésiastiques anglais ne croient rien de tel ; mais alors pourquoi lisent-ils un service qui l'implique ? Pourquoi utilisent-ils des mots dans un sens non naturel ? Pourquoi retardent-ils leur honnêteté lorsqu'ils enfilent leurs surplis ?

Et pourquoi les laïcs n'expriment-ils pas leurs pensées sur ces aspects répréhensibles du Service ? Dans l'Office des adultes, en ce qui concerne la nécessité du sacrement, on dit : « là où on peut l'avoir » ; mais la phrase se lit comme si elle avait été écrite dans la marge par une âme bienveillante, et s'était glissée de là dans le texte, car elle est en opposition directe avec tout l'argument de l'adresse dans laquelle elle apparaît et avec le reste du bureau. , ainsi qu'aux deux autres bureaux pour nourrissons. L'accent mis sur le baptême juste, c'est-à-dire le baptême d'eau, accompagné du « nom du Père, du Fils et du Saint-Esprit », apparaît spécialement dans l'office qui suit le baptême privé d'un enfant, si le l'enfant vit; car la Rubrique stipule que s'il y a le moindre doute sur l'utilisation de l'eau et de la formule, « qui sont des parties essentielles du baptême », le prêtre doit accomplir la cérémonie du baptême en disant : « Si tu n'es pas déjà baptisé, je baptise ». toi", etc. Certes, tant de soin et de peine pour assurer un baptême correct témoignent avec suffisamment de clarté de l'importance que l'Église attache à ce rite initiatique ; cette importance qu'elle lui accorde en d'autres lieux : aucun, non baptisé, ne doit s'approcher de son autel pour prendre le « pain de vie » : « aucun, non baptisé, ne doit être enterré par ses ministres », dans l'espérance sûre et certaine de la Résurrection à la vie éternelle. ". Les baptisés sont dans l'arche de l'Église ; les non-baptisés luttent dans les vagues de la colère de Dieu à l'extérieur ; aucune main ne peut être tendue pour les sauver ; ils sont étrangers, étrangers à l'alliance de la promesse ; ils sont sans espoir. L'ensemble de l'office pour les enfants se lit comme une pièce de théâtre : l'ecclésiastique demande que l'enfant « puisse recevoir la rémission de ses péchés » ; quels péchés ? Il est conseillé au peuple « de ne pas différer le baptême de ses enfants au-delà du premier ou du deuxième dimanche suivant leur naissance ». Quels péchés un bébé d'une semaine peut-il avoir commis ? de quels péchés peut-il avoir besoin d'être libéré ? pour quels péchés peut-il demander pardon ? Et pourtant, voici toute une congrégation prosternée devant Dieu Tout-Puissant, priant pour qu'un petit bébé en longue robe soit pardonné, qu'il soit pardonné de ses péchés de… sa venue au monde lorsque Dieu l'a envoyé ! La cérémonie serait ridicule si elle n'était pas si pitoyable. Et en supposant que l'enfant ait besoin de pardon et qu'il ait des péchés à laver, pourquoi quelques gouttes d'eau, aspergées sur le visage - ou sur le bonnet - du bébé, ou même l'immersion de son corps dans les fonts baptismaux, devraient-elles les laver ? les péchés de son âme ? L'eau est « sanctifiée » ; nous prions : « Sanctifie cette eau pour le lavage mystique du péché. Comme le dit gentiment l'hymne :

"L'eau dans cette fontaine

C'est de l'eau, aux yeux des mortels grossiers ;

Mais vu par la foi, c'est du sang

Du côté d'un ami cher."

Du sang encore une fois ! comment les chrétiens s'accrochent aux images révoltantes d'une époque révolue et barbare de conceptions grossières. Et, appliquée par la foi, elle purifie l'âme de l'enfant du péché. Eh bien, tout cela est cohérent : l'âme invisible est lavée du péché invisible par le sang invisible, et selon toute apparence extérieure, l'enfant reste après le baptême exactement ce qu'il était avant, sauf s'il risque d'avoir une inflammation des poumons, comme nous l'avons connu. arriver, de la part de la Haute Église, l'utilisation gratuite de l'eau, ce qui est peut-être le baptême du feu promis. Les promesses des sponsors sont en totale conformité avec le reste des prestations ; les promesses faites par d'autres personnes, au nom de l'enfant, quant à sa conduite future, sur lesquelles elles n'ont aucun contrôle. Le bébé renonce au diable et à tous ses biens, croit au Symbole des Apôtres et répond « c'est mon désir » lorsqu'on lui demande s'il sera baptisé ; tout cela « est très joli, » mais heurte quelque peu le sentiment de réalité qui devrait sûrement caractériser les rapports d'un croyant avec son Dieu. L'enfant étant baptisé et signé de la Croix, "est régénéré", selon la déclaration du prêtre. Certains prétendent que l'Église d'Angleterre n'enseigne pas la régénération baptismale, mais il est difficile de voir comment quelqu'un peut lire ce service et ensuite nier cet enseignement ; il est plus clair et plus complet que l'enseignement de sa voix sur la plupart des sujets. La cérémonie du baptême et l'idée de régénération dérivent toutes deux du culte solaire dont tant de traces ont déjà été signalées : les adorateurs de Mithra pratiquaient le baptême, et il est commun aux diverses phases de la foi solaire. La régénération, dans certaines régions, notamment en Inde, s'obtenait d'une manière différente : un trou dans un rocher, ou un passage étroit entre deux, était le lieu sacré, et un fidèle, se faufilant par une telle ouverture, était régénéré, et était, par cette représentation littérale de la naissance, né une seconde fois, né dans une nouvelle vie, et les péchés de la vie précédente ne lui étaient plus imputés . De nombreux trous de ce type sont encore préservés et vénérés en Inde, et il ne fait guère de doute que les anciens restes druidiques portent des traces d'adaptation pour cette même cérémonie, bien qu'une fissure naturelle semble avoir toujours été considérée comme la plus sacrée.

*Même dans ce pays, à Brimham Rocks, près de Ripon, en

Yorkshire, la forme morte de la coutume est, ou était, jusqu'à

très récemment, entretenu par le guide envoyant tous les visiteurs, qui

choisi de se prévaloir de ce privilège, grâce à un tel

fissure.*

Il ne faut guère laisser de côté le préambule de la première prière du service de baptême : « Qui, par ta grande miséricorde, a sauvé Noé et sa famille dans l'arche de la mort par l'eau ; et tu as aussi conduit en toute sécurité les enfants d'Israël, ton peuple, à travers le Mer Rouge, représentant ainsi ton saint baptême ; et par le baptême de ton Fils bien-aimé Jésus-Christ, dans le fleuve Jourdain, tu as sanctifié l'eau pour le lavage mystique du péché. Dans les deux premiers exemples donnés, le choix de l'Église semble particulièrement malheureux, car dans chaque cas l'eau était l'élément dont il fallait s'échapper , et elle était une source de mort et non de vie ; peut-être, cependant, il y a une signification subtile dans la mer Rouge, cela désigne le sang du Christ : mais là encore, la mer Rouge a noyé des gens, et l'antitype n'est sûrement pas si dangereux que cela ? Cela doit être un mystère. Il serait intéressant de savoir combien d'ecclésiastiques instruits qui lisent cette prière croient à l'histoire du déluge noachien et du passage miraculeux de la mer Rouge ; et en outre, combien d'entre eux croient que Dieu, par ces fables, a figuré son saint baptême. Le XIXe siècle rassemblera-t-il un jour assez d'énergie pour se débarrasser de ces restes d'une superstition morte et sera-t-il assez honnête pour cesser d'utiliser une forme de mots qui n'est plus un véhicule de croyance ? Lorsque le Livre de prières fut compilé, ces mots avaient un sens ; aujourd'hui, ils n'en ont plus. Une seconde Réforme ne devrait-elle pas balayer ces croyances mortes, tout comme la première, pour son époque, les expressions qui représentaient une croyance antérieure et plus grossière ?

L'ORDRE DE CONFIRMATION.

" Voici les miracles qui accompagneront ceux qui croiront : En mon nom ils chasseront les démons ; ils parleront de nouvelles langues ; ils saisiront des serpents ; et s'ils boivent quelque chose de mortel, cela ne leur fera pas de mal ; ils imposeront les mains sur les malades, et ils guériront. » En ces jours remarquables, « l'ordre de Confirmation » aurait pu être en harmonie avec son environnement, état de choses qui est très loin d'être sa situation actuelle. M. Spurgeon, écrivant pour le bénéfice des prédicateurs de rue, a récemment fait remarquer très judicieusement que, comme le Saint-Esprit ne donne plus le don des langues, ils feraient mieux de « s'en tenir à leurs grammaires », et qu'en ces jours dégénérés, un effort honnête est plus probable. de montrer des résultats plus satisfaisants que ceux qui découlent de l'imposition des mains des évêques. Lorsque les apôtres accomplissaient cette cérémonie, que l'évêque accomplit maintenant à leur exemple, on disait avoir vu des preuves définitives de son efficacité ; à tel point que Simon, le sorcier, voulut placer de l'argent dans des titres célestes, afin que « celui à qui j'imposerai les mains reçoive le Saint-Esprit ». On ne trouverait manifestement jamais aujourd'hui un Simon prêt à payer un évêque pour le pouvoir de provoquer les effets de la Confirmation. Aussi loin que l'œil charnel puisse voir, les jeunes filles voilées en robe blanche et les garçons en robe noire au visage honteux, qui se pressent dans l'église un jour de confirmation, reviennent de l'autel à peu près les mêmes en montant à l'église. cela : personne ne commence à parler en langues ; s'ils le faisaient, le bedeau interviendrait probablement et étoufferait l'Esprit avec la plus grande rapidité. On suppose qu'ils ont reçu des dons spéciaux : « l'esprit de sagesse et de compréhension ; l'esprit de conseil et de force fantomatique ; l'esprit de connaissance et de vraie piété » ; et en plus de ces six esprits, il y en a un autre : « l'esprit de ta sainte crainte ». Pas moins de sept esprits entrent donc dans ces garçons et ces filles. La sagesse et la compréhension sont facilement perceptibles : sont-elles plus sages après la Confirmation qu'elles ne l'étaient avant ? comprennent-ils plus rapidement ? en savent-ils plus ? s'il n'y a aucune différence perceptible, la présence du Saint-Esprit est-elle sans effet ? si elle n'a aucun effet, sa présence peut-elle être d'une quelconque utilité, du plus petit avantage ? si cela ne sert à rien, pourquoi faire toute cette parade autour de donner une chose dont le cadeau ne rend pas le destinataire plus riche qu'il ne l'était auparavant ? En outre, quelle certitude peut-on avoir que le Saint-Esprit soit donné ? Permettre - ce qui semble à un étranger une grossière irrévérence - que le Saint-Esprit soit entre les mains de l'évêque pour être distribué lorsque cela convient à la convenance de l'évêque, ou qu'il soit dans une sorte de réservoir dont l'évêque tourne le robinet et laissé descendre le courant de la grâce — en permettant tout cela autant que possible, un « signe ne devrait-il pas suivre ceux qui croient » ? Comment pouvons-nous être sûrs que l'évêque n'est pas un imposteur, se livrant à des gestes et à des marmonnements de prestidigitateur, sans résultat magique ? Si, dans le cours ordinaire de la vie quotidienne, quelqu'un venait nous offrir des objets de valeur, il disait qu'il les possédait, puis il prenait la forme de nous les donner en disant : « Les voici ; gardez-les et conservez-les pour le reste de ta vie ; » et la main tendue ne contenait rien du tout, et nous nous trouvâmes sans rien à notre portée, si nous nous contentions de son assurance que nous les avions réellement obtenus, même si nous ne pourrions peut-être pas les voir, et nous devrions avoir suffisamment de foi. le croire sur parole ? Ne devrions-nous pas refuser catégoriquement de croire que nous avons reçu quoi que ce soit à moins d'avoir une preuve de l'avoir fait et d'en être d'une manière ou d'une autre pour le meilleur ou pour le pire ? La vérité est que la religion des gens est pour eux une question de si peu d'importance qu'ils ne se soucient pas de preuves : la foi suffit à les réconforter ; les six jours de la semaine exigent leur cerveau, leurs efforts, leur pensée : le dimanche est le jour du Seigneur, et il doit voir tout : la terre a besoin de toute leur attention sérieuse, mais le ciel doit prendre soin de lui-même ; la validité d'un titre terrestre est importante, et la confirmation d'un droit d'hériter des biens dans ce monde est accueillie avec impatience, mais la confirmation d'un héritage céleste n'est qu'une simple farce, à laquelle il est de bon ton de se livrer vers l'âge de quinze ans. , mais qui n'est qu'une mode, la confirmation d'une foi en rien de particulier à un héritage invisible de rien du tout.

LA FORME DE LA COLEMNISATION DU MARIAGE.

Une des erreurs les plus curieuses concernant le christianisme orthodoxe est qu'il a tendu à l'élévation de la femme. En fait, les idées orientales sur les femmes sont incarnées dans le christianisme, et ces idées sont essentiellement dégradées et dégradantes. Depuis le temps où Paul ordonnait aux femmes d'obéir à leurs maris, la mère d'Augustin fut battue sans résistance par le père d'Augustin, et Jérôme fuyait les charmes des femmes, et les moines déclamaient contre les filles d'Ève, jusqu'à nos jours, où l'autorité de Pierre est utilisée contre le droit de vote des femmes, le christianisme a toujours considéré la femme comme une créature soumise à l'homme, parce que, trompée, elle fut la première à transgresser. Le service religieux du mariage rappelle cette idée barbare, vestige d'une époque où les hommes s'emparaient de leurs femmes de force, ou bien les achetaient, de sorte que les femmes devenaient, en fait, littéralement la propriété de leurs maris. Nous apprenons que le mariage a été « institué par Dieu au temps de l'innocence de l'homme , signifiant pour nous l'union mystique qui existe entre le Christ et son Église ». Il serait intéressant de savoir combien de ceux rejoints par l'Église croient à l'histoire paradisiaque de l'innocence et de la chute de l'homme. Il semble que le Christ ait orné le domaine saint par son premier miracle à Cana ; mais la parure est plutôt d'un caractère douteux, si l'on réfléchit que l'effet probable du miracle serait une scène un peu trop gaie, à cause de l'énorme quantité de vin faite par le Christ pour des hommes qui avaient déjà « bien bu ». L'approbation du mariage par le Christ peut très bien être considérée comme douteuse si l'on se souvient qu'une vierge a été choisie comme mère, qu'il est lui-même resté célibataire et qu'il place clairement le célibat au-dessus du mariage dans Matt. XIX. 11, 12, où il exhorte : « celui qui est capable de le recevoir, qu'il le reçoive ». Saint Paul aussi, bien qu'il l'autorise à ses convertis, conseille de préférence la virginité : « Je dis aux célibataires et aux veuves : il est bon pour eux qu'ils demeurent comme moi ; » « Celui qui ne la donne pas en mariage fait mieux » (voir tout au long de 1 Cor. VII.) Les raisons données pour le mariage sont sûrement déplacées ; enfin on dit que le mariage est « ordonné à la société mutuelle, à l'aide et au réconfort que l'un doit avoir de l'autre » ; ceci, au lieu de « troisièmement », devrait être « premier ». « Afin d'éviter le péché et d'éviter la fornication, que les personnes qui n'ont pas le don de la continence puissent se marier » n'est pas une raison très honorable pour le domaine matrimonial, ni très délicate à lire devant une congrégation mixte à une jeune mariée. et le marié ; la grossièreté inconsidérée de cette préface est si répréhensible que dans de nombreuses églises elle est entièrement omise, bien qu'elle soit conservée - comme tous les vestiges d'une époque plus grossière - dans le Livre de prières tel que publié par autorité. La promesse échangée entre les parties contractantes est d'un caractère beaucoup trop ambitieux et est immorale, car promettant ce qui peut être au-delà des pouvoirs des promettants à accomplir ; « aimer » « aussi longtemps que vous vivrez tous les deux » et « jusqu'à ce que la mort nous sépare » est un engagement beaucoup trop large ; l'amour ne reste pas une promesse, et l'amour n'est pas non plus un sentiment qui peut être commandé. Une promesse de vivre toujours ensemble pourrait être faite, même si cela ne serait pas judicieux dans ce monde en évolution, et les procédures interminables devant le tribunal du divorce sont une satire de ce qu'on appelle l'union par Dieu ; « Ce que Dieu a uni, l'homme le « sépare » continuellement, et il serait plus sage d'adapter le service aux circonstances modifiées de l'époque dans laquelle nous vivons. La promesse d'obéissance et de service de la part de la femme doit également être éliminée, et le contrat doit être une simple promesse de fidélité entre deux amis égaux. La déclaration de l'homme en passant la bague au doigt de la femme est aussi archaïque que le reste de ce service fossile, et à peu près aussi vraie : « Je te dote de tous mes biens terrestres », dit l'homme, quand, en fait, en fait, il devient propriétaire de tous les biens de sa femme et elle ne possède pas les siens. L'une des prières finales est un délicieux spécimen de la science du Livre de prières : « Ô Dieu, qui, grâce à ta toute-puissance, as fait toutes choses de rien. » Quel était l'aspect général des choses quand il n'y avait « rien » ? Comment quelque chose est-il apparu là où « rien » n'existait auparavant ? si Dieu remplissait tout l'espace, n'était-il « rien » ? l'existence de rien est-elle une idée concevable ? "Les gens peuvent-ils penser à rien sauf s'ils ne pensent pas du tout ?" qui aussi (après d'autres choses réglées) as-tu ordonné que de l'homme (créé à ton image et similitude) la femme prenne son origine : " " de l'homme ", c'est-à-dire d'une des côtes de l'homme ; a essayé d'imaginer la scène : Dieu Tout-Puissant, qui n'a ni corps ni parties, prenant une des côtes d'Adam et fermant la chair, et "de la côte il fit une femme, un esprit pur, tenant la côte d'un homme". , pas dans ses mains, car il n'en a pas, et en "faisant" une femme, façonnant la côte en crâne, en bras, en côtes et en jambes. Peut-on imaginer une position plus ridicule et qu'est-il advenu d'Adam ? son économie interne ? A-t-il été fait à l'origine avec une côte de trop, pour parer à l'urgence, ou est-il parti, pour le reste de sa vie, avec une côte de trop peu ? Et l'Église d'Angleterre approuve cette ridicule fable du vieux monde ? L'homme a été créé « à ta propre image et similitude ». Quelle est l'image de Dieu ? Il est un esprit et n'a aucune similitude. Si l'homme est créé à son image, Dieu doit être un homme céleste et ne peut pas être omniprésent. D'ailleurs, dans Genèse I . 27, où il est dit que « Dieu créa l'homme à sa propre image », il poursuit distinctement en déclarant : « Il le créa à l'image de Dieu ; il les créa *mâle et femelle* . Ainsi la femme est faite à l'image de Dieu comme tout comme l'homme, et l'image de Dieu est « mâle et femelle ». Tous les étudiants savent que les anciennes idées de Dieu lui donnent cette double nature, et qu'aucune trinité n'est complète sans l'ajout de l'élément féminin, mais les pieux compilateurs de l'homme ; Le Livre de prières n'avait probablement pas l'intention de transplanter ainsi le simple culte de la nature dans leur office matrimonial. Une fois de plus, nous entendons parler d'Adam et d'Ève dans la prière suivante, et nous ne pouvons nous empêcher de penser cela, compte tenu de tous les ennuis qu'Ève a causés à son mari. par son flirt avec le serpent , elle devient une figure un peu trop importante du service du mariage. La cérémonie se termine par une longue exhortation, faite de citations des épîtres, sur les devoirs des maris et des femmes d'aimer leurs proches. épouses parce que Christ a aimé une Église – raison qui ne semble pas particulièrement *pertinente* , car les maris ne sont pas tenus de mourir pour leurs femmes ou de se présenter des épouses glorieuses, sans tache ni ride ou quoi que ce soit de ce genre (!) ; et la plupart des maris ne souhaiteraient pas non plus que la conversation de leur femme soit accompagnée de peur. " Pourquoi devrait-on apprendre ainsi aux femmes à s'abaisser ? On leur promet en récompense qu'elles seront les filles de Sarah ; mais ce n'est pas un grand privilège, ni Les épouses anglaises sont-elles susceptibles d'appeler leurs maris « seigneur » ; si elles ne se paraient pas de cheveux tressés et de jolis vêtements, leurs maris seraient sûrs de se plaindre, et la seule défense qu'on puisse faire pour cette exhortation absurde est que personne n'écoute jamais. à cela.

Parmi les diverses réformes nécessaires dans les lois sur le mariage, l'une d'elles est impérativement nécessaire : tous les mariages devraient devenir des contrats civils, c'est-à-dire que le contrat qui est conclu par des citoyens de l'État et qui affecte les intérêts de l'État soit conclu. devant un représentant laïc de l'État ; si ensuite les parties désiraient une cérémonie religieuse, elles pourraient prendre toutes les dispositions qu'elles voudraient dans leurs propres églises et chapelles, mais le contrat civil devrait être obligatoire et être le seul reconnu par la loi. Bien entendu, l'Église peut maintenir son mariage particulier aussi longtemps qu'elle le souhaite, mais il passerait probablement bientôt de mode s'il n'était pas reconnu comme contraignant par l'État.

L'ORDRE DE VISITE DES MALADES.

De tous les services du Livre de prières, celui-ci est peut-être le vestige de barbarie le plus frappant, le plus complètement en contradiction avec une pensée saine et raisonnable. L'ecclésiastique entrant dans une maison de maladie, et lorsqu'il entre dans la chambre du malade et l'aperçoit, s'agenouillant et s'écriant, comme frappé d'horreur : « Ne te souviens pas, Seigneur, de nos iniquités, ni des iniquités de nos ancêtres ; épargne-nous, bon Dieu, épargne ton peuple que tu as racheté par ton sang le plus précieux, et ne sois pas en colère contre nous pour toujours . Cet ecclésiastique ne rappelle rien de plus qu'un des amis de Job, qui semble avoir été une souffrance encore plus douloureuse que les furoncles de Job. La maladie, dit-on au patient, « est la visite de Dieu » et « pour quelque raison que ce soit, cette maladie vous est envoyée : que ce soit pour éprouver votre foi pour l'exemple des autres,… ou bien elle vous est envoyée. pour corriger et amender en vous tout ce qui offense les yeux de votre Père céleste ; sachez certainement que si vous vous repentez vraiment de vos péchés et supportez patiemment votre maladie, … cela tournera à votre profit et vous aidera à avancer. dans le bon chemin qui mène à la vie éternelle. » On pourrait remettre en question la justice de Dieu Tout-Puissant si la théorie selon laquelle la maladie peut être envoyée « pour éprouver votre patience à l'exemple des autres » est correcte ; pourquoi une malheureuse victime devrait-elle être tourmentée simplement pour que d'autres puissent avoir l'avantage de voir à quel point elle le supporte ? Si nous devons nous efforcer de nous conformer à l'image de Dieu, il semblerait que nous ferions bien de harceler nos voisins de temps en temps pour « éprouver leur patience en prenant l'exemple des autres ». Et l'idée de Dieu est-elle respectueuse ? Que penser d'un père terrestre qui torturait un de ses enfants pour apprendre aux autres à supporter la douleur ? si nous devons condamner le Père terrestre comme étant cruel, pourquoi la même action devrait-elle être juste lorsqu'elle est accomplie par le Père céleste ? Si l'on accepte la deuxième raison invoquée pour expliquer la maladie, il est difficile d'en voir la raison. Pourquoi la maladie du corps devrait-elle corriger la maladie de l'esprit ? la douleur guérit-elle l'irritation, ou la fièvre augmente-t-elle la véracité ? La maladie ne risque-t-elle pas plutôt de faire ressortir et de renforcer les défauts mentaux que de les affaiblir ? Et dans quelle mesure est-il vrai que la maladie est, en quelque sens que ce soit, la visite de Dieu pour les délinquances morales ? N'est-il pas vrai, au contraire, qu'un homme peut mentir, voler, tromper, calomnier, tyranniser , et pourtant, s'il observe les lois de la santé, il peut rester dans une vigueur robuste , tandis qu'un homme droit, sincère, honnête et véridique , au mépris de ces mêmes lois, peut être misérablement faible et mourir prématurément ? Est-il ou non vrai qu'au Moyen Âge, lorsque l'on priait beaucoup et étudiait peu, lorsque le paysan allait au sanctuaire pour se soigner au lieu de consulter le médecin, lorsque la science sanitaire était inconnue et que la propreté était une vertu insoupçonnée, est-il vrai ou non que la peste et la peste noire ont alors balayé des milliers de personnes, alors que ces terribles fléaux ont été pratiquement chassés dans les temps modernes grâce à une attention particulière aux mesures sanitaires , à un meilleur drainage et une plus grande propreté de vie ? Comment cela peut-il être une visite de Dieu pour des transgressions morales, qui peuvent être évitées par l'homme s'il respecte les lois physiques ? La puissance de l'homme est-elle plus grande que celle de Dieu, et peut-il ainsi jouer avec les foudres du mécontentement divin ? L'ecclésiastique prie pour que « le sentiment de sa faiblesse puisse ajouter de la force à sa foi » ; Quelle belle ironie y a-t-il ici, à mesure que le corps et l'esprit s'affaiblissent, la foi devient forte ; à mesure qu'un homme est moins capable de penser, il devient plus disposé à croire. Il est impossible de passer sans un mot de censure sur le passage de l'exhortation, tiré de l'épître aux Hébreux, qui dit : « Car ils (les pères de notre chair) nous ont en vérité châtiés pendant quelques jours selon leur bon plaisir. ". Les bons pères terrestres ne châtient pas leurs enfants pour leur propre amusement, alors que Dieu le fait « pour notre profit » ; au contraire, ils le font pour le progrès de leurs enfants, tandis que Dieu seul, s'il y a un enfer, torture ses enfants pour son propre plaisir et sans aucun gain pour eux. La partie suivante de l'Exhortation, selon laquelle « notre chemin vers la joie éternelle est de souffrir ici avec le Christ », est pleine de ce triste ascèse qui a tant fait pour obscurcir le monde depuis la naissance du Christ ; les hommes ont été tellement occupés à rechercher la « joie éternelle » qu'ils ont laissé passer ici inaperçue la misère ; ils ont été tellement occupés à planter des fleurs au ciel qu'ils ont laissé pousser de la mauvaise herbe ici ; oui, et ils se sont réjouis de la misère et de la mauvaise herbe, parce qu'ils n'étaient que des étrangers et des pèlerins, et la tribulation, qui n'était que temporelle, augmentait le poids de la gloire qui était éternelle. Ainsi le christianisme a-t-il flétri les fleurs de ce monde et enlacé les fronts de ses adeptes de couronnes d'épines. La dernière partie de l'exhortation traite du devoir d'auto-examen et d'auto-accusation, afin que vous ne puissiez « ne pas être accusé et condamné dans ce terrible jugement ». Un enseignement très sain pour un malade ; la maladie rend toujours une personne morbide, et l'Église intervient pour encourager ce sentiment malsain ; la maladie rend toujours une personne timide et énervée, et l'Église intervient pour parler d'un « jugement effrayant », et déconcerte et étourdit le cerveau confus par les images terribles évoquées à l'esprit par la pensée du dernier jour.

Mais le pire s'ensuit ; car après que le malade a déclaré qu'il croit fermement au credo, la rubrique ordonne à l'ecclésiastique de « examiner s'il se repent vraiment de ses péchés et s'il est dans la charité avec le monde entier ». Imaginez un malade inquiet d'un examen de ce genre, sans parler de l'impertinence grossière de toute cette affaire. De plus, "le ministre ne devrait pas omettre sérieusement de déplacer les personnes capables d'être libérales envers les pauvres". Quand chacun se souvient des terribles scandales d'autrefois, lorsque les prêtres entraînaient dans les filets de l'Église les biens des mourants, usant de la menace de l'enfer et de la promesse du ciel pour conquérir ce qui aurait dû être laissé à la veuve et à l'orphelin. , on s'étonne qu'une telle rubrique soit laissée pour rappeler la rapacité et l'avidité de l'Église, et pour inviter les prêtres à saisir les richesses qui échappent aux mains des mourants. Et ici, le malade doit « être poussé à faire une confession spéciale de ses péchés, s'il sent que sa conscience est troublée par quelque chose de grave », et le prêtre est invité à l'absoudre, car le Christ ayant « laissé le pouvoir à son Église ». absoudre par l'autorité qui m'a été confiée, dit le prêtre, je t'absous. Confession, autorité déléguée, absolution sacerdotale, telle est la doctrine de l'Église anglicane : toutes les abominations incalculables du confessionnal sont impliquées dans cette rubrique et cette phrase ; car si l'homme peut absoudre un homme à un moment donné, il peut le faire à un autre moment. Le précieux pouvoir ne doit certainement pas être laissé inutilisé ou gaspillé ; Chaque fois que le péché nous presse, voici le remède, et ainsi nous sommes lancés et toutes voiles dehors. Mais jamais en Angleterre le confessionnal ne fleurira plus ; plus jamais les femmes anglaises ne se laisseront corrompre par les ignobles questions des prêtres ; plus jamais les Anglais ne verront leur vigueur mentale et leur virilité détruites par une telle dégradation. Laissez tomber l'Église qui accepte une chose aussi maudite, et laissez la pureté anglaise et le courage anglais croître et s'épanouir sans contrôle.

Le diable est en grande force dans ce service, comme il est juste dans un office si généralement barbare : « Que l'ennemi n'ait aucun avantage sur lui » ; "défendez-le du danger de l'ennemi;" "Renouvellez en lui tout ce qui a été pourri par la fraude et la méchanceté du diable;" "les ruses de Satan;" "délivrez-le de la peur de l'ennemi;" tout cela doit donner au malade l'idée joyeuse du diable qui s'attarde autour de son lit et tente de s'emparer de lui avant qu'il ne soit trop tard pour l'entraîner en enfer.

Y a-t-il un sens à l'expression « le Seigneur Tout-Puissant... à qui toutes choses dans le ciel, sur la terre et *sous la terre* s'inclinent et obéissent ». Où est « sous la terre » ? Le soleil est sous une partie de la terre pour certaines personnes à un moment donné ; les étoiles sont en dessous ou au dessus, selon le point de vue d'où on les regarde. Bien sûr, l'expression n'est qu'une survivance d'une époque où la terre était plate et où se trouvait l'abîme sans fond, seulement il semble dommage de continuer à utiliser des expressions qui ont pratiquement perdu leur sens et sont maintenant complètement ridicules. Les gens semblent penser que toutes les choses anciennes sont assez bonnes pour le service de Dieu. Les deux dernières prières sont remarquables surtout par leur ton mélancolique et lâche envers Dieu : « nous vous recommandons humblement », « vous implorons très humblement ». Assurément, Dieu n'est pas censé être un despote oriental désirant ce genre de recul à ses pieds. Pourtant, la «Prière pour les personnes troublées d'esprit ou de conscience» n'est qu'un gémissement pitoyable, comme si ce n'était que par une supplication passionnée que Dieu pouvait être poussé à la miséricorde, et il avait envie de frapper, et s'abstenait difficilement de se venger. Quand les hommes apprendront-ils à se tenir debout, au lieu de s'accroupir sur leurs genoux ? Quand apprendront-ils à s'efforcer de vivre noblement, et ensuite à ne craindre aucune colère céleste, ni dans la vie ni dans la mort ?

L'ORDRE POUR L'ENTERREMENT DES MORTS.

Il est un peu difficile de rédiger une note critique à l'égard d'un bureau funéraire, tout simplement parce que les sentiments des gens y sont tellement liés que toute critique semble une cruauté et toute ingérence une impertinence. Autour de la tombe ouverte, toute controverse doit être étouffée, afin qu'aucun bruit discordant ne puisse se mêler aux sanglots des personnes en deuil, et qu'aucune querelle ne serre le cœur déchiré des survivants. Notre critique de cette fonction sera donc brève et grave.

Les versets d'ouverture nous semblent tout d'abord manifestement inappropriés : « Quiconque vit et croit en moi ne mourra jamais » ; pourtant le mort est alors transporté vers sa dernière demeure, et les paroles semblent une moquerie prononcée face à un cadavre. Dans le Quatrième Évangile, ils préfigurent la résurrection de Lazare et sont bien sûr très significatifs, mais aujourd'hui aucune puissance ne ressuscite nos morts, aucune voix de Jésus ne dit aux personnes en deuil : « Ne pleurez pas ». Le deuxième verset de Job est – comme on le sait – une traduction complètement erronée : « sans ma chair » serait plus proche de la vérité que « dans ma chair », et les « vers » et le corps ne sont pas du tout mentionnés dans l'original. Il semble dommage que, dans des moments aussi solennels, des mensonges connus soient utilisés.

L'ensemble de l'argumentation du 15e ch. des Corinthiens est loin d'être convaincant. Le Christ n'est pas les prémices de ceux qui dormaient. Un mort avait été ressuscité en touchant les os d' Esha (2 Rois XII). Élisée, de son vivant, avait ressuscité le fils mort de la Sunamite (2 Rois iv.) ; Élie, avant lui, avait élevé le fils de la veuve de Sarepta (2 Rois XVII.) ; Le Christ avait ressuscité Lazare, fille de Jaïrus et fils d'une veuve. En aucun sens donc, si les Écritures des chrétiens sont vraies, on ne peut dire que Christ est devenu les prémices, le premier-né d'entre les morts. "Car depuis que la mort est venue par l'homme;" mais la mort n'est pas venue par l'homme ; Des myriades de siècles avant la naissance de l'homme, les animaux sont nés, ont vécu et sont morts, et ils ont laissé leurs restes fossilisés pour prouver la fausseté de la croyance populaire. Nous remarquons également que « la chair et le sang ne peuvent hériter du royaume de Dieu ». S'il en est ainsi, que devient la « résurrection de la chair », dont il est question dans les offices de baptême et de visite ? Qu'est devenu la « chair et les os » que le Christ avait après sa résurrection et avec lesquels, selon l'article 4, il est monté au ciel ? Le Christ ne peut-il pas « hériter du royaume de Dieu » ? Il est difficile de voir comment, d'une manière ou d'une autre, la résurrection du Christ peut être considérée comme une preuve de la résurrection de l'homme. Le Christ n'était mort que trente-six ou trente-sept heures avant d'être ressuscité ; il n'y avait pas de temps pour la décomposition corporelle, pas de temps pour que la corruption détruise sa structure : comment la restauration à la vie d'un homme dont le corps était en parfaite conservation pourrait-elle prouver la possibilité de la résurrection des corps qui ont depuis longtemps été résolus dans leur constituant. éléments, et sont allés former d'autres corps, et donner forme à d'autres modes d'existence ? Les gens parlent de la résurrection d'une manière si supérieure qu'ils ne s'abaissent jamais à se souvenir de ses détails nécessaires, ni à se demander où se trouve la matière suffisante pour revêtir toutes les âmes humaines au matin de la résurrection. Les corps des morts rendent la terre plus productive ; ils nourrissent l'existence végétale ; transformés en herbe, ils nourrissent les moutons et les bovins ; transformés en ceux-ci, ils soutiennent les êtres humains ; transformés en ceux-ci, ils forment à nouveau de nouveaux corps et passent de la naissance à la mort, et de la mort à la naissance, un cercle parfait de vie, transmué par l'alchimie de la Nature de forme en forme. Aucun homme n'a la pleine propriété de son corps ; il ne possède qu'un viager, et alors celui-ci passe entre d'autres mains. Le chant mélancolique qui succède à ce chapitre sonne comme un cri de désespoir : l'homme « n'a que peu de temps à vivre et est plein de misère. Il monte et est coupé comme une fleur ; il s'enfuit comme une ombre, et jamais continue en un seul séjour. Existe-t-il un enseignement plus malsain ? C'est l'aveu de l'impuissance la plus complète, la reconnaissance de la futilité du labeur. Et puis la supplication angoissante : « Ô Seigneur Dieu très saint, ô Seigneur très puissant, ô Sauveur saint et très miséricordieux, ne nous livre pas aux douleurs amères de la mort éternelle. » Mais s'il est très miséricordieux, d'où vient tout ce besoin de pleurer et de gémir ? S'il est très miséricordieux, quel danger peut-il y avoir des douleurs amères de la mort éternelle ? Et de nouveau le cri s'élève : « Ne ferme pas tes oreilles miséricordieuses à notre prière ; mais épargne-nous, Seigneur très saint, ô Dieu très puissant, ô saint et miséricordieux Sauveur , toi très digne Juge éternel, ne nous laisse pas, à notre dernière heure, pour que les douleurs de la mort s'éloignent de toi. Ce n'est rien d'autre que le gémissement de l'humanité, face à face avec l'agonie de la mort, se sentant totalement impuissante face au grand ennemi et s'accrochant à toute paille qui peut flotter à la portée de l'étreinte qui se noie ; c'est l'horreur de la Vie face à la Mort, horreur qui semble ressentie uniquement par les vivants pleinement et non par les mourants ; c'est le recul d'une vitalité vigoureuse devant le silence et la froideur du tombeau.

Après cela vient un changement soudain de ton, et on parle aux personnes en deuil de la « grande miséricorde » de Dieu en prenant les défunts, et du « fardeau de la chair », et il leur est demandé de rendre « de tout cœur grâce » pour que les morts soient délivrés. "des misères de ce monde pécheur." Peut-il y avoir quelque chose de plus irréel ? Il n'y a pas là-bas une seule personne en deuil qui désire partager la grande miséricorde, qui souhaite être libérée du fardeau de la chair ou qui désire être délivrée des misères de ce monde.

Pourquoi devrait-on ainsi jouer une farce près de la tombe ? S'attendent-ils à ce que Dieu les croie, ou à ce qu'il soit trompé par une telle hypocrisie ?

Certains soutiennent que l'Église ne peut pas avoir « une espérance sûre et certaine de la résurrection à la vie éternelle » en ce qui concerne certains de ceux qu'elle enterre avec ce service ; et il est évident que, si la Bible est vraie, les ivrognes et autres qui doivent être jetés dans l'étang de feu peuvent difficilement s'élever à la vie éternelle en même temps, et par conséquent l'Église n'a pas le droit d'exprimer une espérance où Dieu a prononcé sa condamnation. La rubrique ne fait qu'exclure l' espoir que le les baptisés , les excommuniés et les suicidés ; tous les autres ont droit à l'enterrement entre ses mains et à l'espoir d'une résurrection joyeuse, malgré la Bible.

Nous pouvons espérer que le jour viendra bientôt où les gens pourront mourir en Angleterre et être enterrés en paix sans ce cri de douleur et de superstition sur leurs tombes. Partout où les cimetières se trouvent à une distance raisonnable, le rationaliste peut désormais être enterré avec amour et révérence, sans que l'écho de ce en quoi il n'a pas cru de son vivant ne résonne sur sa tombe ; mais dans de nombreuses petites villes et villages de campagne, le service funéraire de l'Église est pratiquement obligatoire et est imposé par le sectarisme clérical. Mais le glas de l'establishment sonne de plus en plus clairement, et bientôt ceux qui ont rejeté ses services dans la vie seront libérés de ses soins au tombeau.

UNE COMMINATION OU UNE DÉNONCATION DE LA COLÈRE DE DIEU ET DES JUGEMENTS CONTRE

PÉCHEURS.

CE service est trop beau pour être ignoré sans un mot d'hommage ; le spectacle de l'Église délirant et maudissant est trop édifiant pour être ignoré avec ingrat. "Frères, dans l'Église primitive, il existait une discipline divine selon laquelle, au début du Carême, les personnes convaincues de péché notoire étaient soumises à une pénitence ouverte et punies dans ce monde, afin que leurs âmes puissent être sauvées.... Au lieu de cela, de quoi (jusqu'à ce que ladite discipline puisse être rétablie, ce qui est beaucoup à souhaiter), on pense que c'est bon, " etc. Autrement dit : « Autrefois, nous pouvions mordre aussi bien qu'aboyer ; maintenant que nos bouches sont muselées, nous ne pouvons que grogner ; mais, jusqu'à ce que l'ancien pouvoir revienne, ce qui est fort à faire. Nous le souhaitons, puisque nous ne pouvons pas mordre, montrons les dents et grogneons le plus vicieusement possible, afin que les gens comprennent qu'il ne manque que la force, et non la volonté, et que, si nous le pouvions, nous le ferions. torturer et brûler aussi vigoureusement que nous maudissons et damnons. » Et aussitôt le prêtre commence par ses malédictions, et tout le peuple dit Amen : quel joli spectacle : une église entière pleine de chrétiens d'un commun accord maudissant leurs voisins ! Vient ensuite une exhortation ; comme tant de malédictions volent, nous devons prendre soin de nos têtes : « Souvenons-nous du terrible jugement qui pèse sur nos têtes et *toujours prêt à s'abattre sur nous* , retournons à notre Seigneur Dieu. Toujours prêt à tomber ; mais Dieu est-il donc toujours à l'affût pour nous surprendre en trébuchant et nous écraser de ses jugements ? Est-ce qu'il punit volontiers, et maintient son coup suspendu, pour tomber à la première occasion que lui donne notre faiblesse ? Si tel est le cas, ne retournons en aucun cas à notre Seigneur Dieu, mais essayons plutôt de mettre une distance considérable entre lui et nous, et tâchons , comme le prophète Jonas, de fuir la présence du Seigneur. "C'est une chose effrayante que de tomber entre les mains du Dieu vivant : il fera tomber sur les pécheurs la pluie, le feu et le soufre, la tempête et la tempête." Et qui a créé les pécheurs ? Qui les a appelés au monde sans leur propre consentement ? Qui les a créés avec une nature mauvaise ? Qui les a façonnés comme le potier l'argile ? Qui a rendu impossible pour eux d'aller vers Jésus à moins qu'il ne les dessine, et ensuite ne les a pas dessinés ? Si Dieu veut déverser du feu et du soufre sur quelqu'un, qu'il le déverse sur lui-même, car il a créé les pécheurs et est responsable de leur existence et de leurs péchés. "Il sera trop tard pour frapper quand la porte sera fermée ; trop tard pour demander grâce quand viendra l'heure de la justice." Comme cette image du

Dieu populaire et traditionnel est tout à fait répugnante : comme les couleurs dans lesquelles est peint ce Moloch sont noires ; l'artiste a sûrement dû dessiner une image du diable et a écrit par erreur en dessous le nom de Dieu alors qu'il aurait dû mettre le nom de Satan. Cependant, si nous nous soumettons, marchons dans ses voies, recherchons sa gloire et le servons comme il convient, c'est-à-dire si nous reconnaissons l'injustice comme étant la justice, la cruauté comme la miséricorde et le mal comme le bien, alors nous le ferons. échappez à « l'extrême malédiction qui s'abattra sur ceux qui seront placés à gauche ». Dans l'ensemble, les hommes et les femmes courageux préféreront faire ici le bien et la justice, se souciant beaucoup de servir l'homme, et ne se souciant pas de glorifier un tel Dieu, et laissant la malédiction tranquille, bien sûrs qu'aucun châtiment ne peut s'abattre sur un homme qui mène une vie noble. et qu'aucune peur ne doit obscurcir le lit de mort de celui qui a fait de sa vie une bénédiction pour l'humanité.

Bien sûr, après toute cette préface, viennent des confessions de péché. Le 51e Psaume ouvre la voie, la congrégation étant à ce moment-là devenue si complètement confuse qu'elle ne voit aucune incongruité à dire que lorsque Dieu aura construit les murs de Jérusalem, il se contentera des holocaustes et des oblations, et que « alors ils offre des jeunes taureaux sur ton autel. En fait, ils n'ont pas du tout l'intention d'offrir de jeunes bœufs, des bœufs étant devenus trop utiles pour être gaspillés de cette façon, mais ils ont si complètement quitté le domaine du bon sens qu'ils ont perdu conscience des absurdités qu'ils répéter. L'exagération grossière des prières finales doit être évidente pour tout le monde ; ils sont pleins de cette hystérie qui passe pour de la piété. « Nous sommes affligés et fatigués du fardeau de nos péchés », bien que la plupart des membres de la congrégation oublient tout ce fardeau avant de quitter l'église : nous sommes « une terre vile et de misérables pécheurs » ; nous « reconnaissons docilement notre bassesse ». On aurait envie de les secouer tous, et de leur dire de se lever comme des hommes et des femmes, au lieu de se réfugier là comme des lâches, en pleurant sur leur bassesse. S'ils sont vils, pourquoi ne se réparent-ils pas, au lieu de dire la même chose chaque année ? Ils devraient avoir honte de parler à Dieu de leur misérable condition année après année, alors que sa grâce leur suffit et qu'ils pourraient être parfaits comme leur Père céleste.

L'Église, dans tout ce service, ne rappelle rien de plus qu'une méchante vieille femme, qui gémit au pasteur et gronde tous les enfants. Autrefois, la vieille femme était la terreur du village, et son bras robuste a été montré sur de nombreux yeux au beurre noir et visage meurtri ; maintenant elle ne peut plus frapper, elle ne peut que maudire ; elle ne peut plus tyranniser , elle ne peut que froncer les sourcils ; sa langue paralysée marmonne encore des malédictions que son bras ratatiné ne peut plus traduire en actes, et dans ses yeux rougis, dans ses joues ridées, dans son corps tremblant, on lit le récit d'une mauvaise jeunesse, où elle abusa de sa force, et nous voyons descendre sur elle les ténèbres d'un âge déshonoré et la nuit d'un désespoir insondable.

FORMES DE PRIÈRE À UTILISER EN MER.

Il existe maintenant un service spécial utilisé lors du lancement des navires de guerre de Sa Majesté Impériale qui n'a pas encore trouvé sa place dans le Livre de Prières ; des pensées curieuses surgissent dans l'esprit en contemplant cette mode, associée à la fonction destinée à être « utilisée quotidiennement dans la marine de Sa Majesté ». Comment Dieu protège-t-il « notre personne, tes serviteurs et la flotte dans laquelle nous servons » ? La prière rend-elle les mauvais navires plus navigables, ou remplace-t-elle le fer solide et le bois sain ? Si le navire n'est pas en sécurité sans la prière, la prière le rendra-t-elle ainsi ?

Si non, à quoi sert de prier à ce sujet ? Soit le navire est en état de navigabilité, soit il ne l'est pas ; si tel est le cas, il naviguera en toute sécurité sans prière ; si ce n'est pas le cas, la prière portera-t-elle le navire pourri à travers la tempête ? Si la prière était si efficace, ne serait-il pas moins coûteux d'utiliser moins de bois et plus de prière ? De mauvais matériaux grossièrement assemblés serviraient, car un vicaire coûterait moins cher qu'un charpentier naval, et beaucoup de prières nous permettraient de nous dispenser de beaucoup de travail . Dans les « tempêtes en mer », une prière spéciale doit être utilisée ; « Ô Seigneur Dieu le plus puissant et le plus glorieux, sur l'ordre duquel les vents soufflent et soulèvent les vagues de la mer, et qui en apaise la rage : » « Ô envoie ta parole de commandement pour réprimander les vents furieux et la mer rugissante. " N'est-ce pas là la prière d'une ignorance totale, la prière d'une époque non scientifique ? Car qu'implique la prière ? Seule la modeste demande que l'état de l'atmosphère autour du globe entier puisse être modifié pour l'adapter à la commodité d'un petit navire ! Et pas seulement cela, mais aussi que le cours entier du temps peut être modifié au cours d'innombrables hiers, le temps d'aujourd'hui n'étant qu'un effet provoqué par eux. De telles prières étaient faites autrefois par un peuple qui ne connaissait rien à l'inviolabilité de l'ordre naturel et qui s'imaginait que le temps pouvait être changé à sa guise, lorsque le clerc pouvait appuyer sur les aiguilles de l'horloge de l'église. Les marins sont très francs dans leur confession : "Quand nous avons été en sécurité et avons vu tout tranquille autour de nous, nous t'avons oublié, notre Dieu... Mais maintenant nous voyons combien tu es terrible dans toutes tes merveilles ; le grand Dieu qu'il faut craindre par-dessus tout." En tout cas, ils ne peuvent pas être accusés d'hypocrisie dans leurs relations avec Dieu ! Et ce n'est pas tout. Des prières courtes sont prévues pour ceux qui n'ont pas de temps pour les longues ; et si le danger devient très pressant, tous ceux qui peuvent être épargnés doivent se joindre à une confession spéciale de leurs péchés, prise auprès de l'Office de communion. Il serait sûrement bon d'éviter un équipage très pieux, car ils pourraient perdre leur temps en prières qui pourraient sauver le navire par leur travail. Une pensée sérieuse se présente à considérer en relation avec ce prétendu pouvoir de Dieu d'aplanir les vagues turbulentes. De nombreux navires coulent année après année ; plusieurs milliers de vies sombrent dans l'océan impitoyable ; De nombreux gémissements amers s'élèvent des équipages qui se noient ; comme c'est cruel d'avoir un tel pouvoir et de voir le navire sombrer dans la tempête ! comme c'est glacial et pierreux d'avoir un tel pouvoir et de regarder impassible l'agonie de ceux qui périssent !

Les prières contre l'ennemi sont de belles effusions ; certains des enfants prient le Père de Tout pour leur permettre de tuer ses autres enfants : « Ranime ta force, ô Seigneur, et viens nous aider. Quelle curieuse demande ! Le Tout-Fort a-t-il besoin de mobiliser ses forces avant de pouvoir écraser quelques hommes ? "Juge entre nous et nos ennemis." Mais supposons que l'ennemi ait raison, que se passera-t-il alors ? Supposons que les marins anglais soient du mauvais côté, comme dans le conflit entre George III. et les colonies américaines, une telle prière devient alors une prière pour la défaite, et non une pensée encourageante avec laquelle se lancer dans la bataille. Les prières sont également offensantes par leur lâcheté de ton : « Que nos péchés ne crient pas vengeance contre nous ; mais écoutez-nous, vos pauvres serviteurs, implorant miséricorde et implorant votre aide. Les louanges après la victoire sont aussi répréhensibles que les prières précédentes : « Le Seigneur nous a couvert la tête et nous a fait tenir debout au jour de la bataille. » Et qu'en est-il des pauvres blessés, gémissant en bas dans le cockpit, dont le Seigneur n'a pas couvert la tête ? "Le Seigneur a renversé nos ennemis et brisé ceux qui se sont soulevés contre nous." Comme cette action de grâce est sauvage et sanguinaire ! Dieu est-il censé se réjouir des souffrances des vaincus ? Faut-il le remercier d'avoir tué ses créatures ? Et puis la victoire doit être améliorée pour « l'avancement de ton évangile » ; l'évangile de la soi-disant paix et de la bonne volonté doit être avancé par le boulet de canon et la torpille, par le sabre et le coutelas. En vérité, ils doivent croire que Jésus est venu pour envoyer une épée à travers la terre. Et pourtant c'est le véritable esprit du christianisme ; du credo qui a versé plus de sang humain que toute autre foi ; du credo qui a gagné son chemin à travers l'Europe avec le crucifix dans une main et la hache de guerre dans l'autre ; du credo qui torturait d'innombrables victimes sur le chevalet et qui allumait les bûchers funéraires des martyrs ; du credo dont la croix a toujours été rouge cramoisi, non avec le sang de celui qui est mort pour sauver l'humanité, mais avec le sang d'une humanité sacrifiée à la gloire de Dieu.

La forme et la manière de faire, d'ordonner et de consacrer des évêques,

PRÊTRES ET DIACRES, SELON L'ORDRE DE L'ÉGLISE UNIE D'ANGLETERRE ET D'IRLANDE.

Si l'Église d'Angleterre se limitait dans son ministère à des fonctions qui avaient un effet démontrable, son occupation disparaîtrait. Ces offices d'Ordination sont comparables à ceux de Confirmation. Dans les deux cas, le Saint-Esprit est donné par imposition des mains épiscopales ; dans les deux cas, aucun résultat appréciable ne suit le don. La préface de ces offices dit : « Il est évident, pour tous les hommes qui lisent assidûment les Saintes Écritures et les auteurs anciens, que depuis l'époque des apôtres, il y a eu ces ordres de ministres dans l'Église du Christ : évêques, prêtres et diacres. » La "preuve" de cela semble douteuse, étant donné que tous les presbytériens ne reconnaissent pas un tel triple ordre et considèrent les évêques comme une invention du diable, et "l'orgueil de la prélature" comme "un chiffon de dame écarlate". Les trois offices qui nous sont présentés peuvent, à toutes fins pratiques, être traités comme un seul, car ce sont les échelons progressifs de l'échelle qui va de la terre au ciel, du pauvre diacre-vicaire sur 70 *l*. un an au fond, à l'archevêque se prélassant sur 15 000 *l*. un an au sommet. Il y a beaucoup de farce solennelle dans l'ouverture : l'archidiacre présente les candidats à l'ordination à l'évêque et au révérend père en Dieu, qui les a fait examiner, qui les connaît et a probablement dîné avec eux la veille. , répond gravement: "Veillez à ce que les personnes que vous nous présentez soient aptes et se réunissent, pour leur érudition et leur conversation pieuse, pour exercer dûment leur ministère, à l' honneur de Dieu et à l'édification de son Église." Pour l'apprentissage de certains jeunes ecclésiastiques, moins on en parle, mieux c'est, mais ceux qui se sont présentés ont au moins réussi l'examen de l'évêque et ne seront plus refoulés. La question n'est qu'une imposture, et les candidats et l'évêque seraient profondément étonnés si l'archidiacre répondait que l'un d'eux était déficient.

Viennent ensuite les litanies, puis l'office de communion, avec une collecte spéciale, une épître et un évangile. Après le serment de suprématie, l'évêque interroge les candidats au diaconat : « Croyez-vous que vous êtes intérieurement poussé par le Saint-Esprit à assumer cette fonction ? » est demandée à chacun, et chacun répond : « J'en ai confiance. Cela devrait être une question solennelle : être intérieurement touché par le Saint-Esprit est sûrement une chose importante ; et quand on se souvient que beaucoup de ces jeunes hommes fraîchement sortis du collège semblent y penser, et comment l'un choisit l'Église parce qu'elle est « gentleman », et l'autre parce qu'il y a un gros vivant dans la famille, et un autre parce qu'il est trop stupide pour une autre profession, nous pouvons difficilement nous empêcher de nous interroger sur les œuvres du Saint-Esprit dans le cœur de l'homme. On leur demande également s'ils « croient sincèrement à toutes les Écritures canoniques ». S'ils les croient vraiment lors de leur ordination, de nombreux changements doivent avoir lieu après leur vie, à en juger par le degré de scepticisme au sein du clergé. Une grande partie de la faute consiste à engager des jeunes hommes de vingt-trois ans à croire absolument en ce qu'ils ont probablement peu étudié ; au collège, toute leur instruction porte sur *les preuves chrétiennes* et non sur les attaques contre le christianisme ; ils connaissent en réalité peu de choses sur les arguments antichrétiens et sont donc naturellement ébranlés lorsqu'ils les apprennent plus tard. Ensuite, le diacre doit lire les homélies dans l'Église et promet de le faire, bien qu'il ne remplisse jamais sa promesse, et il jure d'obéir à ses « ministres ordinaires et autres ministres en chef de l'Église... en suivant avec un esprit joyeux et une volonté pieuse ». avertissements. » La façon dont les diacres et les prêtres respectent cet engagement peut être vue dans les luttes quotidiennes entre eux et leurs évêques, et dans la nécessité d'adopter une loi sur la réglementation du culte public pour faciliter la répression des prêtres rebelles. Une année doit s'écouler entre le diaconat et le sacerdoce, et lorsque cette année s'est écoulée, le jeune aspirant au pouvoir des clefs se présente une fois de plus devant le Père en Dieu, et la même farce de questions et de réponses se répète. Le service se déroule comme celui des diacres, à l'exception de l'épître et de l'évangile spéciaux, jusqu'après le serment de suprématie ; puis vient une longue exhortation, dans laquelle ce qui nous frappe le plus est le contraste complet entre le prêtre en théorie et le prêtre en pratique : « S'il arrive à la même Église, ou à l'un de ses membres, de subir un préjudice ou un obstacle en raison de votre négligence, vous connaissez la grandeur de la faute, et aussi le châtiment horrible qui s'ensuivra. Veillez à ne jamais cesser votre travail , vos soins et votre diligence, jusqu'à ce que vous ayez fait tout ce qui dépend de vous, selon votre devoir impérieux, d'apporter tous ceux qui sont ou seront confiés à votre charge, à cet accord dans la foi et la connaissance de Dieu, et à cette maturité et perfection de l'âge en Christ, afin qu'il n'y ait plus de place parmi vous, ni pour l'erreur en religion, ni pour pour la méchanceté dans la vie. Maintenant, changeons de scène et six semaines plus tard, notre jeune prêtre joue au croquet et flirte docilement avec les filles de son recteur, inconscient de la « punition horrible » qu'il encourt de la part de Hodge au pub en se saoulant sans réprimande. "Considérez à quel point vous devez être studieux dans la lecture et l'apprentissage des Écritures... et pour cette même raison, à quel point vous devez abandonner et mettre de côté (autant que vous le pouvez) tous les soucis et études du monde." Hélas pour les vanités particulières des ecclésiastiques de campagne ; celui-ci botanise, et celui-là zoologue , et un autre géologue, et un quatrième se consacre à son jardin, et un cinquième à ses volailles, et un sixième à ses cultures, sans parler de ceux qui ornent le banc des magistrats et sévèrement.

condamnez les méchants braconniers, les vieilles femmes pécheresses qui ramassent des bâtons, et les enfants qui volent des fleurs. On peut affirmer qu'aucun groupe d'hommes ne pourrait vivre la vie décrite dans cette exhortation : d'accord ; mais alors, pourquoi prétendre qu'ils sont tenus de le vivre, et menacer d'horribles châtiments s'ils n'accomplissent pas l'impossible ? En outre, l'évêque exprime l'espoir qu'ils ont bien réfléchi à toute la question et qu'ils ont "clairement décidé, par la grâce de Dieu... que vous vous appliquerez entièrement à cette seule chose et que vous dirigerez ainsi tous vos soucis et vos études". Quand vient le temps de poser des questions aux candidats, ce point même en constitue une : « Serez-vous diligents dans les prières, dans la lecture des Saintes Écritures et dans les études qui aident à leur connaissance, en posant à part l'étude du monde et de la chair ? Et les candidats promettent solennellement de faire ce dont ils doivent savoir qu'ils n'ont pas l'intention de faire. On pourrait en outre affirmer que l'ingérence perpétuelle imposée au prêtre dans cet office ferait de cet individu une nuisance parfaite pour ses paroissiens s'il essayait de le mettre en pratique, et qu'il verrait probablement très souvent ses ministères interrompus par une accentuation désagréable. . La consécration suit en temps voulu : « Recevez le Saint-Esprit pour l'office et le travail d'un prêtre dans l'Église de Dieu... À qui vous pardonnez les péchés, ils sont pardonnés ; et à qui vous retenez les péchés, ils sont retenus. Et pourtant, certains prétendent que l'Église d'Angleterre ne sanctionne pas un sacerdoce absolvant ! Si ces mots ont un sens, ils signifient que les jeunes gens maintenant ordonnés ont entre leurs mains le pouvoir le plus terrible, qu'ils peuvent, en vérité, verrouiller et déverrouiller le ciel, car par leur absolution le pécheur pardonné peut entrer, tandis que par leur rétention de ses péchés, il peut être exclu. Quelle autorité alors est immense, ainsi confiée à des mains si jeunes et si inexpérimentées ! Et un tel pouvoir ne doit sûrement pas être gaspillé ? Il est sûrement du devoir de ces prêtres d'exhorter continuellement les gens à rechercher et à donner continuellement l'absolution. Pourquoi un pécheur devrait-il mourir sans se dépouiller, alors qu'une telle mort peut être évitée grâce à la diligence du prêtre ? La vie serait impossible si tout cela croyait réellement ; quel prêtre pourrait vivre dans un confort raisonnable si cela était vrai et réalisé ? Toutes les choses terrestres sombreraient dans l'insignifiance et la vie deviendrait une lutte désespérée pour sauver et absoudre ceux qui périssent ; la vraie croyance finirait ses jours dans un asile de fous.

La consécration de l'archevêque ou de l'évêque est un peu plus cérémonieuse, mais son caractère est identique aux offices précédents. La promesse de bannir et de chasser toute doctrine erronée et étrange contraire à la parole de Dieu est une promesse dont l'accomplissement amène aujourd'hui les malheureux évêques dans de nombreux ennuis dans la chair. Car lorsqu'un Colenso « descend comme un loup sur le troupeau », et qu'un fidèle évêque d'Oxford lui interdit de déchirer les agneaux de son troupeau, aussitôt les gens murmurent « bigot », « étroit d'esprit », « tyrannie », avec diverses d'autres adjectifs et noms désagréables. Pourtant, il ne fait aucun doute que celui d'Oxon ne faisait qu'obéir à son vœu d'ordination. En vérité, l'esprit de liberté actuel est complètement en conflit avec l'esprit de ces fonctions, et le seul effet de leur maintien est de créer des hypocrites et des transgresseurs de vœux. Il n'est pas non plus juste de juger trop sévèrement ceux qui rompent ces vœux insensés, car un homme peut honnêtement penser qu'il peut mieux servir sa génération en tant que pasteur, et peut avoir une croyance générale dans le christianisme, et il peut alors faire valoir qu'il ne peut pas permettre lui-même doit être tenu à l'écart d'une vaste sphère de notre richesse par quelques vœux obsolètes. Il est dommage que des hommes, dont le bon sens est trop fort pour se laisser lier par des promesses insensées faites dans l'ignorance dans leur jeunesse, ne s'unissent pas sérieusement pour enlever cette pierre d'achoppement devant les pieds de la génération suivante, de sorte que, s'ils Estimant que leur église est précieuse, ils peuvent la préserver en l'adaptant aux réalités du XIXe siècle au lieu de celles du XVIe siècle, et peuvent faire de ses services quelque chose de plus qu'une farce, de ses cérémonies quelque chose de mieux qu'un spectacle.

LES ARTICLES.

Il est un peu difficile de déterminer dans quelle mesure les trente-neuf articles de l'Église d'Angleterre – « les quarante rayures sauf un » – sont contraignants ou non pour ses membres. Il ne fait aucun doute, bien entendu, qu'ils esquissent avec précision ses doctrines et que tous ses enfants fidèles devraient les accepter et les croire avec une piété dévote, mais pratiquement aucun dogme ne peut être imposé par la loi aux laïcs, l'esprit même de l'époque étant tout entier. directement opposés à une telle application. Mais il ne fait aucun doute que ces articles sont à la fois juridiquement et moralement contraignants pour le clergé, dans la mesure où il s'y soumet volontairement et déclare sa pleine et libre croyance en eux lorsqu'il entre dans la jouissance de tout bénéfice de l'établissement. La Déclaration royale, préfixée aux articles, est suffisamment radicale et décisive. "Les articles de l'Église d'Angleterre contiennent la véritable doctrine de l'Église d'Angleterre conforme à la parole de Dieu ; que nous ratifions et confirmons donc, exigeant que tous nos sujets aimants continuent dans la profession uniforme de celle-ci, et interdisant la moindre différence avec lesdits articles." Après cette déclaration distincte, il nous est ordonné « que personne par la suite n'imprimera ou ne prêchera pour retirer l'article d'une manière ou d'une autre, mais qu'il s'y soumettra dans le sens clair et complet de celui-ci ; et qu'il ne mettra pas son propre sens ou son commentaire à l'épreuve. sera le sens de l'article, mais il le prendra au sens littéral et grammatical. Lorsqu'un étranger a lu cette déclaration, il devient pour lui un des mystères de la foi de savoir comment des gentlemen anglais, des hommes honnêtes et honorables dans tout le reste, parviennent à accepter des vivres à condition de déclarer leur pleine concordance avec ces articles, et ensuite les tordons délibérément dans des significations non naturelles, afin qu'ils puissent être catholiques romains ou latitudinaires, selon l'opinion des lecteurs. On peut certainement admettre que le « sens littéral et grammatical » est très souvent absurde et ne peut donc être cru ; parfaitement vrai : mais ces honnêtes gens n'ont pas le droit de donner le poids de leur culture et de leur bonté pour soutenir cette Église en chute, dont ils ne pourront jamais accepter les dogmes, qu'en transfigurant leur déraison en raison, et leur folie en sagesse. Beaucoup d'ignorants, d'insouciants et d'incultes sont retenus comme membres nominaux de l'Église anglicane parce que le clergé de la Broad Church lui jette un mirage ; mais leur position ne peut pas être trop fortement réprouvée, *tant qu'ils ne font aucun effort pour modifier ce en quoi ils ne croient pas, tant qu'ils soutiennent silencieusement des superstitions qui, sans leur aide, se seraient depuis longtemps effondrées en ruine.*

L'article I. traite de la « Foi en la Sainte Trinité ». La plupart des croyances, et certainement toutes les croyances orientales, se regroupent autour d'une

Trinité ; la racine du culte de la Trinité est profondément ancrée dans la nature de l'homme, car c'est le culte de la vie universelle, localisée chez l'individu donneur de vie, sous le symbole de l' emblème phallique, créateur de chaque existence nouvelle. . La Trinité chrétienne a, naturellement, dépassé la barbarie primitive du culte de la Nature, tout en préservant la Trinité dans l'unité : « Il n'y a qu'un seul Dieu vivant et vrai, éternel, sans corps, sans parties ni passions... et dans l'unité de ce Dieu. Dieu, il y a trois personnes, d'une seule substance, puissance et éternité ; le Père, le Fils et le Saint-Esprit. " Jusqu'à présent, nous avons voyagé sous la direction de l'Église, et nous avons devant nos yeux un seul Dieu, incorporé . , sans passion, indivisible, et pourtant divisé en trois « personnes », impliquant ainsi trois individualités, séparent l'une de l'autre. Rappelons-nous que le Père est Dieu, le Fils est Dieu et le Saint-Esprit est Dieu, mais que puisqu'il n'y a qu'un seul Dieu, le Père est le Fils et le Fils est le Saint-Esprit, et puisque le Père est le le Fils, et le Fils est le Saint-Esprit, le Père et le Saint-Esprit doivent nécessairement être identiques. Article II. nous enseigne que « le Fils, qui est la parole du Père, engendré de toute éternité du Père, le Dieu même et éternel, et d'une seule substance avec le Père, a pris la nature d'homme dans le sein de la bienheureuse Vierge, de sa substance ». ;" le Fils : c'est-à-dire la Deuxième Personne dans la Trinité indivise et indivisible : « engendré de toute éternité du Père » ; mais le Père est un avec le Fils, car tous deux sont Dieu, et pourtant il n'y a qu'un seul Dieu, et donc Fils et Père sont des termes interchangeables ; le Fils est donc engendré de lui-même de manière éternelle, car dans le seul vrai Dieu aucune division n'est possible, et « tel est le Fils » ; et de plus, le Fils, étant le Fils, et en même temps identique à son propre Père, prend la nature de l'homme : alors le Père et le Saint-Esprit doivent aussi prendre la nature de l'homme, car « tel que le Fils est le Père, et tel est le Père ». tel est le Saint-Esprit : » et Dieu, « sans corps », prend le corps de l'homme, et « sans parties » est crucifié, et « sans passions » souffre. Mais le Fils meurt « pour nous réconcilier son Père » ; mais il est son Père, et son Père, c'est lui-même. Le seul Dieu vivant et vrai peut-il mourir pour se réconcilier avec lui-même et s'offrir un sacrifice pour apaiser sa propre colère ? L'incorporé est cloué sur la croix : l'impassible souffre : l'immortel meurt : le Dieu unique sur terre est offert pour apaiser le Dieu unique au ciel, et il n'y a qu'un seul Dieu vivant et vrai. S'il en est ainsi, soit le Dieu du ciel, soit le Dieu de la terre doit avoir été un faux Dieu, car il n'y a qu'un seul vrai Dieu : et le Père, le Fils et le Saint-Esprit, qui doivent rester indivisibles dans la pensée, s'accrochent à eux. la croix, comme sacrifice au Père, au Fils et au Saint-Esprit, et crions, étant le seul vrai Dieu, à « mon Dieu, mon Dieu » qui s'est abandonné. Et tout cela « pour nous réconcilier le Père », le Père qui est « sans passions », et qui donc ne peut se mettre en colère ni avoir besoin de réconciliation. "De même que Christ est mort pour nous et a été enterré, de même il faut croire qu'il est descendu aux enfers." *En* enfer; quelle direction descend d'un globe rond ? Dans l'ancienne conception de l'univers, la terre était plate, avec le ciel au-dessus et l'enfer en dessous, et Coré , Dathan et Abiram , lorsque la terre ouvrit la bouche, « descendirent rapidement (vivants) en enfer » : Jésus fit-il de même ? ? Mais, pendu à la croix, il dit au larron pénitent : « *Aujourd'hui* tu seras avec moi au paradis. » Le paradis est-il le même enfer ? et le ciel est-il identique aux deux ? Jésus est monté, il est monté, et non il est descendu, au ciel : s'il en était ainsi, une certaine confusion ne pourrait-elle pas surgir en cours de route, car une âme partant d'Australie en route vers l'enfer, pourrait être trouvée en train de s'envoler d'Angleterre après quelques heures. ' voyage. Le paradis et l'enfer sont-ils tous deux partout dans le monde, et si oui, pourquoi l'un est-il « en haut » et l'autre « en bas » ? Rome avait raison et était sage lorsqu'elle s'opposait sévèrement à la théorie héliocentrique ; un globe en rotation détruit toutes les vieilles notions du « ciel en haut », de « l'eau sous la terre » et de l'enfer en bas ; et c'était un argument fort contre la sphéricité de la terre que « au jour du jugement, les hommes de l'autre côté du globe ne pouvaient pas voir le Seigneur descendre dans les airs ». Le quatrième article nous enseigne que le Christ « a repris son corps, avec la chair, les os et tout ce qui appartient à la perfection de la nature de l'homme ; *avec lequel* il est monté au ciel et y est assis ». Corps, chair, os et tout ce qui appartient à la nature de l'homme ; les souhaits, les appétits et les besoins, le cœur et les poumons, par exemple ; et il les a emmenés au-delà de l'atmosphère ? des poumons pour respirer là où il n'y a pas d'air ? cœur à battre là où aucun oxygène ne peut purifier le sang ? de la chair et des os parmi des esprits purs ? la forme de l'homme assis sur le trône de Dieu ? et cette chair, ces os, etc., tous un avec l'indivisible, du Dieu sans corps ni parties, et Jésus, Fils de Marie, l'homme crucifié, assis dans sa chair et ses os dans le ciel, pour ne pas être séparé en pensée du un Dieu vivant et vrai, sans corps, sans parties ni passions. Tel est le « sens littéral et grammatical » des quatre premiers articles, et analyser le cinquième, « du Saint-Esprit », serait simplement répéter tout cela. a été dit plus haut, puisque « tel est le Fils, tel est le Saint-Esprit ». Ne peut-on pas dire à juste titre que la croyance en la Trinité dans l'Unité est la négation de la pensée, et que la foi n'est possible que là où s'arrête la raison ?

1 Cor. XV. 50.

Article VI. traite de « la suffisance des Saintes Écritures pour le salut » et établit le Canon selon lequel tout ce qui n'est pas susceptible d'être prouvé par la Bible ne doit être « exigé de personne qu'il soit cru comme un article de foi, ou qu'il soit considéré comme un article de foi ». requis ou nécessaire au salut. L'inverse de cette proposition, selon laquelle les dogmes qui peuvent en être prouvés *sont* nécessaires au salut, n'est pas censé lier l'Église, et certains « dépravants » notables des Écritures ont réussi à échapper à cet article. La liste des livres présentés comme ceux « dont l'autorité n'a jamais été mise en doute dans l'Église » semble sujette à de graves objections, dans la mesure où l'autorité de nombreux livres désormais considérés comme canoniques a été clairement contestée. "L'histoire de Jonas est tellement monstrueuse qu'elle est absolument incroyable." "Job n'a donc pas parlé tel qu'il est écrit dans son livre." "Isaïe a emprunté tout son art et sa connaissance à David." Ainsi, parmi de nombreuses autres critiques avisées, a écrit Luther. Remonter plus en arrière, c'est se trouver face à de nombreux défis. L'épître aux Hébreux est d'une authenticité des plus douteuses. La 2e épître de Pierre et celle de Jude sont discutables. La Révélation de saint Jean le Divin fut reçue très lentement, et les deux épîtres plus courtes qui portent son nom sont reconnues de manière douteuse . Si l'on veut recevoir seulement les livres dont « il n'y a jamais eu aucun doute dans l'Église », la liste canonique doit être débarrassée de la plupart de ses ornements. Lorsque l'article VII. nous dit que les préceptes cérémoniaux et civils de l'Ancien Testament ne nous engagent pas, il semble dommage qu'il n'y ait pas de test permettant aux personnes ignorantes de faire la distinction entre les "commandements appelés moraux" et les autres. L'ordre de persécuter les non-croyants en Jéhovah (Deut. XIII, XVII. 2-7) est-il contraignant aujourd'hui ? L'ordre de mettre à mort les sorcières (Lév. XX, 27) est-il contraignant aujourd'hui ? John Wesley a déclaré que la croyance en la sorcellerie incombait à tous ceux qui croyaient à la Bible, et si la sorcellerie était possible à l'époque, pourquoi pas maintenant ? ou Dieu a-t-il changé d'avis quant à la méthode appropriée pour traiter de telles personnes ? Les commandements enjoignant et réglementant l'esclavage (Ex. XXI. 2-6, et 20, 21 ; Lév. XXV. 44-46 ; Deut. XV. 12-18) sont-ils destinés à guider les propriétaires d'esclaves d'aujourd'hui ? Qu'est-ce qui rend les « commandements appelés moraux » – par lesquels nous pouvons présumer qu'il s'agit des dix commandements – plus contraignants pour les « hommes chrétiens » que les autres parties de la loi ? Le Quatrième Commandement est essentiellement juif et n'est pas respecté parmi les chrétiens. Le Deuxième Commandement est invariablement ignoré et le Cinquième promet une récompense qui n'est pas donnée. Les commandements touchant le meurtre, l'adultère, le vol, le mensonge ne sont pas propres au code mosaïque. On les retrouve dans toute législation morale et elles sont contraignantes, non pas parce qu'elles ont été enseignées par Moïse ou par Bouddha, mais parce que leur observance est nécessaire à l'existence de la société. Des trois Symboles de l'Église dont nous avons déjà parlé, passons donc à l'article IX, « du péché originel ou de naissance ». Il semble qu'une faute et une corruption de la nature soient naturellement « engendrées par la progéniture d'Adam », et que cette faute « chez toute personne née dans le monde mérite la colère et la damnation de Dieu ». Cela ne semble guère juste, puisque le consentement de l'enfant n'est pas demandé avant qu'il ne vienne au monde et que la faute de sa naissance ne lui appartient donc pas. Comment, alors, l'enfant peut-il *mériter* la colère et la damnation de

Dieu ? Et puisque l'article X suivant nous informe que notre condition est telle qu'un homme « ne peut se tourner et se préparer, par sa propre force naturelle et ses bonnes œuvres, à la foi et à l'invocation de Dieu », il semble terriblement injuste que l'enfant ou l'homme devraient être maudits parce qu'ils ne font pas ce que Dieu les a rendus incapables de faire. Il serait tout aussi raisonnable de torturer un homme pour ne pas voler sans ailes, que Dieu de punir l'homme pour être né de la race d'Adam et pour ne pas se tourner vers Dieu alors que le pouvoir de le faire lui est refusé ; car « nous n'avons *aucun pouvoir pour faire de bonnes œuvres* ... sans la grâce de Dieu par Christ », et lorsque cette grâce n'est pas donnée, nous restons impuissants et sans force, incapables de faire le bien. Aucun de nos actes ne peut non plus nous rendre aptes à recevoir la grâce de Dieu, car (Article XIII.) « Les œuvres accomplies avant la grâce du Christ et l'inspiration de son Esprit *ne sont pas agréables* à Dieu... et ne rendent pas non plus les hommes se réunissent pour recevoir la grâce... oui, plutôt, pour qu'ils ne soient pas faits comme Dieu l'a voulu et ordonné qu'ils soient faits, *nous ne doutons pas qu'ils aient la nature du péché* . De sorte que si un bon et noble païen, qui n'a jamais entendu parler de Christ et dont les bonnes actions ne peuvent donc pas « jaillir de la foi en Jésus-Christ », accomplit une action noble ou fait preuve d'une certaine charité bienveillante, ses bonnes actions sont de « la nature du péché », et en fait le rendent un peu plus mal qu'avant : comme le disait Mélanchthon , ses vertus ne sont que des « vices splendides », car faites sans foi en une personne dont il n'a jamais entendu parler. Car (Art. XVIII.) «sont maudits ceux qui prétendent dire que tout homme sera sauvé par la loi ou la secte qu'il professe , de sorte qu'il s'applique à structurer sa vie selon cette loi, et la lumière de nature : " " nous sommes considérés comme justes devant Dieu (Art. XI.) *uniquement* pour le mérite de notre Seigneur et Sauveur Jésus-Christ par la foi, et *non pour nos propres œuvres et nos mérites* . " Ainsi, nous apprenons que Dieu ne se soucie pas de la justice de la vie, mais seulement de la foi aveugle, et qu'il nous envoie dans un monde sous sa malédiction, sans aucune chance de salut, sauf en atteignant une foi qu'il donne ou retient à son gré. , et que nous ne pouvons rien faire de nous-mêmes pour mériter, encore moins pour obtenir. Pour couronner cette belle théorie, nous apprenons : Article XVII. « de prédestination et d'élection » : — la prédestination à la vie, semble-t-il, « est le dessein éternel de Dieu par lequel (avant que les fondations du monde ne soient posées) il a constamment décrété par son conseil, secret pour nous, de délivrer de la malédiction et de l'élection. damnation ceux qu'il a choisis en Christ parmi les humains, et pour les amener par Christ au salut éternel, comme des vases faits pour honorer . Mais si cela est vrai, l'homme n'a aucun choix en la matière ; car non seulement la grâce pour bien faire est un don de Dieu, mais l'acceptation de ce don par l'homme est également obligatoire. Dieu a arrangé, avant de créer le monde, combien de personnes et qui il sauvera. Que devient alors le libre arbitre tant vanté de l'homme ? Avant la création, Dieu a dessiné le plan de chaque vie humaine, et comme le potier façonne l'argile ductile dans la forme qu'il désire, ainsi Dieu façonne sa poterie humaine selon sa propre volonté en « vases faits pour le salut » ou faits pour le déshonneur . Parler de la liberté de l'homme est une parodie. Quelle liberté avaient Adam et Ève au Paradis ? "Ils auraient pu se tenir debout :" non ; car « l'Agneau n'a-t-il pas été immolé dès la fondation du monde » ? Avant que le péché ne soit commis, Dieu en avait fait l'expiation. Si Adam était libre de ne pas pécher, alors il serait possible qu'il n'ait pas péché, et alors Dieu aurait offert un sacrifice inutile et aurait eu un Sauveur sans personne à sauver, de sorte qu'il aurait été nécessaire de pourvoir à ses besoins. un pécheur afin d' utiliser le sacrifice. Toute idée de justice est ici horriblement impossible ; Dieu a prédestiné certains êtres humains *parmi l'humanité* . Il les appelle « au temps convenable » ; "par grâce, ils obéissent à l'appel;" "ils sont justifiés gratuitement... et enfin, par la miséricorde de Dieu, ils atteignent la félicité éternelle." Et les autres , ceux qui ne sont *pas* prédestinés ; ceux qui ne sont *pas* appelés ; ceux à qui *aucune* grâce n'est donnée ; ceux qui ne sont *pas* justifiés librement ; ceux qui n'ont pas la miséricorde de Dieu pour les aider ; qu'en est-il d'eux ? Fabriqués par Dieu, les créatures de sa main, les vases de son modelage , l'argile de son façonnage, sont-ils jetés dans l'étang de soufre, dans le feu qui ne s'éteindra jamais, simplement parce que Dieu dans « sa souveraineté » les a mis — inconscient — sous sa malédiction et les a laissés là, ajoutant à la cruauté de la création la cruauté plus sauvage de la préservation ? Non! que de tels actes soient accomplis par Dieu ou par un homme, ils seraient terriblement mauvais. Le pouvoir tout-puissant n'est pas une excuse pour le crime, et le Dieu des articles de l'Église d'Angleterre est un gigantesque criminel, qui utilise sa toute-puissance pour créer la vie afin de la tourmenter et pour créer des êtres sensibles voués d'avance à l'agonie la plus amère, au malheur le plus aigu. . Un tel abus de pouvoir ne peut que rencontrer la plus forte réprobation de la part de tous les êtres moraux ; un pouvoir illimité tourné à des fins mauvaises peut nous piétiner et nous écraser jusqu'à l'impuissance, mais il ne peut jamais nous forcer à adorer, ni nous contraindre à adorer.

On peut dire que ces dix-huit premiers articles de l'Église contiennent les points les plus saillants de l'enseignement de l'Église, et il est inutile de souligner l'impossibilité totale pour des hommes et des femmes raisonnables et au cœur doux de croire au « plan de salut » esquissé. dehors en eux. Ils sont instinctifs avec la théologie cruelle de Calvin et de Zwingli et impliquent (bien qu'ils ne le formulent pas aussi clairement) le point de vue des articles de Lambeth de 1595, selon lequel « Dieu de l'éternité a prédestiné certains hommes à la vie ; *il a certain qu'il les a réprouvés* . " Ces articles anglicans doivent être considérés comme enseignant la prédestination à la damnation ainsi qu'au salut, puisque ceux qui ne sont pas appelés à la vie doivent inévitablement mourir. La section suivante – pour ainsi dire – des articles traite des affaires de l'Église, définissant l'autorité des Églises et des conciles et expliquant la « doctrine des sacrements ». C'est avec eux que se disputent principalement le parti de la Haute Église, car l'article vingt et unième, reconnaissant que les conciles généraux peuvent se tromper et avoir commis des erreurs, frappe à la racine de l'infaillibilité de l'Église universelle, si chère à l'âme sacerdotale. Les articles sur les sacrements tendent également quelque peu vers la vision de l'Église basse à leur égard et s'attardent davantage sur la foi du destinataire que sur la consécration du prêtre. L'article (XXXIII.) contre les « personnes excommuniées », ordonnant qu'une telle personne « soit prise parmi toute la multitude des fidèles, comme païen et publicain, jusqu'à ce qu'il soit ouvertement réconcilié par la pénitence », est dûment cru et souscrit. par les ecclésiastiques, mais n'a plus de véritable signification aujourd'hui. Si l'article trente-cinquième était appliqué, quelques curiosités de la littérature anglaise animeraient les Églises ; car cet article ordonne au clergé de lire les homélies : « nous jugeons qu'elles doivent être lues dans les églises par les ministres, avec diligence et distinction, afin qu'elles puissent être comprises du peuple ». Il est vraiment dommage que cette direction ne soit pas suivie, car certaines des doctrines barbares du christianisme populaire seraient alors vues telles qu'elles sont décrites par des hommes qui y croyaient profondément, au lieu d'être connues seulement telles qu'elles nous sont présentées. -aujourd'hui, avec une partie de leur difformité cachée sous les robes tissées pour eux par la civilisation moderne , où l'humanité est devenue trop grande pour le vieux christianisme et où la raison des hommes châtie leur foi. Les trois derniers articles touchent aux questions civiles, reconnaissant la suprématie royale et traitant d'autres questions relatives à César, mais à la frontière entre lui et Dieu.

Tels sont les articles de l'Église ; cru par peu, inconnu de beaucoup, ignoré de tous, parce que la religion est pratiquement une question d'indifférence pour la plupart, et tandis que la coutume et la mode imposent la conformité à l'Église, le cerveau ne se donne pas la peine d' analyser cette affirmation ou d'en peser les conditions. d'allégeance. Les hommes sont devenus si sceptiques qu'ils considèrent toutes les croyances avec indifférence, et l'incrédulité à moitié conçue du clergé, soupirant avec des réserves mentales et affirmant formellement sa croyance là où la pensée et les lèvres sont en désaccord, semble avoir rongé le cœur. toute l'honnêteté religieuse en Angleterre, et les hommes mentent à Dieu qui se révolteraient de mentir à l'homme. Si la croyance dans les Articles appartient désormais au passé, alors les Articles devraient également disparaître ; Si les hommes d'Église ont dépassé ces dogmes, pourquoi leur permettent-ils de défigurer leur Livre de prières, de piquer « les traits des sceptiques et de donner du pouvoir au ricanement des moqueurs ?

LE CATECHISME DE L'ÉGLISE D'ANGLETERRE

Les hommes sages, à l'époque moderne, s'efforcent sincèrement et avec zèle de libérer, autant que possible, la religion de l'effet restrictif et asphyxiant des croyances et des formulaires, afin qu'elle puisse se développer avec la pensée grandissante du jour. Les croyances sont comme des moules en fer dans lesquels la pensée est versée ; ils peuvent être suffisamment adaptés à la manière dont ils sont formulés ; ils peuvent être suffisamment aptes à consacrer la phase de pensée qui les a conçus ; mais ils sont fatalement inadaptés et impropres aux jours qui suivront longtemps et à la pensée des siècles qui suivront. "Personne ne met du vin nouveau dans de vieilles outres, sinon le vin nouveau briserait les outres, et le vin se répandrait, et les outres seraient abîmées; mais il faut mettre le vin nouveau dans des outres neuves." Le vin nouveau de la pensée du XIXe siècle est versé dans les vieilles outres des croyances du quatrième siècle : et les formules du seizième siècle, et le vin nouveau fort fait éclater les bouteilles, tandis que le vin nouveau faible qui ne peut pas les faire éclater y fermente en vinaigre, et devient souvent nocif et toxique. Que le vin nouveau soit versé dans des outres neuves ; laissez la nouvelle pensée façonner sa propre expression ; et alors les vieilles bouteilles seront conservées intactes comme de curieux spécimens de l'antiquité, au lieu d'être brisées en morceaux parce qu'elles gênent le monde. Rien n'est plus dépréciable dans un mouvement nouveau et vivant que la formulation en croyances des pensées qui l'inspirent et l'imposition de ces croyances à ceux qui le rejoignent. Le mieux que l'on puisse faire pour donner de la cohérence à un vaste mouvement est de présenter une déclaration de quelques doctrines cardinales qui n'interfèrent pas avec la pleine liberté de pensée divergente. Ainsi, les rationalistes pourraient considérer comme la déclaration de leur pensée centrale que « la raison est suprême », mais ils détruiraient l'avenir du rationalisme s'ils formulaient dans un credo l'une des conclusions auxquelles leur propre raison les a conduits à l'heure actuelle. car ce faisant, ils stéréotyperaient la pensée du XIXème siècle pour restreindre la pensée du XXème siècle, qui sera plus vaste, plus complète, plus instruite que la leur. Les libres penseurs peuvent déclarer comme symbole le droit de penser et le droit d'exprimer leur pensée, mais ne devraient jamais revendiquer la déclaration par d'autres d'une forme particulière de libre pensée, avant de les reconnaître comme libres penseurs. Les groupes d'hommes qui s'unissent dans une société dans un but précis peuvent légitimement formuler un credo auquel doivent souscrire ceux qui les rejoignent, mais ils doivent toujours se rappeler qu'un tel credo perdra de sa force dans le temps à venir et que, même s'il ajoute maintenant de la force et du point à leur mouvement, cela limite également sa durée utile, si l'on veut le maintenir inaltérable, car à mesure que les circonstances changent, des besoins différents surgiront, et une nouvelle expression des moyens pour répondre à ces besoins deviendra nécessaire. Une société sage, en formant une croyance, laissera entre les mains de ses membres le plein pouvoir de la réviser, de l'amender, de la modifier, afin que la pensée vivante au sein de la société puisse toujours avoir libre cours. Un credo doit être l' expression d' *une pensée vivante* et être façonné par elle, et non le squelette d'une pensée morte, façonnant l'intellect de ses héritiers. La force d'une société réside dans la diversité, et non dans l'uniformité, de la pensée de ses membres, car le progrès ne peut se faire que par la pensée hérétique, *c'est-à-dire* en contradiction avec la pensée dominante. Toute Vérité est nouvelle à un moment ou à un autre, et le plus grand encouragement devrait donc être donné à une expression libre et sans peur, car seule une telle expression est possible la promulgation de nouvelles vérités. Une époque d'avancement est toujours une époque d'hérésie ; car l'avancement vient du questionnement, et le questionnement naît du doute, et par conséquent le progrès et l'hérésie marchent toujours main dans la main, tandis qu'un âge de foi est aussi un âge de stagnation.

Tous les arguments qui peuvent être opposés à un credo stéréotypé destiné aux adultes s'opposent avec une force décuplée à un catéchisme stéréotypé destiné aux enfants. S'il est mal de vouloir façonner la pensée de ceux dont la maturité devrait être capable de les protéger contre les pressions extérieures, il est certainement bien plus mal de façonner la pensée de ceux dont la raison encore incertaine est malléable entre les mains du formateur. Le catéchisme est une sorte de camisole de force mise aux enfants, qui leur interdit toute liberté d'action ; et même si le cerveau de l'enfant doit être cultivé et développé, il ne doit jamais être entraîné à fonctionner dans un sillon de pensée particulier. L'éducation doit apprendre aux enfants *à* penser, mais ne doit jamais leur dire *quoi* penser. Il doit aiguiser et polir les instruments de la pensée, mais ne doit pas les fixer dans une machine conçue pour découper une forme particulière de pensée. Il devrait envoyer les jeunes dans le monde avec un jugement aiguisé, des yeux clairs, réfléchis, avides, curieux, mais il ne devrait pas les envoyer avec des réponses tranchées à chaque question, avec des opinions toutes faites pour eux et des dogmes cloués au but. dans leur cerveau. La plupart des églises ont fourni de la sciure de catéchisme pour la nourriture des agneaux de leur troupeau ; Catholiques romains, Églises anglicanes, presbytériens, ils ont tous leurs moules juvéniles . Le catéchisme de l'Église anglicane est peut-être le moins préjudiciable de tous, parce que l'Église anglicane est le résultat d'un compromis et que les parties les plus offensantes de ses dogmes sont supprimées des formulaires publics. Il porte un léger tablier de feuilles de figuier par déférence pour l'effet produit par la consommation de l'arbre de la connaissance. Mais le catéchisme de l'Église anglicane est déjà assez mauvais, car il entraîne l'enfant à croire les choses les plus impossibles avant d'être assez vieux pour tester leur impossibilité. Pour l'époque qui croit à Jack-and-the-bean-stalk et aux aventures de Cendrillon, tout est possible ; que ce soit Jonas dans le ventre de la baleine, ou Tom Thumb dans le ventre de la vache rouge, tout est avalé avec joie, avec une foi implicite ; les enfants grandissent à partir de Tom Thumb, au cours de la nature, mais il ne leur est pas permis de sortir de Jonas.

Lorsque le bébé est amené aux fonts baptismaux pour faire diverses promesses dont il est profondément inconscient - même si bruyamment il peut parfois exprimer son profond dégoût face à tout cela - les parrains et les marraines sont invités à veiller à ce que l'enfant soit "amené à l'évêque pour être confirmé par lui, dès qu'il pourra réciter le Symbole , le Notre Père et les Dix Commandements, dans la langue vulgaire, et être instruit davantage dans le Catéchisme de l'Église établi à cet effet." Il est à peine nécessaire de dire que ces paroles, qui figurent dans le Livre de prières, ne doivent pas être prises à la lettre, et que l'évêque serait très étonné si tous les petits enfants de l'école du dimanche, capables de répéter avec désinvolture la leçon requise, devaient lui être amenés pour confirmation. En effet, la grande majorité des parrains et des marraines ne se soucient pas du tout de voir leurs filleuls être confirmés, et les enfants sont envoyés vers l'âge de quinze ans, époque à laquelle la plupart d'entre eux qui sont au-dessus du dimanche En cours de scolarité, ils sont rapidement « bourrés » de catéchisme, qu'ils oublient aussi vite une fois passée la journée de confirmation.

Le prénom de l'enfant étant donné en réponse à la première question du Catéchisme, la seconde enquête se poursuit : « Qui vous a donné ce nom ? On apprend à l'enfant à répondre : « Mes parrains et marraines lors de mon baptême ; par lequel je suis devenu membre du Christ, enfant de Dieu et héritier du royaume des cieux. Ainsi, la première leçon gravée dans la mémoire de l'enfant est l'un des dogmes les plus répréhensibles de l'Église, celui de la régénération baptismale. Dans le baptême, il est « fait » quelque chose ; alors il devient quelque chose qu'il n'était pas auparavant ; selon l'office du baptême, il reçoit au baptême « ce qu'il ne peut avoir par nature », et étant sous la colère de Dieu, il est délivré de cette malédiction et est reçu pour « son propre enfant adoptif » ; il est également « incorporé » dans la « sainte Église » et devient ainsi « membre du Christ », faisant partie du corps dont Christ est la tête ; ceci étant fait, il est, bien sûr, un « héritier du royaume des cieux » par « l'adoption ».

On enseigne ainsi à l'enfant que, par nature, il est mauvais et maudit de Dieu ; qu'il était si mauvais en tant qu'enfant, que ses parents étaient obligés de laver ses péchés avant que Dieu ne l'aime. S'il demande quel mal il a fait pour qu'il ait besoin d'être purifié, on lui répondra qu'il hérite du péché d'Adam ; s'il demande pourquoi il devrait être maudit pour être né, et pourquoi, né dans le monde de Dieu selon la volonté de Dieu, il ne devrait pas par nature être un enfant de Dieu, on lui répondra que Dieu est en colère contre le monde et que tout le monde a un mauvais sentiment. la nature à leur naissance ; c'est ainsi qu'il apprend sa première leçon sur l'irréalité de la religion ; il est maudit pour le péché d'Adam, auquel il n'a eu aucune part, et pardonné pour la bonne action de ses parents, à laquelle il n'a pas contribué. Le tout est pour lui une pièce de théâtre jouée dans son enfance dans laquelle il était une marionnette, dans laquelle Dieu était en colère contre lui pour ce qu'il n'avait pas fait, et content de lui pour ce qu'il n'avait pas dit, et il sent par conséquent qu'il n'a ni part ni lot dans toute l'affaire, et que l'affaire ne lui appartient pas ; s'il est timide et superstitieux, il confiera sa religion à d'autres et confiera au prêtre le soin de terminer pour lui ce qu'Adam et ses parents ont commencé, en leur transférant à tous une responsabilité qui, selon lui, ne lui appartient pas en réalité.

L'irréalité s'approfondit dans la réponse suivante qui lui est mise dans la bouche : « Qu'ont alors fait pour vous vos parrains et marraines ? « Ils ont promis et fait vœu en mon nom de trois choses : premièrement, que je renonce au diable et à toutes ses œuvres, aux pompes et aux vanités de ce monde méchant, et à tous les désirs pécheurs de la chair. Deuxièmement, que je croie. tous les articles de la foi chrétienne. Et troisièmement, que je garde la sainte volonté et les commandements de Dieu, et que je marche dans ceux-ci tous les jours de ma vie. En revenant au service du baptême, nous constatons qu'on demande aux parrains et marraines : « Renonces- tu, *au nom de cet enfant* », etc., et ils répondent séparément : « Je renonce à tous », « Je crois fermement à tout cela ; " et lorsqu'on leur demande s'ils garderont la sainte volonté de Dieu, ils répondent toujours pour l'enfant : « Je le ferai ». Quelle force contraignante de telles promesses peuvent-elles avoir sur la conscience de quelqu'un lorsqu'il grandit ? Les promesses ont été faites sans son consentement ; pourquoi devrait-il les garder ? La croyance avait été vouée avant qu'il ne l'ait examinée ; pourquoi devrait-il le professer ? Aucune promesse faite au nom d'autrui ne peut lier celui qui n'a donné aucune autorité pour un tel usage de son nom, et le bébé inconscient, innocent de toute connaissance de ce qui est fait, ne peut jamais, en justice, être tenu responsable d'avoir violé une promesse. contrat à la rédaction duquel il n'a eu aucune part. Bentham proteste à juste titre contre « l'hypothèse implicite – nécessairement implicite – selon laquelle il est au pouvoir de toute personne – non seulement avec le consentement du père ou d'un autre tuteur, mais sans un tel consentement – de s'attacher à un enfant à sa naissance, et bien avant qu'il soit lui-même capable de donner son consentement à quoi que ce soit, avec le concours de deux autres personnes, toutes deux autoproclamées, le chargent d'un ensemble d'obligations - des obligations d'un caractère des plus terribles et des plus épouvantables - des obligations de l'État. nature des serments, dont tout ce qui est rendu visible et rien de plus est suffisant pour les rendre terribles - obligations auxquelles ni en quantité ni en qualité aucune limite n'est tentée ou ne peut être assignée.

Cette obligation, imposée à l'enfant dans son inconscience, le place dans une situation bien pire, s'il rejetait désormais la religion chrétienne, que si un tel engagement n'avait pas été pris en son nom. Il devient un « apostat » et est considéré comme ayant honteusement brisé sa foi ; elle se trouve dans des incapacités juridiques qu'elle ne subirait pas autrement, car de lourdes lois sont imposées à ceux qui, après avoir « professé la religion chrétienne », écrivent ou parlent contre elle. Ainsi, dès la petite enfance, une chaîne est forgée autour du cou de l'enfant qui l'enchaînera toute sa vie, et l'on profite de l'inconscience du bébé pour le soumettre à de terribles sanctions. En droit anglais, un mineur est protégé en raison de sa jeunesse ; nous avons sûrement besoin d'une minorité ecclésiastique, avant l'expiration de laquelle aucun contrat spirituel conclu ne devrait être exécutoire. Du point de vue religieux, l'apostasie est bien plus fatale que le simple non-christianisme. Keble écrit :

"Vaine pensée, cela ne sera pas du tout

Je me refuse, ou j'obéis,

Nos oreilles ont entendu l'appel du Tout-Puissant,

Nous ne pouvons pas être comme eux. »

Est-il juste de ne pas demander l'assentiment de l'enfant avant de rendre son cas pire que celui des païens s'il rejetait par la suite la foi à laquelle ses parrains lui promettent de croire ?

D'ailleurs, comme cette promesse est absurde pour un autre ; on apprend à un enfant à ne pas rompre *son* vœu de baptême, lorsqu'il n'a fait aucun vœu de ce genre ; Comment les parrains et marraines peuvent-ils garantir que l'enfant renoncera au diable, croira au christianisme et obéira à Dieu ? Il est assez insensé de faire une telle promesse pour soi-même alors que des circonstances changeantes peuvent nous obliger à la rompre, mais c'est une pure folie de faire une telle promesse au nom de quelqu'un d'autre. La promesse de « croire à tous les articles de la foi chrétienne » ne peut prendre effet que lorsque le jugement est suffisamment mûr pour être testé, accepté ou rejeté, et qui peut alors dire pour son frère : « il croira ». La croyance n'est pas une question de volonté, c'est une question de preuve ; si des preuves suffisantes soutiennent une affirmation, nous devons la croire, tandis que si les preuves sont insuffisantes, nous devons en douter. La croyance n'est ni une vertu ni un vice ; c'est simplement la conséquence de preuves suffisantes. La croyance théologique est exigée sur la base de preuves insuffisantes ; Une telle croyance est appelée, théologiquement, « foi », mais dans les affaires ordinaires, elle serait appelée « crédulité ». Parmi les renoncements, vient en premier lieu « le diable et toutes ses œuvres ». Bentham dit : « Le Diable, qui ou quoi est-il, et comment se fait-il qu'il soit *renoncé ?* Les œuvres du Diable, que sont-elles, et comment se fait-il qu'elles soient renoncées ? Appliquées au Diable, à qui ou à quoi que ce soit à qui il est - appliqué aux œuvres du Diable, quelles qu'elles soient - quelle sorte d'opération est *le renoncement ou la renonciation* ?

Des questions pertinentes, sûrement, et aucune d'entre elles ne peut répondre. Un tribunal s'est récemment saisi du diable et n'a pas pu le trouver ; « Comment le chrétien expliquera-t-il à l'enfant à qui il a renoncé dans son enfance ? Et en premier lieu, le diable lui-même, dont on fait mention si décidée et si familière, comme d'un homme que tout le monde connaît, où Est-ce qu'il vit ? Qui est-il ? Qu'est-ce qu'il est ? L'enfant lui-même, l'a-t-il déjà vu ? à avoir des relations avec lui ? Est - il en danger d'avoir, à sa connaissance, quelque sorte de relations avec lui ? Sinon, à quoi sert ce *renoncement ?* , qu'est-ce que cela veut dire ?

Mais à supposer qu'il y ait un diable et qu'il ait des œuvres, comment l'enfant pourrait-il y renoncer ? L'enfant n'a pas le diable en sa possession pour qu'il puisse l'abandonner comme s'il était un jouet nuisible. Autrefois, l'expression avait un sens précis ; les gens étaient censés être capables de faire du commerce avec le diable, de communier avec des esprits familiers et d'invoquer des diablotins pour exécuter leurs ordres ; « renoncer au diable et à toutes ses œuvres » était alors une promesse de n'avoir rien à voir avec la sorcellerie, la sorcellerie ou la magie ; considérer le diable comme un ennemi et ne tirer aucun avantage de son aide. Toutes ces croyances ont depuis longtemps disparu dans le « vieux magasin de curiosités » des détritus ecclésiastiques, mais on apprend encore aux enfants à répéter les vieilles phrases, à secouer les os desséchés que la vie a laissés si longtemps. Les chrétiens pourraient renoncer aux « pompes de ce monde méchant » s'ils le voulaient, mais ils montrent une étrange inconscience de leur vœu baptismal. Une réception à la cour est un exemple aussi bon que nous pourrions souhaiter du renoncement à la vaine pompe et à la gloire de ce monde méchant, et quand nous nous souvenons que les enfants qui apprennent le catéchisme dans leur enfance apprennent à viser à gagner ces pompes dans leur jeunesse et leur maturité, nous apprenons à apprécier le fait que les choses spirituelles ne peuvent être discernées que spirituellement. Ne serait-il pas bien que l'Église publie une « Explication du Catéchisme », afin que les enfants sachent à quoi ils ont renoncé ?

« Ne penses-tu pas que tu es obligé de croire et de faire ce qu'on t'a promis ? "Oui, en vérité, et avec l'aide de Dieu je le ferai. Et je remercie de tout cœur notre Père céleste de m'avoir appelé à cet état de salut, par Jésus-Christ notre Sauveur . Et je prie Dieu de me donner sa grâce, afin que Je peux continuer ainsi jusqu'à la fin de ma vie. » "Je suis obligé de croire... comme ils l'ont promis pour toi !" Au nom du bon sens, pourquoi ? Quelle merveilleuse affirmation de la part de n'importe quel groupe de personnes, qu'elles ont le droit de promettre ce que les autres croiront. Et l'enfant apprend à répondre à cette question absurde : « Oui, en vérité ». L'Église fait preuve de sagesse en apprenant aux enfants à répondre ainsi avant de commencer à penser, car ils n'admettront certainement jamais une affirmation aussi manifestement injuste que celle de croire qu'ils sont obligés de croire ou de faire quelque chose simplement parce que d'autres personnes ont dit qu'ils devraient le faire. Les sincères remerciements dus à Dieu « de m'avoir appelé à cet état de salut » semblent quelque peu prématurés et inutiles. Dieu, ayant créé l'enfant, est tenu de le mettre dans un « état » où l'existence n'impliquera pas de malédiction pour lui ; le « salut » est très douteux, car il dépend de diverses choses en plus du baptême. En outre, il est douteux que ce soit un avantage d'être en «état de salut», à moins d'être finalement sauvé, certains auteurs chrétiens semblant penser que la damnation est d'autant plus lourde qu'elle est encourue après avoir été mis en état de salut, de sorte que, dans l'ensemble, il serait probablement moins dangereux d'être païen. L'enfant doit alors « répéter les articles de sa croyance » et on lui apprend à réciter « le Symbole des Apôtres », *c'est* -à-dire un credo avec lequel les apôtres n'avaient rien à voir au monde. L'acte de croire doit sûrement être un acte intelligent, et quiconque prétend croire en une chose doit avoir une certaine idée de ce qu'est cette chose. Quelle idée un enfant peut-il avoir de la conception par le Saint-Esprit et de la naissance de la Vierge Marie, dans lesquelles il avoue croire à des mystères obscurs ? Après avoir récité ce credo inintelligible pour lui (comme pour tout autre), on lui demande : « Qu'apprends-tu principalement dans ces articles de ta croyance ? une question des plus nécessaires, puisqu'ils ne peuvent avoir transmis aucune idée à son petit esprit. Il répond : « Premièrement, j'apprends à croire en Dieu le Père, qui m'a créé ainsi que le monde entier. Deuxièmement, en Dieu le Fils, qui m'a racheté ainsi que toute l'humanité. Troisièmement, en Dieu le Saint-Esprit, qui me sanctifie . et tout le peuple élu de Dieu. Curieusement, les deux derniers paragraphes n'ont aucun parallèle dans le credo lui-même ; il n'y a aucun mot là-bas que le Fils est Dieu, ni qu'il a racheté l'enfant, ni qu'il a racheté toute l'humanité ; il n'est pas non plus dit que le Saint-Esprit est Dieu, ni qu'il sanctifie qui que ce soit. Comment l'enfant peut-il croire que Dieu le Fils a racheté *toute l'humanité* , alors qu'on lui enseigne que ce n'est que par le baptême qu'il a lui-même été amené à « cet état de salut » ? si tous sont rachetés, pourquoi devrait-il spécialement remercier Dieu d'avoir lui-même été appelé et sauvé ? si tous sont rachetés, quel est le sens de l'expression selon laquelle « tous les élus de Dieu » sont sanctifiés par le Saint-Esprit ? Assurément, tous ceux qui sont rachetés doivent également être sanctifiés, et les deux passages ne devraient-ils pas toucher uniquement les mêmes personnes ? Soit le Saint-Esprit devrait sanctifier toute l'humanité, soit Christ devrait racheter uniquement le peuple élu de Dieu. Une personne rachetée, mais non sanctifiée, semerait la confusion quant à sa véritable place lorsqu'elle arriverait dans les royaumes d'en haut ; Saint Pierre ne saurait où l'envoyer. Bentham remarque caustiquement : « Ici donc, dans ce mot, nous avons le nom d'une sorte de *processus* dont l'enfant est amené à dire qu'il se déroule en lui ; se déroule en lui à tout moment – se déroule en lui au moment même où il se déroule. À l'instant même, il en rend compte. Ce processus, alors, de quoi s'agit-il ? De quels sentiments est-il producteur ? Par quels signes et quels symptômes doit-il savoir si cela se produit réellement ou non en lui, comme il l'est ? forcé de dire que c'est le cas ? Comment se sent-il, maintenant que le Saint-Esprit le *sanctifie* ? Comment se sentirait-il, si une telle opération ne se déroulait pas en lui ? d'autre part, commettre *un péché* ; ou quelque chose qu'on lui dit et qu'on lui demande de croire est un *péché* : un événement qui ne peut manquer de se produire fréquemment, pour ne pas dire continuellement, si cela est vrai, ce que dans la Liturgie nous sommes tous faits ainsi. résolument de confesser et d'affirmer, c'est-à-dire que nous sommes tous, nous tous sans exception, autant de *« misérables pécheurs »*. Dans la salle de classe, faisant ce que ce catéchisme l'oblige à faire, disant ce qu'il est obligé de dire, l'enfant se déclare ainsi néanmoins sanctifié. De là, en allant à l'église, il s'avoue n'être qu'un homme sanctifié. *un misérable pécheur.* S'il n'est pas toujours ce misérable pécheur, alors pourquoi est-il toujours obligé de dire qu'il l'est ? S'il est toujours ce même misérable pécheur, alors cette sanctification, quelle qu'elle soit, que le Saint-Esprit s'est donné la peine de lui accorder ? lui, qu'est-ce qui lui vaut le mieux ? En outre, comment apprendre à un enfant à croire en un Dieu unique s'il trouve trois dieux différents qui font tous des choses différentes pour lui ? Une distinction aussi claire que possible est faite ici entre l'œuvre rédemptrice de Dieu le Fils et l'œuvre sanctifiante de Dieu le Saint-Esprit, et si l'enfant essaie de réaliser d'une manière ou d'une autre ce qu'on lui enseigne de dire qu'il croit, il doit inévitablement devenez trithéiste et croyez au créateur, au rédempteur, au sanctificateur, comme trois dieux différents. Le credo étant établi, on rappelle à l'enfant : "Tu as dit que tes parrains et marraines t'avaient promis que tu respecterais les commandements de Dieu. Dis-moi combien il y en a ? Rép. Dix. Ques. Lesquels ? Rép. Le même ce que Dieu a dit dans le chapitre vingt de l'Exode, disant : Je suis l'Éternel, ton Dieu, qui t'ai fait sortir du pays d'Égypte, de la maison de servitude. Tu n'auras d'autres dieux que moi. Mais Dieu n'a pas fait sortir l'enfant, ni ses ancêtres, du pays d'Égypte, ni de la maison de servitude : c'est pourquoi le premier commandement, qui dépend d'une telle naissance, n'est pas prononcé à l'enfant. L'argument est le suivant : "Voyant que j'ai tant fait pour toi, tu n'auras pas d'autre Dieu à ma place." Le deuxième commandement est rejeté d'un commun accord, et il est presque certain que l'enfant apprendra que Dieu a ordonné qu'aucune ressemblance ne soit faite dans une pièce avec des images sur les murs. Les chrétiens passent commodément sous silence le fait que ce commandement interdit toute sculpture, toute peinture, tout moulage , toute gravure ; ils plaident que cela ne signifie rien qui doit être fait à des fins d'adoration, bien que les mots distincts soient : " *Tu ne feras aucune ressemblance avec quoi que ce soit.* " " Afin de bien comprendre l'état d'esprit de l'enfant qui a appris que " Moi, l'Éternel, ton Dieu, je suis un Dieu jaloux, et je châtie les péchés des pères sur les enfants », lorsqu'il viendra lire d'autres parties de la Bible, il sera bon de mettre côte à côte avec cette déclaration, Ézéchiel XVIII. 19, 20 : « Et vous dites : pourquoi ? Le fils ne porte-t-il pas l'iniquité de son père ? Lorsque le fils aura fait ce qui est licite et juste, et qu'il aura observé toutes mes lois et les aura mises en pratique, il vivra sûrement. . L'âme qui pèche mourra. Le fils ne portera pas l'iniquité du père. Le quatrième commandement est ignoré de tous côtés ; depuis le prince qui mange son poisson le dimanche, depuis le poissonnier jusqu'au marchand de fruits de mer qui vend des coques dans la rue, tous les chrétiens de nom oublient et désobéissent à cet ordre ; ils maintiennent leurs serviteurs au travail, bien qu'ils ne devraient « faire aucun travail », et conduisent des voitures, des fiacres et des omnibus comme si Dieu n'avait pas dit que le bétail devait également rester inactif le jour du sabbat. Bien que le Nouveau Testament soit, sur ce point, en conflit direct avec l'Ancien, Paul ordonnant aux Colossiens de ne pas s'inquiéter des sabbats, les chrétiens lisent et enseignent ce commandement, tandis que dans leur vie ils exécutent l'injonction de Paul. Pour compléter l' effet démoralisant de ce quatrième commandement sur l'enfant, on lui enseigne qu'« en six jours l'Éternel a fait le ciel et la terre, la mer et tout ce qu'ils contiennent », tandis que, dans son école de jour, on lui enseigne exactement le sens opposé, et il est raconté des âges longs et innombrables d'évolution par lesquels le monde est passé, et des créatures merveilleuses qui l'habitaient avant l'arrivée de l'homme. Le cinquième commandement est également mauvais dans son effet sur l'esprit de l'enfant, à cause du même défaut d'irréalité qui transparaît dans l'enseignement de l'Église établie. « Honore ton père et ta mère *afin que tes jours soient longs dans le pays.* » Il saura parfaitement que les bons enfants meurent aussi bien que les mauvais, et que, par conséquent, il n'y a aucune vérité dans la promesse qu'il récite. Le reste des commandements impose des devoirs moraux simples et serait utile s'il était enseigné sans les précédents ; dans l'état actuel des choses, l'irréalité des cinq premiers nuit à la force des suivants, et les bons et les mauvais, étant mélangés, ne seront probablement pas soigneusement distingués et perdront ainsi tout pouvoir moral convaincant.

Les commandements récités, on demande à l'enfant : « Qu'apprends-tu principalement par ces commandements ? » et il répond : « J'apprends deux choses : mon devoir envers Dieu et mon devoir envers mon prochain . Nous insistons ici sur le fait que le devoir de l'homme envers l'homme devrait être le point le plus insistant sur les jeunes. En supposant que tout « devoir envers Dieu » soit possible — question hors du présent sujet — il est clair que le devoir envers l'homme est le plus proche, le plus évident, le plus facile à comprendre, et donc le premier à être inculqué. Assurément, ce n'est qu'en s'acquittant d'un devoir immédiat et clair qu'il devient possible de s'acquitter d'un devoir moins proche et moins clair. En outre, le devoir envers Dieu enseigné dans le Catéchisme est d'une nature si vaste et si captivante que s'en acquitter pleinement exigerait tout le temps et toutes les réflexions. Car en réponse à la question : « Quel est ton devoir envers Dieu ? l'enfant dit : « Mon devoir envers Dieu est de croire en lui, de le craindre et de l'aimer de tout mon cœur, de toute ma pensée, de toute mon âme et de toutes mes forces ; de l'adorer, de rendez-lui grâce, de mettre toute ma confiance en lui, de l'invoquer, d' honorer son saint nom et sa parole, et de le servir véritablement tous les jours de ma vie. Premièrement, « croire en lui » ; mais comment l'enfant peut-il croire en lui jusqu'à ce qu'on lui apporte la preuve de son existence ? Mais examiner de telles preuves dépasse les capacités intellectuelles encore faibles de l'enfant, et par conséquent la croyance en Dieu le dépasse, car la croyance fondée sur l'autorité est totalement sans valeur. En outre, croire ne peut jamais être un « devoir » ; si la preuve d'un fait est convaincante, la croyance en ce fait s'ensuit naturellement, et la non-croyance serait très stupide ; mais le mot « devoir » n'est pas à sa place en rapport avec la croyance. "Le craindre" : ce que fera naturellement l'enfant, après avoir appris que Dieu était en colère contre lui parce qu'il était né, et qu'un autre Dieu, Jésus-Christ, était obligé de mourir pour le sauver du Dieu en colère. "Pour l'aimer;" ce n'est pas si facile, dans ces circonstances, et l'amour n'est pas non plus compatible avec la peur ; "L'amour parfait bannit la peur... celui qui craint n'est pas rendu parfait dans l'amour." "De tout mon cœur, de tout mon esprit, de toute mon âme et de toutes mes forces." Quatre choses différentes avec lesquelles l'enfant doit aimer Dieu : que signifie chacune ? Comment distinguer le cœur de l'esprit, de l'âme et de la force ? Dans l'amour humain, l'amour du cœur pourrait peut-être être distingué de l'amour de l'esprit, si l'amour du cœur seul était destiné à une passion purement physique ; mais cela ne peut expliquer aucune sorte d'amour envers Dieu, à qui un tel amour serait clairement impossible. Une fois de plus, nous disons que l'Église d'Angleterre devrait publier une explication du Catéchisme, afin que nous sachions ce que nous devons faire et croire pour la santé de notre âme. Bentham insiste sur le fait que placer « toute la confiance » en Dieu empêcherait l'enfant de placer « une quelconque partie de sa confiance » dans des causes secondes, et que ne pas en tenir compte ne serait pas compatible avec la sécurité personnelle et avec la préservation de la santé et de la vie ; et que de plus, comme tous ces services sont « inutiles » à Dieu, ils pourraient « avec plus de profit être dirigés vers le service de ces créatures faibles, dont le besoin de tous les services qui peuvent leur être rendus est à tout moment si urgent et si urgent ». si abondant. » Le devoir envers Dieu étant ainsi reconnu, suit le devoir envers le prochain , pour lequel il ne semble pas y avoir de place lorsque l'amour, la confiance et le service dus à Dieu ont été pleinement rendus. "*Ques*. Quel est ton devoir envers ton prochain ? *Réponse* . Mon devoir envers mon prochain est de l'aimer comme moi-même et de faire à tous les hommes ce que je voudrais qu'ils me fassent. Aimer, honorer et secourir mon père et mère. Pour honorer et obéir au roi, et à tous ceux qui sont placés en autorité sous lui. Pour me soumettre à tous mes gouverneurs, enseignants, pasteurs spirituels et maîtres. Pour m'ordonner humblement et avec respect à tous mes supérieurs. parole ou acte. Être vrai et juste dans toutes mes relations. Ne porter aucune méchanceté ni haine dans mon cœur. dans la tempérance, la sobriété et la chasteté. Ne pas convoiter ni désirer les biens d'autrui ; mais apprendre et travailler véritablement pour gagner ma vie et accomplir mon devoir dans cet état de vie auquel il plaira à Dieu de m'appeler. La première phase reproduit la moralité aussi ancienne que la vie sociale réussie. "Quel mot servira de règle pour toute la vie ?" » demanda l'un de Confucius. "La réciprocité n'est-elle pas un tel mot ?" répondit le sage. "Ce que tu ne désires pas qu'on te fasse, ne le fais pas aux autres. Quand tu travailles pour les autres, que ce soit avec le même zèle que pour toi-même." La deuxième phrase est vraie et juste ; la suivante est souvent insensée et impossible. Qui pourrait honorer un roi tel que George IV ? tout en « obéissant » à Jacques II. cela aurait été la destruction de l'Angleterre. L'honneur et l'obéissance aux autorités constituées ne sont un devoir que lorsque ces autorités s'acquittent des devoirs qu'elles sont chargées d'exécuter ; Dès qu'ils n'y parviennent pas, les honorer et leur obéir, c'est devenir partenaires de leur trahison envers la nation. On croyait à la doctrine du droit divin au moment de la rédaction du Catéchisme, et alors la voix du roi était divine, et lui résister, c'était résister à Dieu. Les deux phrases suivantes respirent le même esprit grinçant, comme si le principal devoir envers le prochain était de se soumettre à lui. Le respect envers quelqu'un qui est meilleur que soi est un instinct, mais « mes meilleurs » n'est qu'une expression grossière pour ceux qui sont plus élevés dans l'échelle sociale, et ceux-ci n'ont droit à aucun ordre plus bas que le simple respect et la courtoisie que chaque homme devrait avoir. montrer les uns envers les autres. Ce genre d'enseignement sape la force mentale et le respect de soi d'un enfant, et est fatal à sa virilité de caractère s'il produit sur lui une quelconque impression. Le reste de la réponse est tout à fait bon et sain, à l'exception des derniers mots sur « cet état de vie auquel il plaira à Dieu de m'appeler ». Un enfant devrait apprendre que son « état de vie » dépend de ses propres efforts, et non d'un « appel » de Dieu, et que si l'état n'est pas satisfaisant, il est de son devoir de se mettre diligemment au travail pour le réparer ; ne pas s'en contenter quand il est mauvais, ne pas rejeter sur Dieu la responsabilité de l'avoir placé là, mais travailler avec toute la diligence nécessaire pour le rendre digne de lui, honorable , respectable et confortable. À ce stade, l'enfant est informé : « Tu n'es pas capable de faire ces choses par toi-même, ni de marcher selon les commandements de Dieu et de le servir, sans sa grâce particulière ; que tu dois apprendre à tout moment à faire appel par prière diligente. » Mais si l'enfant ne peut pas faire ces choses sans la « grâce spéciale » de Dieu, alors la responsabilité de ne pas les faire doit nécessairement incomber à Dieu ; car l'enfant ne peut prier que si Dieu lui donne la grâce ; et sans prière, il ne peut pas obtenir de grâce spéciale, et sans grâce spéciale, il ne peut pas « faire ces choses » ; de sorte qu'il est clair que l'enfant est impuissant jusqu'à ce que Dieu lui envoie sa grâce, et donc toute la responsabilité incombe à Dieu seul, et il ne peut jamais reprocher à l'enfant de ne pas faire ce qu'il l'a lui-même empêché de commencer. Une prière diligente pour une grâce spéciale étant ainsi requise, on apprend à l'enfant à réciter le Notre Père, dans lequel la grâce n'est pas du tout mentionnée, et on lui demande alors : « Que désires- tu de Dieu dans cette prière ? "Je désire que mon Seigneur Dieu, notre Père céleste, qui est le donneur de toute bonté, envoie sa grâce à moi et à tous les hommes, afin que nous puissions l'adorer, le servir et lui obéir, comme nous devons le faire." On se frotte les yeux ; pas un seul mot de tout cela ne peut être découvert dans le Notre Père ! « Envoie sa grâce à moi et à tous les hommes » ? pas une syllabe véhiculant une telle signification : « afin que nous puissions l'adorer, le servir et lui obéir » ? pas l'ombre d'une telle demande. Est-il censé former un enfant à l'habitude de la vérité en lui faisant réciter, comme une leçon de religion, ce qui est totalement faux ? "Et je prie Dieu qu'il nous envoie tout ce qui est nécessaire à la fois pour nos âmes et nos corps, et qu'il soit miséricordieux envers nous et nous pardonne nos péchés." «Tout ce qui est nécessaire à la fois à notre âme et à notre corps» est, présumons-nous, résumé dans «notre pain quotidien». Les gens simples auraient peine à imaginer que le « pain quotidien » était tout ce qu'ils désiraient pour leur âme et leur corps ; peut-être que les âmes ne veulent rien, n'étant pas détectables par les besoins réels qu'elles expriment. "Et qu'il lui plaira de nous sauver et de nous défendre dans tous les dangers, fantomatiques et corporels ; et qu'il nous gardera de tout péché et méchanceté, de notre ennemi fantomatique et de la mort éternelle." Ici encore, rien dans la prière ne peut être traduit par ces phrases ; il n'y a rien sur la sauvegarde et la défense de tous les dangers, fantomatiques et corporels, ni une syllabe sur la défense contre notre ennemi fantomatique, par lequel un enfant comprendra probablement un fantôme dans un drap blanc, et se couchera terrorisé après avoir dit le Catéchisme qui reconnaît ainsi les fantômes — ni de la mort éternelle. La prière est des plus simples, mais sa traduction est des plus difficiles. "Et j'espère qu'il le fera par sa miséricorde et sa bonté, par notre Seigneur Jésus-Christ ; et c'est pourquoi je dis Amen, qu'il en soit ainsi." Pourquoi l'enfant devrait-il faire confiance à la miséricorde et à la bonté de Dieu pour le protéger ? Il n'y aurait pas de dangers, physiques ou fantomatiques, ni d'ennemis fantomatiques, ni de mort éternelle, à moins que Dieu ne les ait tous inventés, et la personne qui nous place au milieu des dangers n'est guère celle vers qui se tourner pour s'en délivrer. La miséricorde et la bonté ne nous auraient pas entourés de tels dangers ; la miséricorde et la bonté ne nous auraient pas entourés de tels ennemis ; la miséricorde et la bonté auraient créé des êtres dont la vie heureuse aurait été un long hymne de louange au Créateur, et l'auraient toujours béni de les avoir appelés à l'existence.

L'enfant doit maintenant être amené plus loin dans les mystères chrétiens et doit être instruit dans la doctrine des sacrements, choses curieuses à double nature dont nous devons croire ce que nous ne voyons pas et voir ce que nous sommes. ne pas y croire. « Combien de sacrements le Christ a-t-il ordonné dans son Église ? "Deux seulement comme généralement nécessaires au salut, c'est-à-dire le baptême et la Cène du Seigneur." « Généralement nécessaire » ; le mot « généralement » est expliqué par les commentateurs comme « universellement », de sorte que l'expression devrait être « universellement nécessaire au salut ». La théorie de l'Église étant que tous sont par nature enfants de la colère, et que « *nul* n'est régénéré », à moins de naître d'eau et du Saint-Esprit, il s'ensuit que le baptême est universellement nécessaire au salut ; et puisque Jésus a dit : « Si vous ne mangez la chair du Fils de l'homme et ne buvez son sang, vous n'avez pas de vie en vous » (Jean VI, 53), il s'ensuit également que la Cène du Seigneur est universellement nécessaire au salut. Étant donné que la grande majorité de l'humanité n'est pas du tout des chrétiens baptisés, et que la majorité des chrétiens baptisés ne mangent jamais le repas du Seigneur, les héritiers du salut seront extrêmement limités en nombre et ne seront pas entassés de manière gênante dans les nombreuses demeures d'en haut. " Que veux-tu dire par ce mot *sacrement ?* J'entends un signe extérieur et visible d'une grâce intérieure et spirituelle qui nous est donnée, ordonnée par le Christ lui-même, comme moyen par lequel nous la recevons, et comme gage pour nous en assurer. " Si telle est la vraie définition d'un sacrement, on ne peut pas raisonnablement dire qu'il existe. Quelle est la grâce intérieure et spirituelle donnée au bébé lors du baptême ? S'il est donné, il faut le voir dans ses effets, sinon ce n'est un don de rien du tout. Un bébé après le baptême est exactement le même qu'avant ; pleure autant, donne des coups de pied autant, s'agite autant ; il est clair qu'il n'a reçu aucune grâce sanctifiante intérieure et spirituelle ; il se comporte aussi bien ou aussi mal que n'importe quel bébé non baptisé, et n'est ni pire ni meilleur que ses contemporains. Manifestement, la grâce intérieure fait défaut, et c'est pourquoi il n'y a pas de véritable sacrement ici, car un sacrement doit avoir la grâce aussi bien que le signe. La même chose peut être dite de la Cène du Seigneur ; les gens ne semblent pas s'en porter mieux après sa réception ; un homme affamé est rassasié après son souper, et montre ainsi qu'il a réellement reçu quelque chose, mais l'esprit souffre autant de la faim de l'envie et de la soif de la mauvaise humeur après le Repas du Seigneur qu'avant. Mais pourquoi la grâce devrait-elle être « intérieure », et pourquoi l'âme est-elle considérée comme étant *à l'intérieur* du corps, au lieu de l'être partout et au-dessus de celui-ci ? Il y a peu de creux pratiques à l'intérieur où il peut habiter, mais les gens parlent comme si l'homme était une boîte vide et que l'âme pouvait y vivre. Le sacrement est « un moyen par lequel nous recevons la même chose et un engagement à nous en assurer ». La grâce de Dieu peut donc être transmise dans les véhicules de l'eau, du pain et du vin ; il faut donc qu'il s'agisse de quelque chose de matériel, sinon comment les choses matérielles pourraient-elles le transmettre ? Et Dieu devient dépendant de l'homme pour décider à sa place à qui la grâce doit être accordée. Deux enfants naissent au monde ; l'un d'eux est amené à l'église et est baptisé ; Dieu peut donner sa grâce à cet enfant : l'autre reste sans baptême ; c'est un enfant de colère, et Dieu ne peut pas le bénir. Ainsi, Dieu est gouverné par la négligence d'une nourrice pauvre, et très probablement ivre, et les bénéficiaires de sa grâce sont choisis pour lui au gré du caprice ou de l'insouciance des hommes. Il est également étrange que les chrétiens qui ont reçu la grâce de Dieu aient besoin d'un « engagement pour les assurer » qu'ils l'ont réellement reçue ; Comme il est curieux que celui qui le reçoit ne sache qu'un cadeau si précieux lui a été accordé avant d'avoir également reçu un petit morceau de pain et une petite gorgée de vin. C'est comme si le messager d'une reine mettait dans la main une centaine de billets de 1 000 £, puis disait solennellement : « Voici un sou en guise de gage pour vous assurer que vous avez bien reçu les billets. Les notes elles-mêmes ne seraient-elles pas la meilleure assurance que nous les avions reçues, et la grâce de Dieu consciemment possédée ne serait-elle pas sa meilleure preuve que Dieu nous l'avait donnée ? "Combien de parties y a-t-il dans un sacrement ? Deux : le signe visible extérieurement et la grâce spirituelle intérieure." Il s'agit simplement d'une répétition de la question et de la réponse précédentes, et c'est totalement inutile. "Quel est le signe extérieur visible, ou la forme, du baptême ? L'eau ; *dans laquelle* la personne est baptisée *au nom du Père, du Fils et du Saint-Esprit* ." Cette réponse soulève la question intéressante de savoir si les chrétiens anglais — à l'exception des baptistes — sont réellement baptisés. Ils ne sont pas baptisés « dans », mais seulement « avec » de l'eau. La rubrique stipule que le ministre « doit *le tremper dans* l'eau avec discrétion et prudence » et que seulement là où « l'enfant est faible, il suffit de verser de l'eau dessus ». Il semble possible que le salut de presque tout le peuple anglais soit en péril, puisque leur baptême est imparfait. La formule du baptême nous rappelle une curieuse différence entre le baptême des apôtres et le baptême au nom trinitaire de Dieu ; bien que Jésus leur ait, selon Matthieu, solennellement ordonné de baptiser avec cette formule, nous trouvons, d'après les Actes, qu'ils ont complètement ignoré son injonction et ont baptisé « au nom de Jésus-Christ », au lieu du « Père ». , Fils et Saint-Esprit." (Voir Actes ii. 38, viii. 16, x 48, xix. 5, etc.) La conclusion évidente à tirer de ceci est que si les Actes sont historiques, Jésus n'a jamais donné le commandement mis dans sa bouche dans Matthieu. , mais qu'il a été inséré plus tard lorsqu'une telle formule est devenue habituelle dans l'Église. "Qu'est-ce que la grâce intérieure et spirituelle ? Une mort au péché et une nouvelle naissance à la justice ; car étant nés par nature dans le péché et enfants de la colère, nous sommes par la présente faits enfants de la grâce." Quoi? un bébé meurt-il au péché ? comment le peut-il, alors qu'il est inconscient du péché et ne peut donc pas pécher ? « Une nouvelle naissance pour la justice ? » mais il vient tout juste de naître, il n'est sûrement pas nécessaire qu'il renaît si tôt ? Et s'il est vrai qu'il s'agit là d'une grâce intérieure donnée, ne serait-il pas bon, comme beaucoup de gens dans l'Église primitive, de reporter la cérémonie du baptême jusqu'au dernier moment, afin que le mourant, après avoir été baptisé, puisse mourir. à tous les péchés qu'il a commis au cours de sa vie, et naître de nouveau dans une enfance spirituelle, apte à aller directement au ciel ? Il semble inutile de baptiser des enfants et de les priver ainsi de la possibilité de se débarrasser plus tard de tous les péchés de leur vie. Ce n'est pas la seule objection au baptême. Bentham insiste avec force sur ce qui a souvent été souligné :

"Notez bien le genre d'histoire qui est racontée ici. Le Dieu Tout-Puissant, créateur de toutes choses, visibles et invisibles, du ciel et de la terre, et de tout ce qui s'y trouve, fait, entre autres choses, un enfant : et à peine l'a-t-il fait, qu'il est « en colère » contre lui parce qu'il a été créé. Il décide donc de le soumettre à un état de torture sans fin. Entre-temps, quelqu'un arrive et, en prononçant certains mots, applique l'enfant à un état de torture sans fin. quantité d'eau, ou une quantité d'eau à l'enfant. Ému par ces mots, l'Être tout-sage change de dessein et, bien qu'il ne soit pas assez apaisé pour accorder son pardon à l'enfant, lui accorde une *chance* ; — personne ne peut dire *quelle chance* — d'évasion ultime. Et c'est ce que l'enfant obtient en étant « fait » — et nous voyons de quelle manière il est fait – « un enfant de la grâce ».

"Qu'est-ce qui est exigé des personnes qui doivent être baptisées ? La repentance, par laquelle elles abandonnent le péché, et la foi, par laquelle elles croient fermement aux promesses que Dieu leur a faites dans ce sacrement. Pourquoi alors les enfants sont-ils baptisés alors qu'en raison de leur jeune âge, ils ne peuvent pas accomplir eux ? [Pourquoi, en effet !] Parce qu'ils leur promettent tous deux par leurs cautions, une promesse qu'ils sont eux-mêmes tenus de tenir lorsqu'ils seront majeurs. Il serait sûrement préférable que ces choses soient « requises » avant le baptême, de reporter le baptême jusqu'à ce que la repentance et la foi deviennent possibles, au lieu de le vivre comme une pièce de théâtre, où les gens jouent leur rôle et représentent quelqu'un d'autre. Car supposons que l'enfant à qui la repentance et la foi sont promises ne se repente pas, lorsqu'il atteint l'âge adulte, de ses péchés ou ne croit pas aux promesses de Dieu, que devient la grâce intérieure et spirituelle ? Il faut qu'il ait été donné ou qu'il n'ait pas été donné ; si le premier, l'impénitent et l'incroyant l'a obtenu sur la foi des promesses de ses garants à son égard ; dans ce dernier cas, Dieu n'a pas donné la grâce promise dans le saint baptême, et ses promesses ne sont donc pas fiables dans tous les cas.

"Pourquoi le sacrement de la Cène du Seigneur a-t-il été ordonné ? Pour le souvenir continu du sacrifice de la mort du Christ et des bienfaits que nous en recevons." Quels très mauvais souvenirs les chrétiens doivent avoir ! Dieu est descendu du ciel exprès pour mourir pour eux, et ils ne peuvent s'en souvenir sans manger et boire en souvenir de cela. L'enfant apprend alors que la partie extérieure du Repas du Seigneur est le pain et le vin, et que la partie intérieure est « le Corps et le Sang du Christ, qui sont en vérité et effectivement pris et reçus par les fidèles lors du Repas du Seigneur », le le corps et le sang nourrissent l'âme, comme le pain et le vin nourrissent le corps. Si le corps et le sang apportent à l'âme une quantité de nourriture aussi infinitésimale que les petites portions de pain et de vin le font au corps, l'âme doit beaucoup souffrir de faim spirituelle. Mais comment nourrissent-ils l'âme ? Le corps et le sang doivent être d'une manière ou d'une autre dans le pain et le vin, et comment fait-on pour qu'une partie nourrisse l'âme tandis que le reste aille au corps ? "En vérité et effectivement pris et reçu." D'après ces protestations enthousiastes, on pourrait imaginer qu'il doit y avoir un doute à ce sujet, et qu'on pourrait se demander si la chose invisible et intangible a été réellement et véritablement prise. Il suffit de peu de perspicacité pour voir à quel point il doit être terriblement déroutant pour un enfant intelligent de lui apprendre que le pain et le vin ne sont qu'un instant du pain et du vin et que l'instant d'après sont également le corps et le sang du Christ, bien qu'aucun de ses sens ne puisse distinguer le corps et le sang du Christ. le moindre changement en eux. Une telle instruction, si elle a un effet sur son esprit, l'inclinera à accepter chaque affirmation avec confiance, sans, et même contrairement à la raison et à l'expérience ; elle pose la base de toute superstition, en enseignant la croyance en ce qui n'est pas susceptible de preuve.

" Qu'est-ce qui est exigé de ceux qui viennent au repas du Seigneur ? S'examiner eux-mêmes, s'ils se repentent vraiment de leurs péchés antérieurs, avec l'intention ferme de mener une vie nouvelle ; avoir une foi vive dans la miséricorde de Dieu à travers le Christ, avec un souvenir reconnaissant de sa mort ; et soyez en charité avec tous les hommes. » C'est maintenant la coutume dans de nombreuses églises d'avoir une communion hebdomadaire, et dans certaines d'avoir une communion quotidienne ; Les communiants qui y participent peuvent-ils résolument avoir l'intention de mener une nouvelle vie à chaque fois ? et de combien de « péchés antérieurs » se repentent-ils continuellement ? Nous retrouvons ici la piété exagérée qui défigure partout le Livre de prières ; les gens se plaignent de leurs péchés, pleurent sur leurs chutes, sont résolus à s'amender et jurent de mener une nouvelle vie, et la prochaine fois qu'on les voit, ils se proclament une fois de plus comme de misérables pécheurs comme jamais. Comme le Saint-Esprit doit se lasser de les sanctifier !

Tel est le Catéchisme que « Le curé de chaque paroisse enseignera diligemment, les dimanches et les jours saints, après la deuxième leçon de la prière du soir, ouvertement dans l'Église » aux enfants qui lui sont envoyés, et que « tous les pères, mères, maîtres, et les dames feront venir à l'église, à l'heure fixée, leurs enfants, serviteurs et apprentis (qui n'ont pas appris leur catéchisme), pour apprendre ; telle est la nourriture que l'Église donne à ses agneaux : tel est l'enseignement qu'elle offre à la génération montante. Ainsi, avant qu'ils soient capables de penser, elle façonne la machine pensante ; ainsi, avant qu'ils soient capables de juger, elle biaise le jugement ; ainsi, à partir d'enfants perplexes et désorientés, elle espère rendre des hommes et des femmes souples à son enseignement, et du Catéchisme qu'elle enroule autour du cerveau des enfants, elle forge la chaîne de croyances qui enchaîne l'intellect de ses membres adultes. communion.